品牌打造方法

从0到1打造品牌的实用指南

罗建幸 著

图书在版编目（CIP）数据

品牌打造方法 / 罗建幸著 . —北京：企业管理出版社，2024.1

ISBN 978-7-5164-3022-4

Ⅰ.①品… Ⅱ.①罗… Ⅲ.①品牌 - 企业管理 Ⅳ.① F273.2

中国国家版本馆 CIP 数据核字（2024）第 025204 号

书　　名：	品牌打造方法
书　　号：	ISBN 978-7-5164-3022-4
作　　者：	罗建幸
策划编辑：	赵喜勤
责任编辑：	赵喜勤
出版发行：	企业管理出版社
经　　销：	新华书店
地　　址：	北京市海淀区紫竹院南路 17 号　　邮编：100048
网　　址：	http://www.emph.cn　　电子信箱：zhaoxq13@163.com
电　　话：	编辑部（010）68420309　　发行部（010）68701816
印　　刷：	三河市荣展印务有限公司
版　　次：	2024 年 2 月第 1 版
印　　次：	2024 年 2 月第 1 次印刷
开　　本：	710mm×1000mm　　1/16
印　　张：	16.75 印张
字　　数：	225 千字
定　　价：	78.00 元

版权所有　　翻印必究·印装有误　　负责调换

品牌强，则企业强！企业强，则国强！

品牌发展已经上升到了国家战略的高度。经国务院批准，自2017年起，将每年5月10日设立为"中国品牌日"，电视台、电台、报纸及网络等媒体，要在重要时段、重要版面安排自主品牌宣传，讲好中国品牌故事。

当下是言必称品牌，品牌即IP的时代，也是各路人马争夺品牌话语权的时代。品牌认知派、品牌识别派、品牌系统派、品牌形象派、品牌资产派等学派，百家争鸣、百花齐放。

在中国知网上按主题搜索"品牌"二字，可找到相关论文近80万篇。

在百度百科搜寻"品牌"相关词汇定义，答案达30多条，仅与品牌理念有关的，就有品牌愿景、品牌价值观、品牌主张、品牌精神、品牌使命、品牌基因、品牌图腾等许多条。

纵观各流派对品牌的解释，多数以大品牌、知名品牌为研究对象展开学术研究，这对企业品牌实战，特别是从0到1的品牌实战的指导作用比较有限。

基于企业角度，站在初创企业角度或大企业内部新品牌孵化角度，如何从0到1打造品牌？如何系统总结品牌打造方法？相关文献比较少见，相关的书籍就更少了。

> **品牌打造方法**

笔者研究营销、品牌30余年。从20世纪90年代华为、娃哈哈等各大品牌的诞生，到网络时代三只松鼠、全棉时代、小熊电器等电商品牌的盛行，再到近些年元气森林、喜茶等网红品牌的爆发，并有幸见证认养一头牛、花西子等新消费品牌的成长。笔者一路追踪研究这些品牌从0到1的打造过程，总结初创品牌打造方法，略有心得。

笔者曾在娃哈哈、喜之郎、贝因美等知名企业核心高层任职。十余年间，参与、策划了娃哈哈AD钙奶/纯净水、喜之郎果冻、贝因美奶粉的诞生与成长。这些大品牌当年也是小品牌，其从0到1的品牌打造方法与经验，笔者有一定的发言权。

笔者在高校任教20年，主讲品牌管理、市场营销课程，授课学生近万人，指导学生研究的品牌案例数百上千个。由于对营销及品牌的热爱，不少学生从事品牌营销工作，或以品牌策划服务为主业自主创业，成为美妆、食品、汽车等产业领域全国领先的新媒体营销与品牌策划服务商，为众多新品牌从0到1的发展做出不少贡献。

笔者年逾五十，不求功名利禄，只愿留些思想、心得给社会。将自己30余年的品牌打造方法、经验与研究，以及无数从0到1的品牌案例进行归纳总结，战战兢兢出版本书。希望本书对企业的品牌打造真正有所帮助。

本书相对其他品牌书籍有三大特点。

其一，实用。完全站在品牌实战的立场，总结企业从0到1打造品牌的过程中可能遇到的问题，提出相应的品牌打造策略、方法。那些空对空的纯理论探讨，那些只针对已经成功了的大品牌的研究（如品牌资产、品牌授权、品牌危机），本书一律舍弃。

其二，与时俱进。时代在变迁，品牌打造的底层逻辑虽然不变，但品牌打造的一些方法路径必须应时而变。新媒体品牌传播方法、共享流量的异业品牌合作、既"种草"又"割草"的电商直播，这些与时俱进的品牌打造方法，本书着墨不少。

其三，精简易读。为迎合碎片化阅读的时代趋势，本书每小节相对独立，自成体系。每小节阅读时长不超过10分钟，力争将浓缩的精华呈现给大家。读者们可择要阅读，方便省时。

本书的写作还遵循一个原则：重点突出。品牌流派众多，令人眼花缭乱，笔者化繁就简，只阐述品牌适用性、品牌定位方法、品牌识别方法、品牌传播方法、品牌维护与发展等实用且重要的品牌打造及维护方法。

笔者才疏学浅，不敢也无力构建全新的品牌打造及管理理论体系，但是，细微之处或许能见真功。本书中的四大品牌命名原则、五大品牌定位方法、六大品牌传播方法等在方法论层面有一点独到见解，略有一些创新。

本书适用对象：①创业者。打造成功品牌是企业的终极目标之一，企业创始人首先应该了解如何打造品牌，重担在身、责无旁贷。②企业市场策划人员、广告公司策划人员。品牌打造过程中，策划人员是真正的组织实施者，如何打造品牌是必备技能。③在校大学生、奋发图强的年轻白领。知识储备多多益善，若你有志于创业，或有志于营销、品牌、广告相关的职业，建议看看这本书。

爱好学习的你，目标远大的你，反复修炼品牌打造基本功，反复领悟品牌打造方法，学以致用，你就是下一个品牌打造专家！

目 录

01 绪 论 001
现在，打造品牌还有机会？ 001

02 品牌打造基础篇 005
一、品牌的本质是什么 006
二、你的企业适合打造品牌吗 011
三、打造什么类型的品牌 016
四、品牌与产品：
　　不同产品，不同品牌的打造手段 021
五、品牌与商标的关系 024
六、品牌之基石：有好产品才有好品牌 030
七、品牌核心价值：一切营销活动的源泉 036
八、品牌打造的至高追求：让品牌等于品类 041
九、3C三角博弈模型，品牌营销至尊心诀 046

03 品牌打造方法篇 051
一、品牌打造五大基本原则 052
二、目标顾客的精确锁定，品牌打造第一步 058
三、定位，定天下 064

四、品牌定位方法：基于产品、顾客与竞争....071

五、品牌命名：一字值千金................................078

六、品牌识别：一眼认出你，喜欢你...............084

七、明星代言或吉祥物代言的利与弊...............089

八、不传播，无品牌：六大品牌传播方法.....095

九、无所不在、逃无可逃的广告传播...............103

十、新媒体广告传播：
　　精准、互动、品效合一................................111

十一、公关传播，不仅仅是新闻稿...................121

十二、口碑传播的关键：搞定KOL..................126

十三、数据库营销传播：
　　　组建、分析与精准沟通............................131

十四、品牌异业合作：
　　　互惠互利，资源互换，流量共享............137

十五、电商直播：既"种草"又"割草".........144

十六、打造品牌信任：如何让顾客相信你......156

十七、品牌策划书：七大步骤，三项注意......162

04 品牌维护与发展篇..173

一、品牌诊断，整装再出发................................174

二、品牌接触点管理：
　　全方位触达顾客、服务顾客........................179

三、品牌控价，控住品牌生命线........................186

四、品牌窄化与宽化战略，
　　突破品牌发展天花板....................................192

五、品牌组织、制度与人，为品牌保驾护航....199

六、品牌打造十大误区..206

七、品牌打造成功概率评估表............................211

05 附　录 ... 214

附录一　无色无味一瓶水的品牌定位之道 ... 214

娃哈哈纯净水核心定位——"纯情纯洁"情感心理定位 ... 216

乐百氏纯净水核心定位——"纯净"物理属性定位 ... 217

农夫山泉核心定位——天然水品类定位 ... 218

康师傅核心定位——"健康"的矿物质水品类定位 ... 220

百岁山矿泉水核心定位——"水中贵族"文化定位 ... 222

今麦郎凉白开核心定位——"熟水"品类定位 ... 224

附录二　操盘案例 ... 226

操盘案例一　嘀嗒开啦，淘宝快开帐篷第一品牌：从绽放到衰败 ... 226

操盘案例二　贝因美奶粉的诞生与崛起 ... 233

附录三　《商标法》《广告法》节选 ... 250

《商标法》（2019年修订）节选 ... 250

《广告法》（2021年修订）节选 ... 251

06 参考文献 ... 253

07 后　记 ... 255

绪 论

现在,打造品牌还有机会吗?

自20世纪80年代我国实行改革开放以来,一晃过了40多年。各行各业的竞争越来越激烈,市场集中度越来越高,出现了一批耳熟能详的大品牌。

现在,新品牌还有机会吗?

开门见山,先说结论:无论是现在还是将来,无论是网络时代还是后网络时代,永远有从0到1打造品牌的机会,永远有成就著名品牌的机会,但这有一定的前提条件。

因为品牌的本质是顾客对品牌的美好认知,而每个人的认知是动态的,是会随着时间改变的。一个人某一阶段喜欢一个人,到另一阶段就不喜欢了,这很正常。品牌也一样,顾客没有责任和义务对某品牌从一而终,喜新厌旧是人的本性。

因为品牌的忠诚"粉丝"会逐渐老去、离去,新一代的品牌"粉丝"需要持续获取、经营。一旦新获取的顾客少于老去或离去的顾客,品牌也必然老化,会逐渐走向衰败。

曾风靡全国数十年的著名品牌,如食品饮料业的可口可乐、康师傅、娃哈哈,家电业的海尔、长虹,IT业的联想、惠普、戴尔等,无不

> 品牌打造方法

面临着"粉丝"流失、品牌老化的困境。

许多服饰鞋包品牌因为有时尚流行属性，很难做到长盛不衰。时尚的、流行的，总是短暂的。真维斯、美特斯邦威、贵人鸟、达芙妮、H&M、ZARA等莫不如此。

江山代有才人出，各领风骚数十年。品牌也一样，能够持续畅销数十年的品牌比较少见，能够持续成长上百年的极为罕见。

因为品牌是由人经营的。企业在漫长的发展历程中，会出现政治风险、战争风险、自然灾害、公共安全等不可抗力的风险，会出现股东矛盾、企业创始人老去、企二代企三代接班断层、公司并购等企业顶层动荡的风险。

皮之不存，毛将焉附？企业外部、企业顶层若动荡不安，覆巢之下安有完卵？品牌怎会安然无恙？

即便一切平安，经理人不一定是品牌经营高手，企业品牌发展史上，自毁长城的案例比比皆是。

世上没有永世长存的企业，没有永世长存的品牌。老品牌的没落，就是新品牌的机会。何况在网络社会，时代发生了巨变，打造出成功品牌的机会，尤其是打造小而美的成功品牌的机会更多了。

90后、00后、10后这群伴随着互联网的发展而成长起来的青年人，他们已经习惯了网络购物、娱乐、社交、学习，他们几乎不看电视、不看报纸杂志，他们不迷信、不盲从传统媒体，他们不再崇拜传统的大品牌，他们可能是某些网红达人的"铁粉"，但不一定是各传统大品牌的"铁粉"。

他们成长在物质丰裕的时代，追求个性，自我张扬，自有主张，不人云亦云，每个人都有自己的圈层："二次元""女团粉""国风潮"……一个品牌通吃大众人群的时代已经一去不复返了。

世上没有完全相同的两片树叶，也没有需求完全相同的两个人，但网络电商平台、社交平台，可以聚集全国乃至全球需求相似的人群。滴水成河，聚沙成塔，发现尚未被现有品牌占据的细分市场，这是新品牌打造者的基本功，这需要敏锐的洞察力。

基于网络的新品牌渠道门槛已经不复存在。只要缴纳一些店铺保证金，即可在淘宝天猫、京东、拼多多、抖音、快手等各大平台开设新品牌旗舰店，理论上可以触达绝大多数潜在顾客。许多DTC（Direct To Consumers）品牌无需分销、无需代理，一店开天下，天堑变通途！许多传统线下大品牌，几十年苦心经营铺设的不计其数的线下零售店，本以为是强大的通路壁垒，然而在电商的降维打击下，节节败退、分崩离析，资产成了负债。

新媒体时代的广告可以精准到达目标消费人群，可以按点击率、转化率收费。新品牌只需要少量资金就可以展开系统化精准品牌传播。网络直播卖货实现了品宣销售二合一，完美避开了传统大品牌在传统媒体上一掷千金的广告投放壁垒。网络时代，信息相对透明，消费者更加理性，而且有点评、转发等发言权，这对言过其实、收"智商税"的品牌不利，但有利于打造性价比高、真正差异化的品牌。

新时代，中国工厂的制造能力已经与时俱进，无论是品质还是成本控制，都基本达到了世界一流水准。柔性生产、小批量低成本生产，也已经在越来越多的行业普及。新生品牌不用自建工厂，就可以拥有品质有保证、成本可控的供应链产品资源。传统大品牌引以为豪的自有工厂资源，优势不再明显。

传统大品牌是大众消费、大众媒介广告、大规模生产、大量资金投入的产物。如今时代变了：人群在分层分圈，精准广告、品效合一传播已盛行，工厂优质供应链已经成熟，小资金、低成本，从0到1打造品牌的大时代来了！

滚滚长江东逝水，浪花淘尽英雄。

>>> **品牌打造方法**

　　长江后浪推前浪，后浪们，小浪花们，你们的机会真的到了！元气森林、认养一头牛、花西子等一个又一个新消费品牌的成功就在你们眼前。

　　修炼品牌打造基本功，学习品牌打造方法，抓住机会，果断行动，下一个成功品牌属于你！

品牌打造基础篇

品牌打造方法

一、品牌的本质是什么

品牌是媒体、民众提及率极高的词语之一，比战略、营销、广告等这些词语的提及率高多了。

那到底什么是品牌？人人都有自己的定义。相对严谨的学术界，对品牌的解释也不统一。

品牌就是视觉识别，是符号，是以 Logo 设计为核心的标准化文字、颜色、图案的组合。这是艺术设计类背景的学者对品牌的理解。

品牌就是心理感知，是用广告传播的力量占据顾客的大脑。这是崇尚"定位"理论的学者对品牌的理解。

品牌就是资产，品牌是商誉，是无形资产，是企业价值的重要组成部分。这是有金融、财务背景的学者对品牌的理解。

品牌是一种错综复杂的象征，它是品牌的属性、名称、包装、价格、历史、声誉、广告风格的无形组合。这是以大卫·奥格威为代表的品牌形象派学者对品牌的理解。

品牌在消费者心中，是消费者心中的强烈、美好感知。这是著名品牌战略管理专家凯文·凯勒对品牌的解释。

☞ 品牌的本质定义

结合上述各派对品牌的解释，基于实用性原则，笔者也尝试给品牌一个本质的、简短的定义：品牌就是消费者对某一事物的认知的一切总和。

通俗来讲，品牌打造过程就是建立认知、强化认知的过程，是对消费者深度"洗脑"的过程。

这一简短的定义，有以下相对复杂的解释。

其一，品牌的权益表面上属于企业，但根本上来自消费者。品牌存在于消费者的心中，没有消费者的认知，就没有品牌。没有认知的品牌叫商标。品牌打造的对象不仅仅是产品、服务，一个人、一个地点、一个节目都有可能成为品牌，要有敏锐的品牌经营思维。这里定义的消费者，不仅是消费品的购买者，还包括生活服务业的顾客，各类App的使用者，以及B2B产业里的大小客户。本书根据经验总结，以消费品品牌为主，服务品牌及B2B为辅。

其二，认知是品牌的核心。打造品牌，就是在目标消费者心中建立独特认知、强化认知并形成美好认知的过程。为什么要强调品牌是消费者心中的一种独特认知？因为独特，人们才会注意，才会牢记。为什么许多消费品企业打造品牌一定要做广告？为了品牌知名度，因为顾客认知的第一步是知晓。为什么许多已经很知名的品牌还要持续进行广告投放？因为人的认知记忆是有时效的。广告传播活动中断几天或几个月可能影响不大，但若数年没有广告传播，老顾客的记忆就会逐渐消失，新顾客也缺少认知品牌的渠道。为什么企业喜欢找专家站台、找名人代言或直播？因为认知的第二步是信任，专家、名人代表着可靠、权威，是一种顾客的信任担保。为什么企业的Logo设计、产品设计、页面设计、广告创意要有美感？因为认知的第三步是认同，是喜欢；因为美好认知、美好事物是全人类的共同追求。对于不美好的认知，人们会有厌恶感，何来品牌喜好、品牌忠诚？为什么许多生活服务、文旅品牌特别重视顾客体验？因为体验形成认知。

其三，品牌是认知的一切总和，这意味着品牌打造是一个系统工程。仅凭一招一式、一时一日打造不出品牌。品牌不仅仅是商标、字体、图案等符号识别，也不仅仅是产品内容、品质，还有广告宣传、人员服务、现场体验、销售话术等。售前、售中、售后环节，消费者所可能直接或间接接触到、联想到的任何有关产品及服务的信息，都会影响他们对品牌的认知。

品牌打造方法

品牌打造必须坚持顾客品牌认知统一，应该让所有品牌策略都往同一个方向努力，让每一个品牌行为都对品牌资产积累有所贡献，让点点滴滴的传播动作都成为品牌资产的积累和沉淀。

品牌打造须坚持横向认知统一：一个时期内，产品、包装、传播、推广各营销环节，一系列品牌行为都围绕同一个主题展开。

品牌打造须坚持纵向认知统一：1年、2年，10年、20年，坚持同一识别、同一定位，不同年代都坚持统一表现。当然，经历数十年的岁月，品牌可能老化，我们应与时俱进，品牌识别、定位应适当优化，在继承中发展，但不应标新立异、推倒重来。

☞ 品牌的三大功能与作用：对消费者而言

其一，质量保证。产品与服务品质始终如一，质量有保证，这是消费者对华为、小米、美的、伊利等品牌产品的基本认知、基本要求。品质要求预期不高的产品，我们称为"山寨货"。企业打造品牌的基础条件是：产品与服务始终如一的品质承诺。工厂流水线出来的标准化产品，统一品质比较容易，但是手工类产品就不容易做到品质稳定，劳动密集型的生活服务业更不容易做到品质始终如一，因为人的思想、态度、行为、技能都难以标准化。

以餐饮服务业为例，为什么麦当劳、肯德基遍布全球，是大家公认的大品牌？因为他们从原料采购到现场制作，再到门店装修、人员服务，提供全流程标准化生产服务，实质上，他们就是现场版、餐饮版的工业品流水线加工厂。但传统中式餐饮很难做到品质稳定，因为中式菜肴品质依赖厨师手艺，厨师手艺很难标准化；因为原材料生产很难标准化。麦当劳、肯德基的食材品种少、采购量大，做到标准化相对容易，但多数中式菜肴讲究时令、产地、搭配，要让花样繁多的农产品品质标准化，难于上青天；服务人员的服务难以标准化，餐饮服务业总体从业者素质相对不高，企业忠诚度低，流动性大，让他们持之以恒地做到微

品牌打造基础篇

笑、迅速、诚恳等5S标准化服务,更难。仅品质如一的承诺,绝大多数中式餐饮就难以做到,餐饮产业以及更上游的粮食、水果、生鲜产品的品牌化过程,任重道远。

其二,节约时间与精力。品牌的基础属性是品质保证,买品牌货买得放心、买得安全,品牌可以为消费者简化决策,节约大量的收集信息、筛选商品的时间与精力。品牌的另一基础属性是差异化识别,包括产品视觉差异、功能利益差异,不同品牌有不同的设计、不同的定位,可以满足消费者的不同需求。成功的品牌为特定的消费者所生,自然而然,这一品牌当然是特定消费者的心中首选,也为消费者节约了时间与精力。

品牌的英文是"brand",原意即烙印。在没有文字、没有纸张的远古时代,人们用牛羊等货物交易,如何区分各家的牛羊?用火热的木棒/烙铁直接烙在牛羊的特定部位,这特定部位的烙印就用于区别,同时方便买家识别,以节约买家的时间与精力。

其三,满足附加心理需求。品质有保证,仅能满足消费者的基本需求;产品差异化,也仅能满足消费者的略高层次的物质需求。消费者还有更高层次的情感、社交、自我表现等精神需求。品牌,尤其是中高端品牌,是消费者精神需求的附加物。LV、Burberry、Chanel,你买的只是包、风衣、香水?不是,你买的是奢华、优雅、高贵,它们可以满足你的社交需求,满足你的虚荣心、地位感和成就感等自我精神需求。

基于品牌的三大功能与作用,那些"网络时代,品牌没落""网络信息透明,无溢价品牌"之类所谓"时髦"的观点明显站不住脚。因为消费者对产品质量的要求,对节约时间与精力和附加精神需求的要求永远不会变。

☞ 品牌的三大功能与作用:对企业而言

其一,有助于获得更高利润。企业是以盈利为目的的组织。中高端

> 品牌打造方法

品牌有附加利益，有溢价能力，企业可以通过高毛利获取更多利润；大众品牌、高性价比品牌，虽然毛利不高，但消费者数量多，企业可以通过薄利多销、规模效应获取更多利润；知名品牌就是知名IP，都有一群忠诚的"粉丝"，这些持续消费的忠诚"粉丝"给企业带来的价值远超新顾客。

其二，品牌是企业的核心竞争力，是持续经营的有力保障。品牌具有不可替代性、积累性、持续盈利性、延展力等特征，品牌还具有排他性，具有构建长期竞争壁垒的能力。品牌是消费者的特定心理认知，品牌认知一旦建立，短期内难以被竞争对手攻克。特别是在消费品行业内，品牌处于企业各种经营要素中的核心地位，具备企业核心竞争力的典型特征。

其三，品牌是企业价值不菲的无形资产。一些企业的品牌价值远远超过了土地、厂房、设备等有形资产的价值。曾经数十年霸占全球品牌价值第一位的可口可乐前董事长伍德鲁夫有句豪言："即使可口可乐公司在全球的生产工厂一夜之间被大火烧毁，只要有可口可乐的品牌在，很快就可以重建可口可乐新的王国。"

当然，知名品牌还有助于企业的融资与并购，有助于吸引和留住优秀人才等作用。

品牌对企业的作用无限。难怪有远大抱负的创业者、企业家都以创立知名品牌为理想，为打造出成功品牌而自豪。

简而言之，对消费者而言，品牌的本质作用是品质保证，是节省时间精力，也是身份与情感的附加。

对企业而言，品牌的本质作用是销量与利润，是竞争优势，是无形资产，是基业长青。

品牌是不少企业家的追求与信仰！

二、你的企业适合打造品牌吗

品牌很热门，很重要，那是不是所有企业都应该打造品牌？

如果仅仅将品牌理解为 CI 视觉识别，那几乎所有注重形象的企业的确都需要品牌、需要品牌设计。

但如果将品牌视为消费者所有美好认知的总和，希望品牌是核心竞争力，是企业持续盈利的动力，并上升到品牌战略的高度，那品牌的适用性并没那么强。一些企业费心费力打造品牌纯粹是浪费钱！

☞ **不必从战略角度刻意打造品牌的企业**

1. 大量的原材料、中间产品生产企业

根据本书对品牌的定义，品牌认同感、身份感等属性主要是针对消费品产业的。品牌之所以可以成为企业的核心竞争力，是因为成功的品牌战略可占据消费者的心灵，具有排他性。但原材料及中间产品的顾客不是广泛的消费人群，而下游企业的购买行为非常理智，性价比是其采购决策的主要依据。何况许多大宗商品同质化，商品价格由期货市场决定，企业基本没有定价权，产品没有差异性，缺乏打造品牌的基础条件。这些可再生资源和不可再生资源生产企业，在确保产品品质的前提下，提升生产效率、降低成本、增强产品价格竞争力，这才是企业经营管理者的决策重心。

2. 公共垄断性生产服务企业

例如水、电、燃气公司，公路、铁路等交通业，只需要品牌 CI 设计，但不需要品牌战略。与大宗商品一样，这些企业提供的产品没有差异性，企业基本上也没有定价权（一般由政府决定价格），但有区域垄断竞争优势。这些企业的产品虽然直接服务于消费者，但企业既没有动力也没有必要打造品牌。这些企业因为各种目的，偶尔也会有些品牌宣传活动，但那仅是锦上添花，可以理解为"作秀工程"。

一些机构品牌排行榜中常出现"国家电网""中国石油"等垄断类资源类企业名单，这是基于企业资产评估的视角，而非品牌打造视角。

品牌是这类企业的经营成果，而不是成功之因。这不属于本书的研究范畴。

3. 顾客关心度低、轻决策的轻工产品企业

例如拖把、脸盆、拖鞋、袜子、圆珠笔等日用品生产企业。许多容易感知品质的，或者顾客对品质要求不高的低价商品，在人们的购买决策中，品牌并不是重要的影响因子。诸位想想，你们在日常生活中，买拖把、买拖鞋是因为品牌而购买的吗？你们脑海里有印象深刻的拖鞋、拖把品牌吗？

当然也有例外，有些企业将这些小产品高端化、符号化，使其成为身份、地位的象征，这些轻决策的小产品也需要品牌化，但此类的成功案例比较少见。我们平时常用的圆珠笔、签字笔，并不在意用什么品牌，但是在重大签字场合呢？"派克笔"一直以来采取高价定位，弱化产品使用功能，强化"派克"品牌的身份、地位等附加值，取得巨大成功。可惜，该公司自降身价，推出低档低价"派克笔"，品牌形象严重受损，"派克"品牌的身份、地位附加值丧失，品牌自此一蹶不振。对于圆珠笔、签字笔这一类价值低、品质易把握的产品而言，品牌一旦失去身份感、地位感等象征意义，高端奢侈品牌沦落为普通平价商品，顾客自然不会买单。

一些专注研发的科技型 B2B 企业，无需刻意打造品牌，因为发明专利就是核心竞争力，而普通消费者不是其客户。不少医药生产企业，

特别是化工类医药企业，也无需打造品牌，因为国家医保局是大客户，在药品一致性评价、各地医保局集采的时代背景下，许多药品没有差异性，药企没有自主定价权。何况相关法律规定，处方药不能进行广告宣传。患者基本上没有药品自主选择权，因为处方权在医生手中。医药行业事关人民生命安全，是特殊行业，是某种形式下国家严控的计划经济，企业打造品牌的意义不是很大。

☞ **视品牌为战略，很有必要打造品牌的企业**

1. 顾客关注度高、高度重视品质安全的快速消费品行业

例如食品饮料、美妆护肤等消费品。吃在嘴里、用在身上的食品饮料、美妆护肤品，消费者潜意识里尤其重视产品的品质安全属性。然而，消费者非专业人士，既无心也无力了解食品饮料、美妆护肤这些商品的营养成分、原料成分。即便有所了解，又怎么确保真实产品成分与包装标签标识一样呢？品牌具有品质安全、质量承诺等基础属性，消费者购买此类产品的时候，品牌是其极其重要的考虑因素。

著名市场调查公司A.C.尼尔森公司的一项调查表明：在法国，婴儿食品、饮料、咖啡、饼干等食品、饮料类别，全球性品牌集中度超过80%，其中婴儿食品品牌集中度高达100%！这说明，婴儿食品购买者极度关心产品品质安全，品牌影响力是其购买决策的首要考虑因素。

2. 顾客关注度高、单价高的耐用消费品行业

例如汽车、手机、电脑、空调等耐用消费品。这些耐用消费品单价高，消费者的购买决策更加慎重：商品预期使用期限长，商品品质是否经得起时间的考验？万一品质真的出了问题，售后服务是否及时到位？消费者对这类产品的品质和售后服务的重视度远高于一般消费

品。品牌，尤其是知名大品牌就成了消费者的首选，价格反而是其次，因为他们相信大品牌对品质和售后服务的承诺。不知名的品牌、小企业，品质不一定有保证，万一倒闭了找谁说去？空调行业中，格力空调单价高，毛利率也高，销量还大；美的空调单价、毛利率和销量在国内市场都排名第二；奥克斯空调单价很低、利润率也低，销量更低。薄利并不能多销，估计奥克斯管理层很郁闷。奈何他们的品牌力远弱于格力、美的！

大小家电、厨电乃至开关插座类企业，只要用电的产品就应该打造品牌，用电安全与食品安全同样重要。插座本是低单价的小产品，但涉及用电安全，该领域诞生了千亿市值的大品牌——公牛。

3. 奢侈品生产运营企业

奢侈品的目标顾客是富裕阶层（也包括向往富裕生活、希望实现阶层跨越的人士），品牌溢价力远高于大众品牌。富裕阶层人士之所以选择购买LV包、普拉达服饰、劳力士手表等奢侈品牌，商品品质仅是基础，品牌所带来的身份象征、炫耀虚荣等心理层面的满足及奢侈品牌的社交属性，才是决定性因素。奢侈品牌不仅仅是商品，还代表富裕阶层的生活方式。现代社会，世界各国普遍两极分化严重，富者更富，中国也一样（受新冠疫情影响三年，百业艰难，但是国内奢侈品牌市场需求还在增长，由此可见一斑）。可惜，国内市场上的奢侈品牌基本源于英国、法国、意大利等国，相信伴随着中华民族的发展强大，未来一定会出现一批源于中国走向世界的新一代奢侈品牌！

当然，生活服务业，如餐饮业、美业、金融业、线上线下零售业等，同样需要打造品牌，因为人们同样关心服务产品的品质。但生活服务业打造品牌的核心手段靠顾客的现场消费体验、口碑传播，而不一定通过广告、公关等软硬媒介传播。

☞ 视条件决定是否需要打造品牌的企业

1. 初创企业

初创企业如果资金很有限，就不要想快速打造品牌了，毕竟品牌打造的初期投入不菲。初创企业先要学会生存，然后才能谈发展，品牌打造需要长期的、系统的谋划。如果创始团队，包括顾问团队没有丰富的品牌打造经验，如果从事的是B2B产业，品牌打造暂时没有必要。

如果是有一定资金实力的B2C创业企业，特别是基于线上电商的创业企业，在食品饮料、美妆护肤、服饰鞋包等消费品行业内，则很有必要打造品牌。"网生代"并不忠诚于传统的消费品大品牌。精准、品效合一的网络广告投入费用也没有想象中的大。绝大多数消费品类目，都会诞生全新的、小而美的消费品品牌。关键在于，初创企业有没有打造品牌的能力。

2. 代工企业

中国是公认的"世界工厂"。在东部沿海地区，有无数的轻工产品出口加工企业、代工企业。这些企业依赖大客户完成了资本的原始积累，也有完善的生产体系。这些企业会有受制于人的焦虑感，往往有打造品牌、转型升级的冲动和行动。但是数十年来，许多代工企业前仆后继打造品牌，却鲜有成功案例。为什么？

这些企业虽然表面上是B2C消费品生产企业，但仅仅是加工企业，不直接面向消费者，所以本质上是B2B企业的基因。如果这类企业不另设事业部、子公司，如果没有创业者心态，而只延续原有的企业文化及管理运作模式，几乎没有成功打造品牌的可能性。除非企业"一把手"亲自挂帅，以破釜沉舟的决心进行战略转型，以空杯心态修炼品牌打造基本功，学习品牌打造方法，用好品牌职业经理人，才有成功打造

品牌打造方法

品牌的可能。

3. 精神文化类企业

电影、电视剧等精神文化产品，多数是内容为王的一次性消费品，打造品牌没有太大意义。特别是电影，其生命周期往往只有短短的数天或数周，的确没有打造品牌的必要。但是系列电影、综艺节目、涉及观众数月或数年持续观看的，则很有必要打造品牌。与精神文化内容产品相关的出品企业、作者、演员、导演、"网红"们，反而更需要打造品牌，因为作品可能是一次性的，而其背后的企业及人则是长期的，需要多年的正向口碑积累，需要观众的持续消费。

一些企业，因为机缘巧合，某一品牌打造成功了，但这不等于有持续的品牌打造能力，因为环境在变，企业组织在变，人在变。除非此类企业能够成功打造出第二品牌、第三品牌……

企业是否需要、是否适合打造品牌？可浓缩总结为三句话。

（1）越上游的企业越不需要打造品牌，越下游的企业越需要打造品牌。

（2）越涉及品质安全、社交场景的产品越适合打造品牌。

（3）越基于互联网的，越适合网络新生代人群消费的，越有打造品牌的机会。

网络时代，任何消费品，都有打造新品牌的机会！但都有一个基本前提：你及你的团队，要有打造品牌的能力！至少要学会打造品牌的基本功、方法论！

三、打造什么类型的品牌

拥有品牌，基业长青，这是许多企业家的梦想；能够从 0 到 1 打造出知名品牌，是许多营销人、品牌经理人的追求。

品牌的类型很多，有高端品牌、性价比品牌、标签品牌、深度品牌、大众品牌、小而美品牌、线上品牌、线下品牌、战略品牌、策略品牌，等等。需要或者适合打造什么类型的品牌，这是我们思考的起点。

☞ 高端品牌与性价比品牌

打造品牌的终极目的是企业持续盈利，所以我们首先必须思考新品牌的价格定位、毛利空间。

高端品牌大致分为两类：超高端品牌（奢侈品牌）及中高端品牌。奢侈品牌附加值高，但在尚处于发展中国家的中国，崇洋媚外风气尚存，国家品牌担保力低，品牌打造的难度极大，随着我国各方面实力的不断提升，相信会有一批国货奢侈品牌真正崛起。

打造中高端品牌是现阶段的机会。中国消费在持续升级中，90后、00后主力消费群成长于相对富裕的时代，不再缩衣节食，对商品价格不再像上一代人那样敏感。元气森林气泡水零售价格远高于曾经的世界第一品牌可口可乐，仍广受年轻一代的欢迎。餐饮第一品牌海底捞火锅，单价高、服务好，顾客盈门。奶茶店第一品牌喜茶，其定价明显高于同行，却是时尚女生的最爱。

卖得贵，还要卖得好，这是打造中高端品牌的好时代。前提是你要有打造中高端品牌的经验与能力。

这也是打造性价比品牌的好时代。消费在升级，同时消费也更理性。互联网让品牌信息更透明，网民们搜索百度，看看点评，很容易就能获得相关产品的信息，不花冤枉钱、不交"智商税"。性价比品牌是每个理性消费者的首选。

"感动人心，价格厚道"的小米品牌（包括手机及智能硬件系列产品），走轻资产品牌授权路线的"南极人"，这两大现象级品牌，是近

> 品牌打造方法

年来性价比品牌打造成功的典范。

去渠道、去批发的电商仍在持续发展,大量工厂品牌终于可以摆脱批发商、代理商,直接开设网络旗舰店,一展身手打造性价比品牌了。

为满足越来越多的理性消费顾客,相信未来一定会有越来越多的性价比品牌出现。关键在于:你是否拥有成本优势、供应链优势?或者如小米一样拥有低成本品牌打造优势?

☞ **标签品牌与深度品牌**

标签品牌也称浅度品牌,品牌仅起到产品品质保证作用,消费者对品牌没有额外的利益、价值、文化等心理联想,没有品牌溢价。例如雀巢、伊利、娃哈哈、美的、立白等知名品牌,品牌旗下产品众多,价格很大众、很亲民,顾客购买这些产品的首因是信任这些品牌的品质及省时、省心、省钱。

对于那些无品牌的制造工厂而言,打造标签品牌相对容易些,而不必去打造高难度的深度品牌。

深度品牌也称专业品牌,品牌不仅起到产品品质保证作用,而且消费者对品牌还有功能属性、利益、价值、个性及用户等丰富的心理附加联想。消费者联想得越清晰、越正面、越丰富,品牌就越专业、越有深度,就越有附加值、越有竞争力、越有溢价能力。

例如奔驰轿车,消费者联想到的不仅是德国制造、技术精良、安全耐用,还会联想到乘坐舒适,甚至会联想到低调、稳重、严谨的中年成功男士。奔驰车有许多颜色,但黑色的最好卖,为什么?因为黑色代表着低调、内敛、稳重。

宝马也属于豪华车品牌,消费者同样联想到德国制造、技术精良、安全耐用,但不同于奔驰的联想有:动力和操控性能好、驾驶的乐趣、青春活力、三四十岁事业有成且积极进取的成功男士、个性张扬的"富二代"和"企二代"。宝马最好卖的是白色系,而不是沉稳、严肃的黑色系。

标签品牌,顾客的期望仅仅是产品品质保证与省时、省心、省钱,品牌与顾客弱关联、弱链接,品牌顾客忠诚度低且难以互动;深度品牌,顾客的期望还有情感附加、身份附加,是生活方式、价值观念的体现,品牌与顾客之间产生强关联、强链接,顾客认同度、忠诚度高且乐于与企业互动。

许多企业梦想打造出有附加值的、竞争壁垒高的深度品牌、专业品牌,但此类品牌打造难度极大,企业需要经验丰富的品牌管理人员,需要充足的枪支弹药,还要做好长期作战的准备。

☞ 大众品牌与小而美品牌

大众品牌,例如可口可乐、伊利、娃哈哈、飘柔、雕牌、美的、比亚迪、吉利等,价格亲民,家喻户晓。这些品牌市场占有率高,消费人群广泛,是大工业生产、大众传媒时代的产物。

在如今消费分层、媒介碎片化的时代,已经很难打造出大众品牌了。21世纪以来,特别是近十年以来,除了淘宝、美团、滴滴、华为、小米等新经济、新科技品牌层出不穷外,在传统的消费品产业中,大众品牌打造成功的案例已经极为罕见。当然,大众品牌不会消亡,但这些品牌的黄金时代已悄然而逝。

打造小而美品牌才是新企业的机会。小而美品牌,顾名思义,市场范围小,聚焦特定品类,为特定小众人群而来的专业品牌。

Z世代人群,生活方式多样,消费更加个性化;Z世代媒体,大众媒体没落,自媒体盛行,这是传播信息去中心化、碎片化、圈层化的时代。

这也是打造小而美品牌的黄金时代!消费分层,媒介分化,大众品牌打造手段已经不再适用。电商平台可汇集全国,乃至全球特定人群个性化的需求，滴水成河，聚沙成塔，诞生小而美品牌的土壤已经成熟。

想想没有电商的过去，肥胖者要找一件尺寸合适、款式中意的衣服有多难，小地方根本就没有专卖大号服饰的店铺，大城市有几家专门的大号服饰店，但款式有限且路途遥远。而现在，在电商平台上随便搜索，就能找到上百个小而美的大号服饰品牌店铺：大号女装、大号男装、大号童装、大号中老年服装、大号民族风服饰、大号职业风服饰……

☞ 线上品牌与线下品牌

线上品牌分为线上产品品牌与线上 App 服务品牌。电商发展了几十年，线上品牌也发展了几十年。但在漫长的历史长河中，这几十年仅仅是浪花一小朵。

电商是人类历史上空前绝后的划时代的商业革命，未来几十年仍将是打造线上产品品牌的黄金时期。即便在数十年、数百年后的未来，仍有打造线上产品品牌的机会，尤其是消费人群更迭的食品饮料、美妆护肤、服饰鞋包等技术门槛较低的消费品产业。但线上内容服务类/工具服务类 App 的打造机会却不多了。强者恒强，弱者恒弱，头部 App 通吃，互联网 App 的"马太效应"更加明显。消费者的时间精力是有限的，手机桌面下载的 App 数量也是有限的，头部 App 品牌是顾客的首选。无法想象，下一个微信、下一个抖音、下一个美团会不会出现？若能出现，会在遥远的哪个年代出现？

线下品牌也分为线下产品品牌和线下服务品牌。线下产品品牌，除了已经成名的大众品牌、中高端品牌、奢侈品牌外，新消费产品品牌破茧而出、茁壮成长的可能性微乎其微。

但线下餐饮、美容、休闲等生活服务品牌却存在永恒的打造机会，因为线下服务业，无论是服务者还是被服务者，他们都是人。服务者很

品牌打造基础篇

难标准化，服务品质很难始终如一、很难大规模复制，打造品牌，特别是连锁品牌的难度很大。尤其在民以食为天、顾客口味复杂多变的中式餐饮业，行业企业品牌化的进程才处于导入期或成长期，远没有到成熟期。即使将来餐饮业品牌集中度提高，仍然有打造新品牌的机会：因为餐饮业的市场规模超级大，细分市场众多；餐饮业进入门槛不高，服务的顾客口味多变，而且是一茬接一茬地来。

当然，线下消费品零售业已经没有打造品牌的机会了，家乐福、物美、苏宁、国美等曾经的零售业大鳄均已没落，因为该行业受到了电商的降维打击。线上的综合性零售平台新品牌及细分零售平台新品牌也基本没有机会，淘宝、京东、拼多多等电商零售平台太强势，技术、资金及品牌竞争门槛太高。

综上，对初创企业、转型企业而言，至少数十年内，中高端品牌、性价比品牌、标签品牌、深度品牌、小而美品牌、线上品牌、线下生活服务品牌，都有打造新品牌的机会。

打造品牌的机会很多，你拥有品牌营销策划能力吗？你有品牌打造经验吗？你熟悉品牌打造方法吗？你准备好了吗？

四、品牌与产品：

不同产品，不同品牌的打造手段

品牌是一种认知，是抽象的，存在于消费者的意识中，但离不开具体的产品（包括服务）。

产品是品牌的载体和基础，是具体的存在。品牌的价值需通过产品的使用来实现。如果产品品质有缺陷，品牌的载体有问题，那无论怎样精妙绝伦的品牌传播也无济于事。

新锐白酒品牌江小白，营销传播水平一流，但产品口感备受争议，

品牌打造方法

产品力一般。如果江小白不改善白酒品质，或不开发有竞争力的新产品，其品牌生命力堪忧（江小白母公司后来推出低度青梅酒品牌"梅见"，产品口感颇佳，产品力强，销量节节攀升）。

产品形成于生产环节，这是生产制造部门的职责；品牌形成于整合营销组合策略及传播环节，由企业品牌营销部门负责转化。

产品贵在质量，品牌贵在传播，贵在持续的、系统的传播。但好产品或极致的好产品自带口碑、自带流量、自带传播力，甚至不需要系统化广告、公关等品牌传播活动，就可以成就著名的高价值的品牌。

国酒茅台，产品包装非常一般，几十年一成不变，公关广告传播经费微乎其微，却是中国白酒行业当之无愧的领导品牌。

茅台生产有"三不准""四服从"，这是茅台品质之根本。根本如果动摇了，品牌大厦就会崩塌。"三不准"是指：不合格的原料不准进厂投入使用，上道工序的不合格产品不准流入下道工序，不合格产品不准出厂进入市场。"四服从"是指：产量服从质量，速度服从质量，成本服从质量，工作量服从质量。

难以复制的酿酒原料、工艺及环境，有口皆碑的口感，始终如一的品质，极致的产品力铸就了酒业王者——贵州茅台，市值超万亿。酒香还真是不怕巷子深！

还有椰树椰子汁、老干妈辣椒酱都是产品力成就好品牌的典型案例。

大疆无人机，靠技术创新打造极致的产品力，没有大众传播，没有刻意打造品牌，全球市场份额一家独大。美国极力打压中国科技企业，却又不得不采购大疆无人机，因为大疆无人机的品质、技术无可替代！

特斯拉电动汽车，只有简约的智能设计，只有极致的驾驶体验，没有传统汽车品牌打造的巨额费用（其创始人马斯克甚至宣称：特斯拉不打广告），销量却连年翻倍高速增长，是当之无愧的新能源汽车第一品牌。创立仅十余年的特斯拉，其企业价值已经远远超越了福特、丰田、奔驰、宝马等传统品牌。

茅台、大疆、特斯拉等，是罕见的极致产品力成就大品牌的案例。芸芸大众企业，不可能含着金汤匙出生，不可能有如此极致的产品力。

然而，一瓶无色无味的水也能成就大品牌（详见附录）！我们要以梦为马，系统性学习品牌打造方法，希望有朝一日也能打造出成功的品牌！

成功各有道！不同产品有不同的品牌打造方式，有不同的品牌传播手段。

高频低价的大众快速消费品，如食品饮料、日化用品，品牌打造手段不外乎大众媒体广告、新媒体广告、事件营销等。小而美的电商品牌打造，主流传播方式包括电商平台站内效果广告，站外小红书、B站、微博、抖音等内容平台"种草引流"，"网红"直播等新媒体营销手段。

低频高价的耐用消费品，如房产、汽车、家具等产品，需要一定量的媒体广告、公关宣传，更需要线下专卖店，需要体验式营销，需要异业联盟、数据库推广等品牌打造手段。

高端的，特别是有社交属性的消费品，例如高端服饰鞋包、珠宝首饰、轿车等产品，顾客买的不仅是高品质的产品，更是生活方式和身份认同。大城市繁华地段的专卖店，奢华精致的装修，高颜值、高修养的服务人员，一线明星代言，时尚派对赞助，会员定制，这是高端消费品品牌的打造方式。

内容类产品，例如综艺节目、电视剧、小说等，要关注围绕内容、作者、演员、导演的话题营销，KOL推荐、口碑传播、内容试看试读，品牌打造方式与普通消费品截然不同。

B2B生产资料产品，也需要打造品牌，虽然品牌重要性低于消费类产品。专业期刊发文、参加行业展会、举办行业峰会、行业内专家推荐，以及 CIS 企业形象识别系统，这些是 B2B 产品打造品牌的常用手段。

虽然不同行业、不同产品的品牌打造与传播手段不同，但是品牌打造的思路基本相同：市场分析＋品牌定位＋品牌识别＋品牌传播＋品牌维护发展。这五大步骤不可少。

五、品牌与商标的关系

许多人对品牌与商标混淆不清。这两者有联系，更有区别。

美国市场营销协会给出的品牌的定义为：品牌是用以识别产品或企业的某种特定的标志，通常由文字、标记、符号、图案和颜色等要素，或这些要素的组合构成。其实，该定义更像是商标的定义。

品牌的内涵要比上述定义丰富得多。品牌不仅仅是一个易于区分的名称和符号，更是一个综合的象征，需要赋予其形象、个性、生命。品牌标志和品牌名的创意设计只是建立品牌的基础工作。

要真正成为品牌，我们还要做好品牌识别系统、品牌认同、品牌定位、品牌传播、品牌管理等方方面面的内容完善。这样，顾客对品牌的认识，才会由形式到内容、从感性到理性、从浅层到深入，从而完成由未知到理解，再到购买的转变，形成品牌忠诚。

品牌属于消费者，存在于消费者心中，是消费者对产品的特定的美好心理认知，是企业对消费者的一种承诺，一份无形契约。品牌是企业极为重要的无形资产。

没有消费者认知的品牌 Logo 才是商标。这几乎是品牌与商标之间唯一的共同点。

商标属于企业，是品牌中的标志和名称部分，便于顾客识别。商标是法律名词，无认知属性。

商标分注册商标及非注册商标两类。非注册商标，只要不侵犯他人权益，企业可以任意使用，但不具有排他性，不受法律保护。未经注册的商标，其他企业也可以使用。注册商标才具有排他性，是一种专有知识产权，受法律保护。通过商标专用权的确立、转让、争议、仲裁等法律程序，可以保护商标所有者的合法权益。注册商标有国界，志向远大的中国实力品牌，应该尽早在全球注册商标。

打造品牌，首先必须注册商标，必须使用注册商标。否则，你辛辛苦苦打造出的品牌，你的同行也可以使用，岂不是替他人作嫁衣？

品牌肯定是商标，而且肯定是注册商标，但注册商标不一定是品牌。没有顾客认知的注册商标肯定不是品牌。养在闺中无人识，无认知的注册商标，虽然是一种知识产权，但没有多大价值。

有认知的注册商标才是品牌。广认知的注册商标是大众品牌，强认知的注册商标是深度品牌。

品牌首先是注册商标，所以我们打造品牌时首先要了解商标注册的相关基础知识。

☞ **注册商标的种类**

1. 文字商标：是指仅用文字构成的商标，包括中国汉字和少数民族文字、外国文字或以各种不同文字组合的商标
2. 图形商标：是指仅用图形构成的商标。其主要分为：①记号商标，是指用某种简单符号构成图案的商标；②几何图形商标，是以较抽象的图形构成的商标；③自然图形商标，是以人物、动植物、自然风景等自然的物象为对象所构成的图形商标，有的是实物照片，有的则是经过加工提炼、概括与夸张等手法进行处理的自然图形所构成的商标
3. 字母商标：是指用拼音文字或注音符号的最小书写单位，包括拼音文字、外文字母（如英文字母、拉丁字母）等所构成的商标
4. 数字商标：用阿拉伯数字、罗马数字或中文大写数字所构成的商标

续表

5. 三维标志商标：又称为立体商标，用具有长、宽、高三种度量的三维立体物标志构成的商标标志
6. 颜色组合商标：颜色组合商标是指由两种或两种以上的彩色排列、组合而成的商标。文字、图案加彩色所构成的商标，不属颜色组合商标，只是一般的组合商标
7. （上述1～6的）组合商标：指由两种或两种以上成分相结合构成的商标，也称复合商标

事实上，上述1～6的商标注册越来越难，特别是单独的字母商标、数字商标已经很难注册成功，文字与图形组合、文字与字母组合、字母与数字组合等复合商标注册成功的概率较大。

☞ **注册商标有效期**

注册商标的有效期为10年，自核准注册之日起计算。有效期期满之前12个月可以进行续展并缴纳续展费用。每次续展有效期仍为10年，续展次数不限。在这个期限内未提出申请的，可给予6个月的宽展期。若宽展期内仍未提出续展注册的，商标局会将其注册商标注销并予公告。

理论上，一旦商标注册申请成功，只要每10年续展一次，该注册商标将永远属于你及后代的企业。

☞ **注册商标申请人**

虽然依照《中华人民共和国商标法》（以下简称《商标法》）规定，自然人、法人（有限公司、事业单位等）或者其他组织，可以向商标局申请商标注册。但实际操作中，自然人申请注册商标是有限制的。2001—2007年，自然人的确仅凭身份证就可以申请注册商标，但是随着个人抢注商标的泛滥，2007年国家对这一块有了限制。为了遏制商标恶意抢注，国家原工商行政管理总局商标局出台了《自然人办理商标注册申请注意事项》，根据这个规定，任何人都不能再以纯自然人的名义申请商标了。

以自然人名义申请商标注册，必须满足四个条件之一：个体工商户以负责人姓名申请；个人合伙的，以全体合伙人姓名共同申请；农村承包经营户，以承包合同签约人姓名申请；其他依法获准从事经营活动的自然人，可以行政主管机关颁发的登记文件中登载的经营者姓名申请。

这四个条件基本堵死了无实际生产经营的纯自然人申请注册商标的路径。那计划打造品牌的创业者该怎么办？只有两种选择：其一，提前几年准备，以商标代理机构或其他相关企业的名义申请注册自己创意的商标，同时签署特定时间内的注册商标转让协议。其二，选择受让自己看中的已注册商标，商标转让整套流程约 6～8 个月，其间可以用商标特许方式使用商标。网络上有许多商标转让中介平台，提供注册商标转让"一条龙"服务。

☞ 商标注册申请程序

第一步，选择注册方式。一种是申请人自己到商标局申请注册（线上线下都可以），线上申请非常简单便捷，只要找到国家知识产权局商标局网上申请入口 (www.cnipa.gov.cn)，按提示填写申请资料，熟悉流程后最快只需几分钟就能够将网上申请递交成功。在正式申请前，申请人要先申请国家知识产权局商标局颁发的"商标数字证书——软证书"，成为商标网上服务系统用户。另一种是委托商标代理组织办理。

品牌打造方法

网络公示的商标注册申请、受理转让等费用不算贵。

收费项目	接受电子发文的网上申请收费标准（按类别）
受理商标注册费	270元（限定本类10个商品。10个以上商品，每超过1个商品，每个商品加收27元）
补发商标注册证费	450元
受理转让注册商标费	450元
受理商标续展注册费	450元
受理续展注册迟延费	225元
变更费	0元
出具商标证明费	45元
受理集体商标注册费	1350元
受理证明商标注册费	1350元
商标使用许可合同备案费	135元

资料来源：国家知识产权局商标局官网。

第二步，准备资料。准备商标图样5张（黑白墨稿1张，指定颜色的彩色商标，应交着色图样5张），网络申请只需提交电子图片；如果是个人提出申请，需出示身份证并递交复印件，外加个体营业执照复印件；网络申请只需电子营业执照。若是企业申请，则出示企业营业执照副本并递交复印件；盖有单位公章商标注册申请书。

第三步，按商品与服务分类提出申请。商品和服务项目共分为45类，其中商品34类、服务项目11类，这45类里面还有很多小类。申请注册时，应按商品与服务分类表的分类确定使用商标的商品或服务类别；同一申请人在不同类别的商品上使用同一商标的，应按不同类别提出注册申请。

> 45大类分别为：
> 1-化学制剂 2-颜料油漆 3-日化用品 4-燃料油脂 05-医药 06-金属材料 07-机械设备 08-手工器械 09-科学仪器 10-医疗器械 11-灯具空调 12-运输工具 13-军用烟火 14-珠宝钟表 15-乐器 16-办公用品 17-橡胶制品 18-皮革皮具 19-建筑材料 20-家具 21-厨房洁具 22-绳网袋篷 23-纱线丝 24-布料床单 25-服装鞋帽 26-纽扣拉链 27-地毯席垫 28-健身器材 29-食品 30-方便食品 31-饲料种籽 32-啤酒饮料 33-酒 34-烟草烟具 35-广告销售 36-金融物管 37-建筑修理 38-通讯服务 39-运输贮藏 40-材料加工 41-教育娱乐 42-网站服务 43-餐饮住宿 44-医疗园艺 45-社会服务

其中以第30大类为例，包括咖啡、茶、可可、糖、米、食用淀粉、西米、咖啡代用品、面粉及谷类制品、面包、糕点及糖果、冰制食品、蜂蜜、糖浆、鲜酵母、发酵粉、食盐芥末、醋、沙司（调味品）、调味用香料、冰等，约20个小类。

第四步，申请日的确定。这一点很重要：由于中国商标注册采用申请在先原则，一旦您和其他企业发生商标权的纠纷，申请日在先的企业将受法律保护。申请日以商标局收到申请书的日期为准。一旦申请人收到注册申请受理文件，申请人就可以在相关产品与服务商标上印"TM"字样，如果申请成功顺利拿到商标证，申请人的相关产品与服务既可以继续使用"TM"字样，也可以印上"R"字，这是注册商标专有标志。

申请受理后，接下来就是商标审查、初审公告、注册公告3个程序。需要强调的是，经过商标局初审通过的商标，要在刊登公告3个月后无人提出异议才可以注册完成，该商标即受法律保护。

第五步，领取商标注册证。商标完成注册后，商标局向注册人颁发证书。一件新申请商标从申请到发证，顺利的情况下一般需要一年半左右时间，其中申请受理和形式审查约需3个月，实质审查约需9个月，异议期3个月，核准公告到发证约2个月。如果遇到驳回和异议，时间会延长。

上述相关商标申请知识比较简单，若决心要打造品牌，企业应该深入、全面地了解《商标法》商标申请过程中的相关规定。熟悉《商标法》，利用《商标法》，这是品牌打造者的基本功。

虽然注册商标不一定是品牌，但品牌一定是注册商标，一个好商标能让品牌打造事半功倍！

六、品牌之基石：有好产品才有好品牌

产品是品牌的载体，是品牌的基石。没有好产品就没有好品牌！没有好产品，品牌就是无源之水，无本之木。没有好产品，即便有高水准的营销传播，品牌逃脱不了昙花一现的命运。

有好产品才有好品牌。

那什么是好产品？如何开发好产品、新产品？

好产品由目标顾客所定义。产品好还是不好，这由目标顾客的心理认知所决定！企业的研发、生产及销售人员说了不算。高质量、高科技不等于好产品。适合的，目标顾客认可的，才是最好的。

☞ 广义的好产品，即目标顾客认为物超所值的产品

经典的顾客让渡价值（或称感知价值）营销理论，完美解释了什么

叫物超所值。

顾客让渡价值＝顾客总价值－顾客总成本。

其中，"顾客总价值"是顾客预期购买产品所得到的总价值，包括产品价值、服务价值、人员价值(包括人脉价值)、(企业及品牌)形象价值。"顾客总成本"是顾客预期获得产品时会产生的全部耗费，包括货币成本、时间成本、体力成本、精力成本(包括转移成本)。

产品总价值与付出总成本之间的预期差额越大，即广义性价比越高，顾客越愿意购买；如果顾客实际获得的差额超越了预期，那是物超所值，就是顾客认知的好产品。

顾客只有得到超越预期的产品与服务，只有付出低于预期的总成本，才会有高满意度，才会有品牌忠诚。满足顾客的价值与成本预期，并超越顾客的预期，这才是真正意义上的、广义的好产品。

奢侈品牌服饰，顾客为什么愿意高价买，因为他们买到的不仅是产品品质，还有人员服务价值，特别是品牌附加值。

为什么便利店、自动售货机里的饮料卖得贵还卖得好？因为节约了顾客的时间成本和体力成本。

IBM 公司的软件为什么贵？不仅是因为其软件本身质量好，还因为其有完善的售前、售后服务，训练有素的专业 IT 顾问式销售团队，以及品牌形象。

小米为什么会成功？是因为极致的广义性价比！获得广泛好评的品质（产品价值）+ 知名的轻时尚的品牌属性（形象价值）- 低价格（净利润不高于 5% 的承诺）= 高差额 = 高性价比 => 顾客忠诚。

海底捞火锅为什么会出现持续多年的顾客排队现象？因为广义的性价比，让有一定消费力的学生、白领群体们为了享受超值服务而宁愿排队。极度周到的餐前、餐中服务 + 不错的食材 + 知名餐饮品牌形象 = 超高性价比。喜茶为什么卖得贵还卖得好？奥秘同样在于广义性价比。

如何开发好产品、新产品？不要局限于产品品质本身，要多想想与产品相关的服务、人员等价值,多思考能否节约顾客的货币、时间、精力等成本。

高端的产品,要多着力于提升产品、服务、人员、形象总价值;大众产品,不一定要全面提升产品、服务、人员、形象总价值,因为企业为此付出的成本可能太高,但要多考虑如何提升其中一项或几项价值,要多考虑如何降低顾客的总成本,特别是货币成本。

只要追求顾客总价值与总成本之间的差额极大值,追求广义性价比,追求超越顾客预期的性价比,无论高端产品还是大众产品,都是好产品!

☞ 狭义的好产品,即本身价值较高的产品

产品本身的价值可分为核心使用价值(功能、属性等)与形式产品价值(款式、包装设计等)。只要产品本身的使用价值及形式价值能得到目标顾客的认可,就是好产品。在"世界工厂"的制造业行业中,许多企业的产品品质及使用价值差异不大,但企业可以在款式、包装、造型等形式价值上下功夫,寻找差异。因为Z世代消费者,特别是年轻的消费者,大多是"颜值控"。例如小米产品包装遵循简洁为美、小熊电器的"萌"造型,迷倒一群年轻人。

客观来说,苹果手机、大疆无人机、特斯拉电动汽车,这些大家公认的划时代好产品、新产品,科技含量极高的新发明,几十年甚至几百年一遇,普通的企业可望而不可即。

除了原创型新产品外,品牌营销学中定义的新产品还包括换代新产品、改良新产品、模仿新产品(市场中的老产品,却是企业自身的新产品)、进入新市场的老产品(开发新区域、发现新用途)等。这些新产品,无论是换代的、改良的,还是老树发新芽的,只要满足目标顾客的需求,都是好产品。

如何在其中寻找研发换代或者改良型的新产品,就成为企业营销部

门或研发部门的核心任务之一。

其实，换代或者改良型新产品的开发并不太难，只要我们认真研究目标顾客未被满足的各种需要，只要我们真正掌握产品创新的不二法门——价值因子组合叠加法。

强生公司作为世界婴儿护理产品专家，生产销售婴儿洗发水、沐浴露、爽身粉等系列婴儿护理产品。在消费者研究中，强生发现妈妈们需要天然的洗发水，但更需要一种柔和的无刺激的洗发水，因为她们帮无自理能力的婴儿洗澡时，最害怕含有化学成分、刺激成分的液体沾到宝宝的眼睛里，一不小心就会害得宝宝泪流满面。于是，强生"无泪配方"婴儿洗发水应市而出。

随着人们生活、工作节奏的加快，强生发现妈妈们给宝宝洗澡的时间越来越短，她们抱怨在澡盆里一会儿用洗发水洗头，一会儿用沐浴露给在水中手舞足蹈的宝宝洗澡实在麻烦，于是，强生"洗发沐浴露"（洗发和沐浴二合一产品）顺势推出，短期内迅速成为强生公司的拳头产品。

年轻人喜欢喝咖啡，如何解决追求高品质又希望便捷的学生党、白领们的需求？冷萃工艺＋小小杯包装的三顿半即溶精品咖啡风靡一时，其近几年的全网销量超越速溶咖啡的品类代表——雀巢咖啡。

年轻人喜欢喝奶茶，喜欢喝椰子汁，几年前瑞幸推出"咖啡＋牛奶＋椰子汁"的生椰拿铁，风靡全国。

产品价值源于目标顾客的需要，只有满足了目标顾客的需要，才会实现产品的各项价值。目标顾客的多种需要构成了产品的综合价值。产品创新必须将目标顾客的各种需要演化为简单的，技术上和营销上可行的价值因子。

目标顾客对单一产品就有不同的需要，每一种需要我们都称之为价值因子。顾客对每个价值因子潜意识里都有权重排序。顾客感觉最重要的、权重排名第一的价值因子，我们通俗地称之为"痛点"。

> 品牌打造方法

每一种产品都包含无形价值因子和有形价值因子,无形价值因子如品牌附加值、售中服务、售后服务等,希望满足目标顾客的心理价值,这属于营销运作范畴;有形价值因子,即符合目标顾客各种需要的产品功能特性、包装款式,这属于新产品研发范畴。

创新产品指的是有形价值因子,即产品的各种功能特性等物理性能及包装款式的组合、叠加创新。例如空调的有形价值因子有静音、省电、制冷快、负离子、变频、功率、冷热型、造型等;家庭轿车的有形价值因子有外观式样、颜色、耗电量／耗油量、驾驶空间、乘坐空间、安全保护、速度、稳定性、外饰、内饰、内部功能装备……

针对目标顾客的需要,对各种需要根据重要性程度进行排列组合,在设计产品时,将各有形价值因子进行组合叠加,一种新产品(换代或者改良型的)就产生了。

例如:静音＋负离子＝健康静音空调;负离子＋省电＝节能健康空调;柔和配方＋无泪配方＋沐浴露＝洗发沐浴露;爽身粉＋护肤成分＋水＝液体爽身粉;读写功能＋学习软件(如难题解答)＋适当内存＋上网功能＝学习笔;毛绒狗＋电子芯片＋小喇叭＋遥控＋小电机＝智能玩具狗;美女＋帅哥＋英雄救美＋特工＋高科技工具＝007电影系列;超级英雄＋动作＋特技＋"普世价值"＝漫威电影系列。

所谓价值因子叠加式的产品创新,原理就这么简单,但是真正使用起来却不简单。新产品开发除了遵循生产技术可行性、财务可行性、目标顾客导向等原则外,在论证市场可行性时,还应注意以下三点。

其一,详尽的目标顾客行为与动机调查,是产品创新发现价值因子的前提条件。"没有调查,就没有发言权"。市场调查不仅仅是产品创新的前提条件,也是任何重大营销决策的前提条件。确定了目标顾客后,如何确定、知晓目标顾客对某一产品的具体需要呢?如何发现对目标顾客而言至关重要的价值因子?在市场发展初期,目标顾客的需求相对比较容易确定,价值因子同样比较容易确定。例如孩子的营养是每个父母都关心的，维生素 A、D 和钙的作用也是顾客所知晓的，普通奶饮料 + 维生素 AD+ 钙 =AD 钙奶，娃哈哈 AD 钙奶畅销了几十年。

但是，随着市场竞争的加剧，市场上的产品越来越多，顾客所关心的一般性的价值因子许多产品都能够满足。如果不对目标顾客进行仔细的、严密的市场调查，那许多比较隐性的顾客需求就很难发现，一些对目标顾客非常重要的价值因子也很难被挖掘。

对目标顾客的使用习惯和行为态度进行定期的调查，这不仅仅是企业市场部门的事情，也应该是企业的研发部门所关注的，他们除了关注新科技在产品上的应用外，更应该关注目标顾客所关注认可的价值因子。

无论是委托专业的市场调研公司，还是企业内部的人员组织执行，进行消费者的行为态度研究并不复杂，只要深入研究诸如"您为什么要购买 ×× 产品""您购买 ×× 产品的主要原因""您对现有的产品有哪些不满意的地方""您为什么会感到不满意呢"等问题，一定会找到产品创新所必需的价值因子。

其二，要注意新产品开发中的竞争差异性。你在调查顾客的需求，竞争对手同样也在调查顾客的需求。企业不仅要研究顾客，同时必须研究竞争对手产品的价值因子。一般而言，顾客的主要需求、核心痛点比较容易发现，如果竞争对手的产品已经满足了顾客的核心痛点，那我们该怎么办？

在竞争对手产品核心价值点的基础上，我们可以研发二合一、三合一等叠加价值因子的产品，更全面地满足顾客对各个价值因子的需要，全力打压竞争对手。当然，我们也可以避其锋芒，退而求其次，以满足目标顾客的第二、第三痛点为目标，开发差异化新产品。不是第一品牌，成为第二、第三品牌总比没有特色、没有差异的品牌强。

其三，产品创新的同时必须考虑产品的成本及定价。产品制造是创造价值的过程，而价格体现了产品的价值。新产品开发，受目标顾客的购买力限制，新产品的成本及定价必须有限制，从而影响产品设计中顾客所需价值因子的组合选择。

目标顾客的需求多种多样，随着现代科技的高速发展，将各种各样的价值因子全部叠加，理论上，对企业的研发制造部门而言并非难事。

静音＋省电＋制冷快＋负离子＋变频＋精美造型＝全能型空调，这样的空调人人想要，但制造成本惊人，相应的零售价格也高得离谱，又有几个顾客能承担得起？

基于目标顾客的行为与动机调查，根据目标顾客对具体产品需求的重视程度，并参考竞争对手的产品功能特点，将产品的各个价值因子进行排列组合，在目标顾客的价格承受范围之内，选择并叠加权重靠前的价值因子，从而设计出价值与价格对应的新产品。这样的新产品，才是好产品。

合适的才是最好的，优秀的却不一定是合适的。

品牌打造所需要的是合适的——满足目标顾客需要的，价格也能承受的新产品，而不是优秀的、全能的，成本居高不下的新产品。

不合适的产品，依赖超一流营销传播手段，初期新顾客可能会源源不断地流入，会火爆一时。但这仅仅是短线品牌，火不了一世。只有合适的，顾客能反复购买的，会自发推荐的好产品，才会产生品牌忠诚，才会成为长寿品牌。

七、品牌核心价值：一切营销活动的源泉

品牌核心价值，即品牌精髓（或称品牌基因、品牌DNA），是品牌的主要利益点，是促使顾客认同、喜欢，乃至爱上一个品牌的主要力量。

品牌打造的中心工作之一，就是清晰地规划提炼出品牌核心价值，

以核心价值为基点,制定品牌定位、品牌识别、品牌传播等各类策略,以水滴石穿的定力坚持并维护品牌核心价值。

品牌核心价值,是一切品牌营销活动的源泉!

核心价值对品牌及产品的影响犹如基因对人的影响。人类与大猩猩的基因的差别只有1%,但正是因为这1%的差异,决定了人类的智商与大猩猩有天壤之别。如果没有清晰的品牌核心价值,一个品牌不太可能成长为强势的专业品牌;如果在核心价值上差了竞争品牌一点,品牌的获利能力可能会差成百上千倍。因为品牌资本领域内存在"马太效应"。

在企业发展的漫长岁月中,我们必须以非凡的定力,克服任何人为的干扰,让任何一次广告诉求、任何一个促销活动、任何的产品包装设计,甚至价格、渠道设计都围绕品牌的核心价值而展开,每一次营销活动都为品牌加分,起到向消费者传达核心价值的作用。久而久之,品牌核心价值就会在消费者脑海中刻下深深的烙印,最终铸就一个独一无二、内涵丰富的强大品牌!

品牌核心价值的重要意义已无需赘述,关键在于我们如何了解并正确应用品牌核心价值,让品牌发挥应有的作用。

具体而言,品牌核心价值分以下三个层次。

☞ 功能型品牌核心价值(理性价值)

指将产品本身的功能特点作为品牌核心价值。如果产品本身的确有独特的,对顾客而言极为重要的,而竞争对手又尚未传播的功能特点,理性的功能型品牌核心价值的确比较有价值。"元气森林—0糖0脂0卡""士力架—横扫饥饿""王老吉—不上火""高露洁牙膏—防蛀""舒肤佳香皂—除菌",以及"海信空调—变频专家""强生婴儿护理用品—温和的"等都属于功能型品牌核心价值。

在产品越来越同质化,高科技产品层出不穷的今天,功能型核心价值容易被竞争对手模仿，甚至被替代。如果竞争对手推出功能更强大的产品，或推出更有说服力的产品功能新概念，甚至仅推出功能相同但价格更低的产品，则功能性品牌核心价值的竞争力就会大打折扣。如果企业综合实力强大，竞争格局稳定，先入为主的功能性品牌核心价值定位也可以持续多年，事实上"高露洁牙膏—防蛀""舒肤佳香皂—除菌"等以品牌核心价值诉求为中心的广告营销活动坚持了数十年，尚未遇到一个敢正面挑战的竞争对手。

☞ 情感型品牌核心价值（感性价值）

指消费者在购买、使用某一品牌的过程中所获得的情感满足，是一种审美体验，一种快乐的感觉。功能型价值仅满足顾客的物质、生理需要，情感型价值则满足顾客的更高层次的精神需要。一些诸如"母爱、爱情、亲情、乡情、友谊、关怀、牵挂、孝心、责任心、爱国心"等的消费感受都是品牌附着于产品之中的情感型核心价值。

喜之郎的"亲情无价、欢乐无价"情感型核心价值诉求，把果冻这一休闲美食上升到了"感受亲情，享受快乐"的情感体验高度。"中华有为"的华为手机，让消费者感觉到自己买的不仅仅是智能手机，还有爱国情怀！

海飞丝的"去头屑"因为是功能型价值而不时受到竞争产品的冲击，但同在宝洁旗下的其他品牌，例如"飘柔—柔顺更自信""潘婷—亮泽更健康"等，这些品牌价值已经上升到了自信、健康、时尚等情感体验的层次，市场地位明显稳固许多。

☞ 自我表现型品牌核心价值（象征性价值）

指品牌所具有的表达个人价值观、财富、地位、事业和审美品位的象征价值。此时的品牌已经成为个人成就、身份地位、自我价值实现的载体，品牌本身的价值已经远远大于产品实体的价值。社会上大量的奢侈品牌的核心价值都属于自我表现型。

一个具有自我表现型核心价值的品牌，产品黏性低，但顾客心理黏性高。此时产品本身已经不太重要，顾客看重的不只是产品本身的使用价值，更是品牌所蕴藏着的尊贵、成就、地位、财富、个性等象征价值。从一个角度来说，品牌已经可以脱离产品而单独存在。

例如劳斯莱斯轿车的核心价值是"皇家贵族的气质"，奔驰则代表着"权势、地位和财富"，劳力士手表的核心价值是"成功、尊贵"，香奈儿香水的核心价值则是"时尚、浪漫"。

功能型、情感型和自我表现型这三大类品牌核心价值，无所谓好坏优劣，我们应用时应清晰明了各自的优缺点、适用范围和三者之间的相互关系，以便真正确定具体品牌的核心价值。

就满足需求层次而言，功能型核心价值品牌满足顾客的生理、物质需求，情感型品牌满足顾客的亲情、爱情等较高层次的需求，而自我表现型品牌则满足了特定阶层的顾客的权力、身份地位、社交等高层次的需求。

就品牌溢价能力而言，功能型核心价值品牌溢价能力较低，以功能型价值为主的品牌多数是大众品牌；情感型品牌的溢价能力相对更高些；自我表现型品牌通常是奢侈品，其价格是同类大众品牌的数倍乃至数十倍。

就竞争力而言，功能型价值品牌易受竞争对手的冲击，品牌壁垒相对较弱，情感型品牌价值竞争力相对较强，自我表现型品牌竞争力最强。

如果一个品牌的核心价值同时具备以上三种价值中的两种或三种，则品牌的竞争力会更加强大。例如，宝马轿车的"卓越的驾驶性能"为功能型价值，"感受开车的乐趣"为情感型价值，而"成功、活力、潇洒"则是自我表现型价值，正因为宝马品牌核心价值的"三合一"，使得宝马在大众豪华车市场的地位不可动摇。同样，沃尔沃的"安全"性为功能型价值，其"尊贵、有内涵、有修养"则是其自我表现型价值。

就适用类别而言，家用电器、IT数码类产品，因为顾客比较关注"技术、品质、功能"，因而功能型价值往往成为电器类品牌的核心价值。核心价值为情感型、自我表现型价值的品牌成功案例不多见。

一般快速消费品行业，核心价值为功能型和情感型价值的品牌兼而有之，在行业发展的导入期和成长初期，多数品牌的核心价值诉求为功能型，而到竞争激烈的行业成熟期，兼有功能型和情感型核心价值的品牌更易于立于不败之地。保健品既要强调产品的功效，又要体现送礼等对亲朋的关怀，其品牌核心价值定位最好是功能型和情感型价值兼而有之。

高档轿车、高档珠宝服饰等奢侈产品的核心品牌价值一定是自我表现型，或者以自我表现型为主，兼有情感型和功能型价值。

住房、汽车、手机、服饰、美妆等产品，因社会需求量极大且需求多样化，三种类型的品牌核心价值都能在市场上占有一席之地，具体适用于哪一类型，这取决于企业的目标、资源和现有的市场地位。

企业提炼品牌核心价值应该遵循差异化、独特性、资源能力匹配性等基本原则，志在千里的品牌还要考虑品牌核心价值的包容性、延展性，要预埋品牌延伸的管线。否则，想延伸时发现核心价值缺乏应有的包容性，就要伤筋动骨地改造核心价值，这意味着前面的许多品牌建设成本要付诸东流。就像市政工程中造路时没有预设好煤气管线，等到要铺煤气管道时必须掘地三尺，损失有多大可想而知。

在这方面，小米公司做得挺好。小米旗下有手机、电脑、电视机、智能音箱，还有小米商城等成千上万种商品，什么样的品牌核心价值观才能统帅这么多产品？一句"感动人心，价格厚道"浓缩体现了小米旗下所有产品的共性。

理论上，品牌核心价值必须统帅企业的所有生产制造、仓储分销，以及营销传播活动，每一分营销广告费都在加深消费者对品牌核心价值与品牌识别的记忆，消费者任何一次接触品牌时都应该能感受到品牌核心价值的信息。

但这只是理论，我们不能理解成企业在品牌的任何发展阶段、任何传播场合都会把核心价值放在首位去传播。这是因为，要打造一个强势品牌，需要在消费者大脑中建立丰富的、立体的品牌联想，虽然核心价值是品牌联想中最有力、最能打动消费者的部分，但显然不是品牌联想的唯一内容。

我们还要重视品牌核心价值与品牌定位的区别与联系。品牌核心价值往往是品牌定位的基础。品牌打造需要清晰的品牌定位，品牌定位可以来源于品牌核心价值，例如理性定位、感性定位、自我表现定位，这时候的品牌定位与品牌核心价值的内涵相同，两者概念等同。但品牌核心价值不是品牌定位的全部来源，品牌定位还包括性价比定位、品类定位及竞争性定位等方式方法。在品牌的不同发展阶段，在特定的市场背景下，这些非品牌核心价值类的品牌定位同样意义非凡，甚至会决定品牌的生死存亡。

在品牌导入期、在短期销量至上时期，品类定位的传播尤为重要，顾客因为有品类需求，才会有品牌选择。只有占据顾客品类联想的前几位，品牌才会被列入顾客购买候选名单。

在品牌成熟期，品牌核心价值导向的品牌定位，更能够获得消费者持久的青睐，这才真正是品牌核心价值统帅企业一切价值链活动，特别是营销活动的时候。

八、品牌打造的至高追求：让品牌等于品类

品牌核心价值是一切品牌营销活动的源泉；品牌信任是品牌打造的基础要求；让品类等于品牌，则是品牌打造的至高追求！

品牌打造方法

分类是人类大脑的识别模式，而品牌是品类及其特性的代表。顾客有品类需求，才会有各种品牌的选择。如果能够让品类等于品牌，品牌等于品类，当顾客有具体品类的购买需求时，首先乃至唯一想到的是你的品牌，你的品牌自然是该品类的代表，是该品类的市场领导者。

品类就是赛道，无论是物质产品品类、精神产品品类、渠道品类，还是服务品类、网络 App 品类。每个品牌打造者，都希望自己的品牌是这个赛道的领跑者。

高端智能手机——苹果，爱国/精英手机——华为，高性价比手机——小米；短视频平台——抖音/快手，外卖平台——美团；上网搜索——百度，上网购物——淘宝；熟人网络社交——微信；空调——格力，冰箱——海尔；天然水——农夫山泉；辣椒酱——老干妈；坚果——三只松鼠，果冻——喜之郎；高档白酒——茅台，保健白酒——劲酒；老人鞋——足力健，舒适鞋——斯凯奇；止咳糖浆——念慈菴，痔疮膏——马应龙……

品类营销法则是营销经典著作《市场营销的 22 法则》中的三大法则之一，是众多知名品牌赖以成功的营销秘诀。在如今供远大于求的商品过剩时代，让品牌成为某品类的标签，让品牌等于品类的营销努力愈显重要！

如何让品牌等于品类？如何让品牌成为品类代表？我们应在品类选择、品牌命名、品类品项深化及品牌传播方向等方面持续努力。

☞ 选择一个好品类

大公司选大品类，小公司选小品类。现代社会，大品类已被大公司大品牌所占据，但还有许多中小品类存在市场机会。寻找小而美的新品类，并成为新品类的代表，这是每个品牌打造者梦寐以求的。

根据生物进化论，物种的分化是历史的必然；随着人类社会的进步，商品品类的分化也是历史的必然。

从历史演变看，新品类的成长有一定的创新扩散规律：现代网络社会品类的演变速度比以往快很多。在新品类形成初期，更容易形成强势品牌，而品牌的最优结局是成为品类的领导者。但是太新、成熟速度太慢、未来规模太大的品类，不太适合初创小企业。在自身壁垒不够的情况下，小企业容易成为大公司收割市场的牺牲品，比如NFC果汁、低温酸奶。对于成熟度较高的品类，机会更多存在于其新型的分支中，这才是小而美品牌的品类机会。

因为电商的发展，网络平台上聚集了无数顾客的细分化需求，会诞生众多的中小品类，从而诞生了许多小而美的"淘品牌"。例如民族风女装——裂帛，韩式女装——韩都衣舍，棉麻女装——茵曼，等等。

在淘宝+天猫电商平台，仅服装大类目下就可以细分成百上千种品类，许多小品类缺少代表性品牌，其中的机会不少。

随着科技的发展、消费的升级，也会诞生一些全新的品类，例如厨电行业中，集成灶——美大、水槽洗碗机——方太等。

☞ 品牌命名时直接体现品类属性

一个直接体现、霸占品类名称的品牌，本身就自带品类代表的光环，给顾客以强烈的心理暗示。顾客容易对此产生"权威的专业的品类专家"的正面联想。

六个核桃，直接体现核桃饮品的品类属性；全棉时代，直接表达纯棉服饰/用品的品类属性，给人以"这品牌的衣服/用品都是纯棉的"类似的心理联想；林氏木业，直接暗示"这是一家有悠久历史的家具企业"，实际上这是一家大学生初创，伴随淘宝诞生的年轻"淘品牌"。

直接体现品类属性定位的品牌命名，对传统商品而言并不容易，因为受《商标法》限制，一般难以申请到注册商标。

但《商标法》没有管辖到网络/内容产业。在这些领域，出现大量体现品类属性、暴力命名的品牌，这绝不是偶然。例如支付宝——货币支付工具，微信——网络通信与社交工具，淘宝——网络购物平台，滴滴出行——共享出行打车平台，大众点评——服务业口碑集合平台，今日头条——重要新闻集合平台等。

带品类属性的品牌命名，自带流量，从品类需求直接引导至品牌首选，会大量节约企业的营销传播费用。

☞ 品类里的品项组合要深化细化

要成为品类专家，仅依靠心理层面的品类属性取名远远不够，必须在产品或服务层面深化细化品项组合，将该品类的产品或服务做到极致，才能匹配品类专家之声誉。

Levi's（李维斯）是公认的牛仔裤品类专家，其一年要推出上百新款牛仔裤；耐克是公认的运动鞋品类专家，其基于运动的细分运动鞋二级品类多达十余种，品项数百种，有篮球鞋、足球鞋、网球鞋、慢跑鞋、徒步鞋等。

餐饮服务领域，麦当劳将汉堡包做到极致，必胜客将比萨做到极致，海底捞将自助火锅做到极致……

当下流行的爆品战略，与品类品项的细化并不矛盾。没有众多品项衬托的单一爆品，品牌生命周期一般而言比较短暂；只有众多细分品项、品项矩阵支撑下的爆品战略，才能持续不断地出爆品，才会有持久的品牌生命力。

☞ 传播层面，"品牌 = 品类"的反复强化

简单易懂的暴力广告语，是传播"品牌 = 品类"的最佳手段。"果冻我要喜之郎"，"海苔我要美好时光"，"奶茶我要优乐美"，"奶酪就选妙可蓝多"，等等，这些广告一打就是好多年。广告公司的创意总监对这些无创意、无趣的广告语嗤之以鼻，但不得不承认这些广告语强大的销售威力。事实上，这些暴力广告语是由懂品类营销的企业最高层决

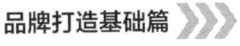

定的,因为他们深知坚持"品牌=品类"传播的重要性。

如果你是真正的大品类领导者,就应该有"好空调,格力造"这样的霸气;如果你仅是细分品类的领导者,就可以用"变频空调选美的"及"方太,高端厨电专家"这样相对温和的品类营销策略。

当然,如果企业真有实力,可以从"××行业标准制定者""举办××行业峰会""××产品博物馆""出版××专著"等角度,向外界传递"我是某品类专家、品类领导者"的信息。

让"品牌=品类",这是许多企业品牌打造者的至高追求,但不是全部企业。

"品牌=品类",若品类萎缩,品牌就会跟着萎缩甚至消亡。皮之不存,毛将焉附?

诺基亚=传统非智能手机,非智能手机没落,诺基亚没落;柯达=胶卷,胶卷被数码照片所替代,柯达没落;豆奶粉市场萎缩,维维没落,维维豆奶再也无法"欢乐开怀"。

在科技进步降维打击或者消费需求迅速演变的行业,我们要慎用品类营销法则,不要让品牌与品类有过于紧密的联系。

另外,"品牌=品类",不利于品牌产品线的延伸。专业品牌、深度品牌,追求一品一类,本来就排斥品牌延伸;但是,对那些只起到品质保证作用的标签品牌而言,品牌与品类之间的联系不必紧密,否则不利于品类拓展。

高端奢侈品牌,也不能让品牌的品类属性过于明显。奢侈品牌,是身份、地位的象征,品牌的产品黏性低但市场黏性高。顾客购买奢侈品牌,看重的是品牌的心理附加属性,产品的物理属性反而在其次。

除了奢侈品牌、技术及需求快速演变的行业,在衣、食、住、行、药、玩、乐、教等人类需求稳定的大众消费行业以及生活服务业,无论过去、现在和将来,让"品牌=品类",一定是专业品牌人的至高追求。

努力让"品牌=品类",努力让"品类=品牌",你就会成为王者!

> 品牌打造方法

九、3C三角博弈模型，品牌营销至尊心诀

金庸武侠世界里的至尊武术心诀，"葵花宝典""九阴真经""九阳真经"，引无数英雄豪杰竞折腰。武术心诀是一切武功的基础，精华中的精华。3C三角博弈模型究竟是什么？为何被称为"品牌营销至尊心诀"？

3C三角博弈模型，即顾客(Customer)、竞争对手(Competition)与本企业(Corporation)三方之间的营销博弈互动。

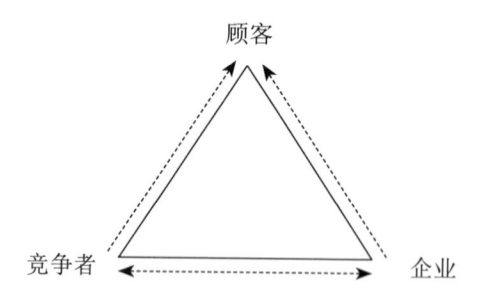

```
                 顾客
                  △
                 ╱ ╲
                ╱   ╲
               ╱     ╲
         竞争者 ────── 企业
```

作为企业品牌营销人员，不仅要了解自身及企业拥有的资源与能力、总体优劣势，洞察顾客需求，锁定目标顾客；还要随时调查或观察竞争对手的一举一动(人家也在盯着你)，你在尽力满足顾客需求，竞争对手同样也在尽力讨好顾客。顾客可能会考虑购买你的品牌产品与服务，同时也在考虑购买你的竞争对手的品牌产品与服务。你与竞争对手双方比的是速度、品质与成本，谁能更快更好更省地满足目标顾客的需求，谁才能赢得品牌营销竞争的胜利。

3C三角博弈模型，本质是对企业产品市场可行性/竞争力的判断。一家企业的产品与服务，如果产品上市速度比竞品更快，如果产品品质比竞品更优秀或者能够提供给顾客所认可的差异化价值，如果让顾客感知到更高的性价比、更多的附加值，该企业的品牌竞争力就更强。3C

三角博弈模型在企业战略决策、企业投资/收购决策等领域起到重要作用。

3C三角博弈模型，更是企业内部一切品牌营销活动的基础。从目标市场评估、产品策划、定价策略、渠道规划，到新媒体广告、公关、数据库营销等品牌传播手段的综合运用，均离不开基于3C三角博弈模型的分析思考。

例如市场营销学中的STP（市场细分、目标市场和市场定位）营销战略三部曲里的目标市场评估四大依据为：市场规模与增长率（与顾客需求相关），行业竞争特性（与竞争对手相关），企业拥有的资源（与企业能力相关），预计的盈利水平。其中的三大依据即为3C三角博弈模型的应用。

品牌定位步骤：考虑顾客需求，避开竞品，衡量企业资源能力，正是3C三角博弈模型的应用。

品牌定位各类方法：理性、感性、性价比定位方法等源于顾客需求的思考；比附、对立、强势定位方法等是相对于竞争对手而言的；品类定位、专家定位方法等则是基于企业的能力。

知易行难，3C三角博弈模型简单易懂，但要深入理解、灵活运用，并不容易。

打造品牌，要同时深入思考顾客、竞争对手及企业自身三者之间的博弈互动，以系统整合的视野，三只眼睛客观冷静看世界，这真的很难。

正因为艰难，深刻理解3C三角博弈模型，更是重要。

☞ 顾客需求洞察

顾客是上帝，可是上帝是高深莫测的，是虚拟的存在。你能清晰洞悉上帝的想法吗？极不容易。顾客有理性需求、感性需求，有显性需求、隐性需求，有刚性需求、非刚性需求，高频需求、低频需求……这么多需求，你能分辨清楚吗？这么多需求，或升级或降级，在动态的变化中，你能洞察吗？

对B2B顾客而言，了解其组织的采购需求相对容易，不外乎性价比、供货速度、付款条件、售后服务等，但是你能准确洞察采购者、相关决策参与者的个人需求吗？学习培训、晋升等发展性需求？友情、亲情、人情等社交性需求？兴趣、特长等个人爱好性需求？还有人人皆知却上不得台面的钱、色需求？

B2C产业里的顾客需求更是千变万化。当下是人人追求个性化的时代，不同年龄、性别、学历、收入、职业的顾客有不同的需求；他们有求美、求新、求同、求异、求名等心理需求；他们有聚会、旅游、娱乐、运动等各类场景性需求。任何企业不可能满足顾客的所有需求，必须根据特定的维度细分顾客，电商平台淘宝网依据顾客购物大数据，细分出需求大体类似的顾客群达2000多个。

世界很大，顾客需求很多很复杂，你只能锁定其中特定顾客群体的特定需求，尽力去满足他们。

☞ 竞争对手分析

识别竞争对手容易，但要了解竞争对手的战略及优劣势不容易，很多信息都涉及商业机密。竞争对手是进攻型的，小富即安型的，还是随机应变型的？其产品、服务、价格、渠道、推广、人才、资金、研发、制造、社会资源等各个方面的优劣势如何？关键优劣势是什么？将来可能的优劣势如何动态演变？其营销计划、预算怎样？其产品、价格、传播等品牌营销策略是什么？

如果能够自主选择竞争对手，那就尽可能采用田忌赛马策略，寻找综合竞争力较弱的企业，相对于竞争对手你尽是优势，竞争赢面当然大。如果不能选择竞争对手，你必须在充分了解评估竞争对手的综合实力后，才能做出强攻、避实或者维持的战略性决策。

中小企业/创业型企业，综合竞争力有限，要采用扬长避短、避实就虚的竞争策略，发挥自身专业化优势，攻击对手的薄弱之处，如对手产品缺陷、定位错误、定价过高或过低、渠道混乱、资金紧张等，建立自身利基市场，方可立于不败之地。

☞ 企业能力辨析

不识庐山真面目，只缘身在此山中。人最难认知的是自我，企业也如此。企业的能力包括研发技术、生产、资金、人力资源、营销等各方面，营销能力又包括产品策划、定位、渠道、传播、促销等能力。没有一个企业各个领域的能力都占有优势地位，即便是阿里巴巴这样的巨头，在社交、网游领域也屡战屡败；正如腾讯公司在电商、企业服务领域找不到北。

大企业的高管往往会高估自己的能力优势，让过往的成功麻痹了自我；小企业创业者也同样会高估自己，因为只有自己相信自己，强化扩大自我优势，他才有创业的勇气。然而商战无情，高估自我，低估对手，忽视顾客需求，创业企业的阵亡是大概率事件。

曾经称霸全球的摩托罗拉、诺基亚轰然倒下，原因很多。但核心原因是这些企业皆为内部研发导向，企业内工程师文化盛行，企业最高决策层多数由生产、研发系统晋升而来，高估了企业能力，不可避免地犯了"路径依赖症"——重研发而轻品牌营销，漠视顾客需求的演变，忽视了竞争对手们的奋发图强。

如何避免高估自我能力？如何客观冷静地评估自身的优劣势？首先要不时地自我反省：个人性格的优劣势？学识的长处与盲点？在以前的决策中犯下了哪些错误？为什么会犯这些错误？自省之外还需要他人的客观评估，企业能力的评估依靠业内专家顾问及内部战略部门高管客观冷静的分析判断，绝不是老板的一言堂。企业实际控制人个人的性格、能力评估，需要专业的人力资源公司进行客观测评，更需要其亲朋好友、直辖下属的铁骨丹心式诤言。

深度理解3C三角博弈模型，深刻洞察顾客需求，动态了解竞争对手的能力及策略，客观认知本企业的综合能力，这很不简单。要让该模型深入品牌打造者的脑海、骨髓，成为一种决策思维与习惯，这更不简单！

3C三角博弈模型关注顾客、竞争对手与本企业三方之间的博弈互动，这是当之无愧的至尊品牌营销心诀！

这一品牌营销心诀应贯彻至企业品牌战略、品牌定位策略、品牌传播策略中！贯彻在一切品牌打造方法中！

品牌打造方法篇

> 品牌打造方法

一、品牌打造五大基本原则

武术有各门各派,品牌打造的方法也各式各样。但万变不离其宗,品牌打造有其不变的底层逻辑。武术有内功心诀、有基本套路,品牌打造同样有 3C 三角博弈模型、有品牌核心价值之原点,还要遵循以下五大基本原则。

☞ **差异化原则**

品牌是顾客心中独特的存在。做品牌就要努力做到与众不同。差异化的视觉设计,差异化的核心价值,差异化的定位,这些都是品牌打造的基本要求。此外,品牌打造还要有目标人群差异化,产品功能属性差异化,品牌行为理念差异化,品牌传播创意差异化等。越优秀的品牌,各方面越能体现出差异化,或者在某个方面可以做到强烈的差异化,让品牌更易辨识,更有特色,更能深入人心。

☞ **系统性原则**

也就是全面性原则。品牌打造是典型的复杂系统工程,需要各个层面的协调配合。微观环境层面,需要企业、广告公司、媒介、政府机构、供应商等各个组织机构的全面协同。企业内部层面,品牌打造不单是品牌部门的职责,还需要产品研发部、生产部、销售部、财务部、人事部等各部门的全力支持。品牌打造以优质的差异化产品为前提,没有好产品,品牌就是无米之炊;品牌打造肯定是先投入后产出,着眼长期利益,财务部门以短期盈利为核心目标,这两者的矛盾需要协调。负责品牌打造的营销部门,更需要系统运用市场调查、品牌识别、品牌定位、销售渠道、品牌传播等品牌策略。品牌传播策略层面,不要抱有一

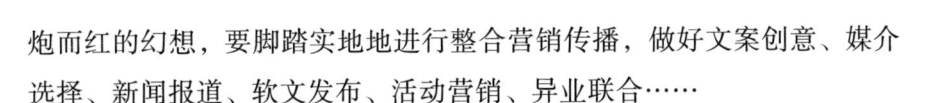

炮而红的幻想，要脚踏实地地进行整合营销传播，做好文案创意、媒介选择、新闻报道、软文发布、活动营销、异业联合……

犹如数学考试，订单型、项目型企业，一年做几个大单就够了，相当于做数学难题，一道题30～50分，做出两三道难题就接近满分了。但是品牌型企业不同，每道题只有1～2分，你必须做50～100道题目且全部做对才能得满分。为什么B2B企业、代工类企业做品牌很难成功？因为这类企业的基因是大订单、大题难题思维，没有打造品牌所需的小题思维、系统性品牌营销思维。

☞ **聚焦原则**

品牌之争本是认知之战，品牌打造要聚焦于特定人群，还要聚焦于特定人群脑海里的特定认知。无论产品功能、包装、定位，还是定价、渠道、传播，都必须围绕特定人群的特定认知展开，品牌才有可能在特定人群的脑海里留下烙印。烙印越明显、越持久，品牌越成功。激光聚焦于一点，才能穿透物体；紧握五指，出拳才会更有力。

不忘初心、方得始终。打造品牌时如果目标人群选错了，一切皆错，犹如打靶打错了靶子；即便目标人群选对了，但没有聚焦于该人群的特定认知，品牌仍然难以成功，犹如打靶没有打中靶心。

企业品牌传播手段花样繁多，例如视频广告、电商直播、事件营销、软文推广、跨界联合等，但形散而神不散，这"神"就是聚焦于特定人群（目标顾客）的特定认知（可以理解为品牌的核心价值/品牌定位）。

☞ **持久原则**

品牌打造不可能一蹴而就，而是需要企业系统性规划，更需要持之以恒的努力。品牌需要在特定人群脑海里留下特定的认知，但是留下认知、持续地留下认知谈何容易？在信息泛滥的网络社会，我们每个人每天看微信、看抖音、看微博，你可能记住几条"八卦"新闻，你能记

> 品牌打造方法

住几个品牌广告？即便是需要刻意学习记忆的专业知识，你又能记住多少？想想当年中学时代、大学时代寒窗苦读记下的历史、地理、政治、数学、物理、化学、英语知识，你还有多少记忆？更何况那些多数短期内跟你不相关的品牌产品信息、广告信息！

没有人能够逃离记忆遗忘曲线规律，除非你是机器人。

如何强化记忆、强化品牌认知？好创意可能会四两拨千斤，但更重要的是重复！唯有重复，不断重复。产品设计中的重复：在外观造型和包装等方面体现独特的视觉语言，超级符号形成超级记忆。例如，Think-pad电脑键盘中心的那个小红点，体现在所有该品牌的电脑中；苹果、小米所有的电子产品，都遵循极简原则；所有的宝马汽车，都拥有鹰眼大灯、鲨鱼腮前脸这两个独特的品牌视觉符号。坚持定位，坚持定位的"重复"传播：咬定青山不放松，数十年如一日传播品牌定位，才能够在特定人群脑海里留下深刻鲜明的品牌印象。"横扫饥饿士力架""果冻我要喜之郎""没有蛀牙高露洁"，这些都是好定位，这些定位的传播都已经坚持了数十年，而且还会无期限地重复下去。传播行动中的"重复"，不仅定位要重复传播，传播方式、传播策略也要尽可能重复，比如赞助策略、代言策略、事件营销策略等。可口可乐自1928年开始赞助阿姆斯特丹奥运会，至今从未间断，是世界上连续赞助奥运会时间最长的公司；OPPO/VIVO十余年坚持热门综艺节目赞助；耐克坚持用国际大牌足球明星、篮球明星代言，明星换了一个又一个，但大牌体育明星代言传播策略坚持不变；西贝莜面的情人节"ILOVEU"事件营销，百草味的"年货"产品营销，已经重复了好多年，相信他们还会坚持好多年。

重复的背后是定力，是恒心。

与持久原则密切相关的是一致性原则。在尽可能长的时间段内，我们要尽可能做到目标人群一致、品牌识别一致、品牌定位一致、品牌广告语一致，不因相关人员更迭、个人喜好变化而变化。

品牌打造方法篇

☞ 实用原则

要不要打造品牌可以是纯理论的学术探讨,一旦决心要打造品牌,那我们就必须遵循实用原则。我们必须花小钱办大事,必须时刻考虑企业的短期利益或长期效益,因为品牌打造费钱费时,而企业存在的目的是盈利。本书的核心架构高度遵循实用原则:品牌打造基础篇,品牌打造适用性、打造什么类型的品牌、品牌与产品、品牌与品类、品牌核心价值等章节,都是企业打造品牌时面临的基本问题。品牌打造方法篇,主要涉及品牌定位方法、品牌命名方法、品牌传播方法、异业合作方法、电商直播方法等内容,这些品牌打造方法高度务实。任何品牌的打造离不开这些策略、方法。

但是,关于品牌使命、品牌愿景、品牌价值观、品牌故事、品牌个性、品牌文化、品牌资产等内容,对初创阶段的品牌而言,其实用性、适用性尚有待商榷。

品牌使命,指品牌诞生的目的与责任,或品牌存在的理由;品牌愿景,指品牌未来几年,甚至几十年的蓝图和终极目标;品牌价值观,指品牌做事做人的持久的信仰、所坚持的行为准则。品牌使命、愿景、价值观基本等同于企业使命、愿景、价值观,用于确定战略方向、目标及准则,属于企业文化的核心内容,起到内聚人心、外树形象的作用。品牌使命、愿景和价值观,对已经成长起来的大企业而言不可或缺,但对处于生存期的中小企业、处于从 0 到 1 起步阶段的新品牌而言,可有可无,没什么重要意义。因为新品牌还不知道能不能顺利成长,在资金资源有限的前提下,"如何活着""如何才能从 0 到 1"才是重点,这时候企业无暇思考长期目标愿景。事实上,华为、抖音、海底捞这些大企业初创时根本就没有想到那么远。所谓品牌使命、愿景和价值观这些企业文化层面的理念,都是企业发展到一定阶段后再总结提炼出来的。

品牌故事,是对品牌诞生及发展历史、品牌理念、品牌定位的戏剧化表达，希望引起目标顾客的注意、共鸣，乃至自发口碑传播。既然是故事，就必须通过叙述的方式讲一个带有寓意的事件，有时间、地点、人物、事由等故事的基本要素，要有血有肉、有情节、有态度，还要肩负起传递品牌理念、品牌定位等的使命。写品牌故事有以下切入点：品牌历史、产品产地、产品独特功效、核心技术、创始人励志故事等。对大企业或有技术、有专利的豪华创业团队而言，有很多撰写品牌故事的素材，品牌故事相对容易写。但对多数中小企业而言，对刚诞生的品牌而言，无品牌历史、无核心技术、无豪华团队，那品牌故事怎么写？品牌故事可以适当戏剧化，但不能偏离事实，否则容易违反《中华人民共和国广告法》（以下简称《广告法》）中的真实性原则，若被举报而受到处罚，得不偿失。

若干年前，生产基地在广东的某高端家具品牌编了个来自意大利的品牌故事，被媒体曝光后，品牌声誉严重受损，企业一蹶不振。同样是广东的高端床垫品牌慕思，巧妙利用"秉承德国设计理念""聘请德国知名设计师"等文字游戏讲述品牌故事（因为"秉承""知名"这两个词难以证伪），成功塑造了设计理念源自德国的高端品牌形象，企业成功上市。

从0到1的品牌，没有品牌历史，品牌故事很难写，不必刻意强求，事实上多数新品牌并没有品牌故事。如果真的要写，多学习慕思的品牌故事，既能规避法律风险，还精准传递品牌理念。

品牌个性，是消费者认知中品牌所具有的人类人格特质。品牌个性之所以有效，其原因在于消费者往往会把品牌视作一个形象、一个伙伴或一个人，甚至会把自我的形象投射到品牌上。品牌个性与消费者个性或期望个性越吻合，消费者就越会有代入感，就越会对该品牌产生偏好。广告代言人、卡通形象等都可以用来塑造品牌个性。体现品牌个性的形容词很多，如友善的、时尚的、传统的、可靠的、严谨的、积极的、乐观的、坦诚的等。

一个品牌一旦有鲜明的人格化特征，这一定是持久成功的大品牌，例如奔驰的"稳重",耐克的"积极"。但是,品牌个性理念产品适用范围很有限,只有服饰、轿车等少数有社交展示属性的消费品行业适用。在更多的行业,品牌个性理念并不适用:华为、茅台、农夫山泉、金龙鱼、海天、联想、美的、小米、淘宝、美团、抖音等,这些如雷贯耳的大品牌,有什么鲜明的品牌个性?何况品牌个性的形成非一日之功,需要经年累月的努力,对处于从0到1阶段且营销经费捉襟见肘的品牌而言显然并不适用。

品牌资产,即品牌赋予产品或服务的附加价值,反映品牌所带来的价格、市场份额及盈利能力。品牌资产包括浅层品牌资产(包括品牌知名度与品质认可度)和竞争力强的深层品牌资产(包括品牌美誉度、品牌忠诚度、品牌溢价能力)。

品牌价值,指品牌在某一个时点的、用类似有形资产评估方法计算出来的金额(此处定义的品牌价值不是消费者认知里的品牌核心价值)。经权威机构评估,品牌价值金额可出现于资产负债表。相对受业界认可的品牌价值评估方法包括Interbrand评估法、世界品牌实验室评估法和北京名牌资产评估公司评估法等。

无论是品牌资产还是品牌价值,都属于企业的无形资产,都是品牌成功之后学术界或第三方机构的研究名词,对不知道能存活多久的从0到1的品牌而言没什么实战意义。

品牌使命、品牌愿景、品牌价值观、品牌故事、品牌个性、品牌资产等品牌概念,是学术化导向的品牌管理教科书中的基础章节,但不是本书的重要内容。本书仅在此浮光掠影式地介绍这些相关概念,后文再无相关论述。因为对于从0到1的品牌打造而言,这些品牌要素、概念短期内都非必需,无太大的实用价值。

差异化、系统化、聚焦、持久及实用,这五大基本原则,是品牌人长期经验的概括总结,是我们从0到1打造品牌的枷锁,也是我们从0到1打造品牌的引路明灯。

> 品牌打造方法

二、目标顾客的精确锁定，品牌打造第一步

品牌是特定顾客的特定心理认知。品牌打造的第一步，是确定品牌的特定顾客群，以及这些顾客的特征。

品牌的特定顾客群体，即目标市场，亦即企业根据其目标及资源特点锁定的一个或几个细分市场。

在绝大多数行业中，客户的需求一定是多种多样的，所以目标市场锁定的前提是市场细分。

☞ 如何锁定细分市场

市场细分（market segmentation）就是指企业按照某些分类标准将市场上的顾客划分成若干个顾客群，每一个顾客群构成一个子市场。

世上没有完全相同的两片树叶，也没有需求完全相同的两个人。消费需求的绝对差异造成了市场细分的必要性。同时，特定社会环境和文化背景下的人们形成了相对类似的人生观、价值观及消费观，他们的需求特点和消费习惯大致相同。需求的相对同质性则使市场细分有了实现的可能性。

在 C2C 行业，企业可以将消费者按人口学特征、地理特征、心理特征、行为特征等角度分类，划分出无数个大小不等的子市场。在 B2B 行业，企业可以从客户规模、地理区域、企业性质、最终用途、行为决策等角度，将潜在客户划分为若干个子市场。

消费品品牌的细分市场通常是地理变量、人口变量、心理变量、行为变量这四大类变量的交叉组合。

地理变量。按地理位置细分，如欧洲、亚太、非洲市场等；如华东、华南、华北、西南市场等；如一二线城市、三四五线城市、乡镇市

场等。按气候条件分，如热带、亚热带、温带、亚寒带市场；干旱、半干旱、湿润市场。按地形地貌分，如平原、山区、沙漠、高原市场等。几乎所有品牌都要考虑根据地理位置细分市场，尤其是汽车品牌。

人口变量。即按人口统计变量，如年龄、性别、收入、职业、教育程度、家庭规模、家庭生命周期、宗教、种族、国籍等细分市场。其中，年龄、性别、收入、职业、教育程度这五大细分变量是所有品牌都必须考虑的基础细分变量。不同年龄、性别、收入、职业、教育程度的人显然需求不一样。这五大基础细分市场的二级细分及交叉组合，理论上可以划分出上百个细分市场。

心理变量。即根据购买者的购买动机、社会阶层、生活方式、个性特点、价值观等心理因素细分市场。即便在人口变量相同的消费群中，顾客也有可能对同一品牌的爱好和态度截然不同，这主要是由于心理因素的影响。

人们的购买动机有求实、求名、求新、求异、从众、炫耀等多种。一件衣服销量很大，有人偏偏不买，因为担心撞衫，这是求异心理；有人怀着"这么多人买肯定错不了"的心理立即下单，这是从众心理。

不同的社会阶层所处的社会环境不同，成长背景不同，因而兴趣偏好不同，消费特点不同，对产品或服务的需求也不尽相同。美国著名营销大师菲利普·科特勒将美国社会划分为七个阶层：①上上层，继承大量财产，具有著名家庭背景的社会名流；②上下层，在职业或生意中具有超凡活力而获得较高收入或财富的人；③中上层，对其"事业前途"极为关注，且获得专门职业者，独立企业家和公司经理等职业的人；④中间层，中等收入的白领和蓝领工人；⑤劳动阶层，中等收入的蓝领工人和那些过着"劳动阶层生活"的人；⑥下上层，工资低、生活水平刚处于贫困线上，追求财富但无技能的人；⑦下下层，贫困潦倒，常常失业，长期依靠公众或慈善机构救济的人。处于不同社会阶层的人，对汽车、服装、家具、娱乐等方面的需求都有较大的差异。

行为变量。根据购买时机、了解程度、态度、反应、使用状况等方面的不同,可将顾客划分成不同的群体。大数据时代,这些变量比较容易获取。行为变数能更直接地反映消费者的需求差异,相对容易细分。例如按消费者购买和使用产品的时机细分市场,这些时机包括结婚、购房、搬家、入学、晋升、退休、出差、旅游、节假日、起床时、睡觉前等。时机细分有助于提高品牌关注率、使用率、转化率,提高品牌营销的针对性。按使用状况可以将消费者分为曾经使用者、未曾使用者、潜在使用者、初次使用者、偶尔使用者和经常使用者等类型,针对不同使用群体应采用"拉新、留老、增加消费频次"等不同的品牌营销策略。

☞ 如何选择细分市场

首先,选定市场范围,先求广后求精,即潜在的顾客群体尽可能多,范围尽可能广。通过"头脑风暴法",从地理、人口、心理和行为四个方面的变量出发,大致估算一下潜在的顾客有哪些需求(包括刚开始出现或将要出现的消费需求)。

其次,根据差异性需求细分市场。我们找到差异性需求之后,选择合适的细分变量(一般是上述地理、人口、心理及行为变量的交叉组合),将市场划分为若干个不同的子市场,并结合各子市场的顾客特点赋予每个子市场名称。

最后,放弃较小或无利可图的细分市场,挑选出几个排序靠前的细分市场。运用调查数据或者经验判断,深入认识细分市场的特点,重新按对顾客购买行为的影响程度大小对细分变量进行降序排列,从而找出排序靠前的若干个(一般3个以上)相对合适的细分市场。

找出若干个差异化的细分市场之后,更重要的是继续放弃,精中选精。

在各行各业中,看起来整个市场的蛋糕挺大,里面诱人的小蛋糕(细分市场)也挺多。问题是,你的资源和能力有限,不可能每个小蛋

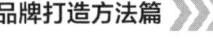

糕都吃得掉。心可以比天大，但饭只能一口一口地吃。

面对若干个候选细分市场，我们只能优中选优，只能选择 1 个或几个（一般 3 个及以内）细分市场作为目标市场。目标市场有核心与次要之分。企业的品牌营销活动必须紧紧围绕核心目标市场展开，所以一个品牌的核心目标市场有且只允许有 1 个，次要目标市场一般 1～2 个就够了。

目标市场（特定顾客群）找错了，一切皆错，这是战略问题，是方向问题，容不得半点马虎。

如何选择和评估细分市场，最终选择出最适合自己的目标市场？以下五大要素均需充分考虑。

其一，市场规模。市场规模的大小，意味着企业体量的大小，大品牌重视大市场，小品牌专注小市场。市场规模（特定时间期限内，一般以年计）= 顾客数量 × 市场渗透率（耐用品产业称普及率）× 每次购买单价 × 每次购买数量 × 购买频次。其中，顾客数量可以通过各地人口统计公报推理获取，市场渗透率、每次购买单价/数量、购买频次可以通过抽样问卷调查获取。

其二，成长性。规模重要，未来的成长空间更重要。钢筋水泥规模大，可惜是夕阳产业，新能源汽车/基因医疗产业虽然尚小，但未来无限好。谁都希望潜在市场是朝阳产业。看看行业研究报告，听听专业人士的意见，有助于判断出所选行业是否为朝阳产业。

其三，竞争状况。如果候选细分市场竞争对手数量众多，实力雄厚，我们原则上应该避实就虚、退避三舍，除非自信己方有数倍于对方的兵力、实力。不仅要分析评估现有竞争者，还要考虑细分市场的动态竞争，如潜在的新竞争者、替代产品的威胁。一些网络品牌创业者，习惯参考电商平台提供的产品销售规模、增长率及人群画像等数据，以此来决定目标市场人群，但这里面有个被忽视的漏洞，即缺少对现有及潜在竞争对手的深度了解，缺少对竞争强度的预判。

其四，企业目标与能力。某些细分市场虽然有吸引力，但与品牌使命、品牌愿景不符，这样的细分市场应考虑放弃。另外，还应考虑企业现有及将来的资源与能力是否适合在某一细分市场经营。要选择那些企业有条件进入、能充分发挥其资源优势的细分市场作为目标市场，有多大实力做多大事，量力而行，不应好高骛远，潜在市场虽大但不一定就是你碗中的菜。

其五，盈利性。针对中高端人群的品牌毛利率高，针对中低端人群的品牌毛利率低，只能走薄利多销路线。企业是追求持续盈利的组织，预计不赚钱的事尽量不要干；预计太赚钱的行业要冷静，天上不会掉馅饼，世上没有无缘无故的爱。

事实上，以上细分市场的五大评估要素往往是相互矛盾的。市场规模大，增长空间就低，竞争激烈，利润空间小；成长性行业，利润不错，但规模有限，潜在竞争却不少；竞争少的，一般规模、成长性、盈利性都有限。

实务中，品牌营销人需要将细分市场 m1、m2、m3 等，根据市场规模、成长性、竞争特性、自身资源能力、盈利性这五大要素进行量化加权打分，综合得分最高或排在前列的细分市场，即可选择为企业的目标市场。如何量化打分、如何权重分配，这是真正考验品牌营销人的行业经验、专业能力的问题。

目标市场的专业定义是：企业在细分市场的基础上，根据自身资源优势所选择的主要为之服务的那部分特定顾客群体。通俗的表述是：目标消费者描述，形象化的表达，即品牌人群画像。

例如喜茶的人群画像：18～30 岁年轻女性，一、二线城市，办公室白领，个人或家庭收入中等及以上，网生一代，追求潮流、追求颜值，对价格不敏感，快乐主义。

在品牌打造过程中，产品设计生产之前必须有明确的目标市场，即清晰的目标消费人群画像。如果品牌规划中没有详尽的目标消费人群描

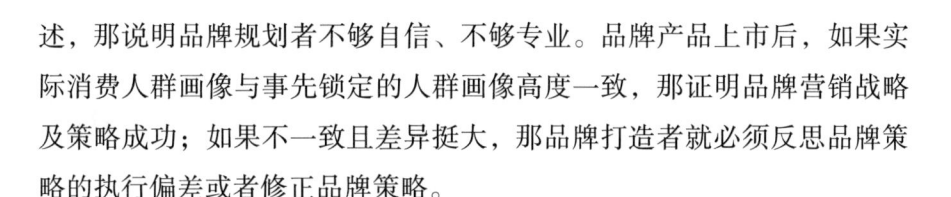

述，那说明品牌规划者不够自信、不够专业。品牌产品上市后，如果实际消费人群画像与事先锁定的人群画像高度一致，那证明品牌营销战略及策略成功；如果不一致且差异挺大，那品牌打造者就必须反思品牌策略的执行偏差或者修正品牌策略。

在经典营销理论体系中，市场细分（market segmentation）、目标市场（market targeting）及市场定位（market positioning），简称为STP营销战略三部曲，是一切品牌营销策略的起点，也是极为重要的营销理论。

其中，目标市场的评估及精确锁定是重点。非目标市场，该舍弃的一定要舍弃，有舍才有得。对待顾客，并非一定要一视同仁。你的时间、精力、财力都有限，你只能重点满足目标顾客的需求。

只有锁定了目标市场，锁定了特定顾客，战略性地放弃其他顾客，我们随后确定的品牌基因、品牌核心价值，以及品牌定位、品牌传播等策略才能有的放矢。

锁定了目标市场，我们就可以全面深入地洞察其需求，我们的产品质量、功能、包装、服务等，完全可以投其所好。

锁定了目标市场，我们才可能利用各种媒体，通过各类广告、公关、促销等传播手段，对特定顾客进行全面的、系统的、深入的"洗脑"。

锁定目标市场，是一切品牌活动的前提！

品牌打造必须紧紧围绕目标市场而展开。钱要花在刀刃上，聚焦专注，才能事半功倍，品牌营销效能才能真正最大化！

三、定位，定天下

"定位"（Positioning），最早由在艾·里斯（Al Ries）创立的广告公司工作的杰克·特劳特（Jack Trout）提出，1981年，两人联手出版了名扬天下的《定位》（*Positioning*）一书。2001年，定位理论打败菲利浦·科特勒的营销4P策略及消费者让渡价值理论，打败迈克尔·波特的竞争价值链理论，被美国营销协会评为"有史以来对美国营销影响最大的观念"。2009年，该书被《财富》杂志评选为"史上百本最佳商业经典"第一名。

艾·里斯、杰克·特劳特提出的定位，强调的是消费者大脑的认知之战，是传播认知层面的定位。随着定位理论的影响力与日俱增，定位的内涵不断拓展：广告传播定位，产品定位，市场定位，企业战略定位，品牌定位，等等。

以上定位概念有区别、有联系，核心都是"取舍"二字，都直接或间接决定着品牌的成败！

狭义的品牌定位，即《定位》一书的定义：确保品牌在顾客脑海里占据一个真正有价值的地位！定位并不是对产品本身做什么，而是你要在顾客心智中做点什么（Positioning is not what you do to the product, but what you do to the mind）。

广义的品牌定位，可以理解为狭义定位（传播定位）+产品定位+市场定位+企业战略定位，越靠后决策层级越高。

品牌是特定顾客对特定产品、服务的特定认知。本书定义并诠释的品牌定位，是广义的品牌定位，是企业战略定位，是市场定位、产品定位及传播定位的综合。

品牌定位是品牌打造的首要任务，是品牌建设的基础，是品牌成功的前提。

品牌定位具体可分解为：品牌使命定位，目标市场定位，产品品类定位，产品功能特色定位，价格定位及传播定位。

☞ 品牌使命定位

品牌定位是最高层次的定位，可以理解为企业战略定位、企业使命定位，界定了企业经营活动的边界，决定了企业能做什么、不能做什么。

可口可乐公司的企业战略定位——全球范围内的全方位软饮料公司，这意味着可口可乐不仅生产碳酸饮料，还要生产果汁饮料、瓶装水、能量饮料等，但不会出品葡萄酒、白酒，更不会跨界进军房地产、能源业等。

顶新集团（康师傅）的企业战略定位——华人世界的美食提供者，这意味着康师傅不仅生产方便面、饼干、饮料等包装食品，还可以开康师傅牛肉面馆、德克士炸鸡翅等餐饮店等，但绝不会进军服装、家电、影视等产业。

只有那些极具进取心的极度自信的极少数大企业，才会不断突破企业自身原有的使命定位。例如阿里巴巴，从"让天下没有难做的生意"B2B战略使命定位，一路拓展到B2C电商、阿里云，再到互联网金融、大文娱、新零售等，短短20年，无边界扩张，成为全球罕见的多元化产业运营巨擘。

在日本、德国，一些有百年历史的餐饮、手工艺家族企业，匠人匠心，不忘初心，只为传承家族使命。它们小而美，战略定位是产业的隐形冠军，虽没有阿里巴巴们的叱咤风云，却有隐士们的云淡风轻。

品牌使命定位，是最高层次的战略定位，适用于大业已成的成功品牌，或者适用于有远大理想、资源丰富、含金汤匙出生的初创品牌，但不一定适用于资金资源有限、未来不可知的处于从0到1过程中的小品牌。毕竟大部分新品牌的生命周期短暂，成功是小概率事件。空喊高大上的品牌使命，一旦经营失败，落个"志大才疏，好高骛远"之名。小品牌创始者内心可以有品牌使命定位，但不一定写出来、说出来。

☞ 目标市场定位

目标市场定位即目标顾客的精确锁定。如何确定目标顾客？如何才能拥有清晰的目标人群画像？首先从地理、人口学特征、消费心理、消费行为等角度进行细分，划分出若干个细分市场，再根据需求规模、成长性、竞争状况、企业目标与能力、盈利性五大维度评估各个细分市场，确定最终人群画像。品牌打造，从目标市场定位开始，从目标顾客的精确锁定开始（详见前一节内容）。

目标市场定位，精确锁定特定人群，是一切品牌策略活动的前提！

☞ 产品品类定位

品牌打造的理想流程是，先有目标市场定位，先有特定的目标人群，先洞察目标人群的品类需求，后有产品研发、设计、生产。然而现实中往往是先出产品，后找目标人群，这就是理想与现实的差距。

顾客先有品类需求，才会有品牌选择。让"品牌=品类"，让品牌成为品类代表，铸就高竞争壁垒的专业品牌，是品牌打造者的至高目标。大部分品牌，尤其是小而美的品牌，都应该有鲜明的产品品类定位。

大品牌有大品类定位，小品牌有小品类定位，各有各的活法。海天酱油、伊利牛奶、格力空调、海底捞火锅、波司登羽绒服等，都是典型的大品牌大品类定位；千禾无添加酱油、李子园甜牛奶、王饱饱燕麦片、阿芙精油、喜临门床垫、KEPP健身App等，都是细分品类的品牌代表。

不仅是物质产品及服务需要品类定位，精神文化产品同样需要品类定位，例如《射雕英雄传》是武侠小说品类代表，《甄嬛传》是宫斗剧品类代表，《输赢》是商战小说代表，《三体》是硬科幻小说代表，《非诚勿扰》是相亲类综艺节目代表，《奇葩说》是网络现象及娱乐性辩论节目，《唐人街探案》则开了喜剧侦探片细分电影品类的先河。

从 0 到 1 的品牌，要特别关注细分品类，定位为一级、二级乃至三级细分品类专家，围绕细分品类研发系列产品，系统展开品牌传播，抢占目标消费者心智，品牌成功的概率相对较高。

何为一级、二级、三级细分市场？从一级到三级，市场规模越来越小，消费人群数量越来越少、人群画像越来越清晰，同时竞争对手越来越少、越来越弱。例如汉服是一级细分市场，少女汉服就是二级细分市场，棉麻少女汉服/唐宋少女汉服/大号少女汉服就是三级细分市场。

品类定位适用于衣、食、住、行、药、玩、乐、教等人类需求稳定的大众消费行业以及生活服务业，但不适用于具有心理附加属性的奢侈品行业，不适用于技术迭代需求变化快的科技产品。对那些追求品类拓展而不求品牌竞争力的标签品牌而言，品类定位也不适用。

☞ **产品功能特色定位**

产品功能特色定位，即独特的销售卖点定位（Unique Selling Proposition，USP）。品牌源于差异化产品，独特的产品容易成就独特的品牌。产品只有在功效、款式、包装等方面与众不同，能够脱颖而出，顾客才容易记住。去头屑海飞丝，除菌香皂舒肤佳，怕上火喝王老吉，都是功能特色定位成功的典范。

USP 理论虽然是由广告人总结出来的，但是产品卖点不能无中生有。产品真的有亮点，能满足顾客未被竞品满足的痛点，功能特色定位才是基础定位，是重要的定位。

如果产品没有独特性，我们无法用功能特色定位，可以采用情感定位、价值观定位。对一些带有社交属性的产品，例如服饰、白酒，情感定位、价值观定位甚至比功能特色定位更重要。

对大多数品牌而言，功能特色定位是基础定位，情感定位是锦上添花。许多品牌有功能特色定位但不一定有情感定位，有情感定位则一定有功能特色定位。

☞ 价格定位

价格定位即品牌档次定位。价格是唯一能产生收入的品牌营销要素，也是大多数品类消费者选择品牌时的首要因素，其重要性怎么强调都不过分（靠广告收入的内容品牌、政府管控的公共服务品牌等除外）。

基于产品品质及价格两个维度，理论上品牌价格定位大致有四大类型。

（1）**高品质高价格，即高档定位**。最高档品牌就是奢侈品牌，奢侈品牌的打造需要极致品质、极致体验、彰显美感、悠久历史、稀缺感、身份感，需要巨额资金的投入，需要时间的沉淀，非普通品牌打造者所能及。相对的高价定位，中高端品牌，才是现实的选择。中国日渐富裕，对价格不太敏感的新生代在成长，高档、中高档品牌打造的窗口期已经到来，我们要敢于采取高价、较高价定位，体现品牌溢价。元气森林、喜茶、三顿半等食品饮料类"网红品牌"的定价都不低。

（2）**大众品质大众价格，即大众价格定位、中档定位**。无论哪个年代，收入一般的大众人群永远是主力消费人群。力求规模的大众品牌定价，一般不高也不低，因为大众品牌的产品价格要满足大众人群价格预期的最大公约数。大众价格定位，一般都是大众品牌的天下，伊利、海天、美的这些知名品牌的定价都挺亲民。从0到1的新品牌，最好不要采用无差异的大众价格大众人群定位，因为这是"红海"市场，竞争对手是大众品牌，其竞争力太强。

（3）**高品质低价格，即性价比定位**。好产品低价格，是消费者的期盼，但不是多数以品牌溢价为基础的品牌打造者的期盼。事实上，性价比品牌是消费者永恒的需求，在产品信息透明、顾客口碑至上的网络时代，性价比品牌大放异彩。小米（手机及生活电器/用品）、完美日记、蜜雪冰城等品牌奇迹般地崛起，极致性价比定位功不可没。短渠道、没有经销商代理商的网生品牌、工厂直供品牌、传统高毛利行业中有供应链成本优势的品牌，可以考虑性价比品牌定位。未来，各行各业会有更多的性价比品牌出现，这是时代大潮，势不可挡。

（4）**低品质低价格，即低端品牌**。中国乃至全球范围内，两极分化严重。全球有数十亿人口仍然生活艰难。理论上，低端品牌仍然有生存发展的空间。但是，低档品牌毛利低、质量低、美誉度低，品牌生命周期短暂。我们没有必要考虑吃力不讨好的低价低端品牌定位，没有必要去打造低端品牌。

价格定位很重要，也相对容易决策，不外乎高端、中高端、中端、性价比这几个选项。不容易的是对价格定位的坚守，特别是对品牌产品零售价的坚守。

价格认知是品牌认知中的重要组成。品牌零售价格管理，在同一时间点，要尽可能确保品牌产品全网价格统一，绝不能自乱阵脚、模糊品牌价格认知，这是品牌管理者的基本功。越知名越成功的品牌，越重视线上线下的产品零售价格一致性。

如果某一品牌，同一产品在不同店铺的零售价格不一样，只能说该企业高层不懂品牌打造、不懂品牌管理，只能说该企业以短期销量为导向，根本不以长期品牌为导向，走不了多远。

☞ **传播定位**

传播定位即狭义的定位，也可以理解为广告定位。品牌定位，从目标市场定位、产品品类定位到价格定位，最后压轴的是广告传播定位。如何高效地与顾客沟通？如何快速打动顾客？顾客大脑追求简单，本能拒绝非必需的商业信息，外界的各类信息又很多很杂，将品牌深深地烙

> 品牌打造方法

在顾客的脑海里,谈何容易?

传播定位强调的是:高度浓缩地概括品牌特点、优点、卖点,即定位点,用几个关键词,用简短的广告语,反复传播,最终在目标顾客的脑海里占据一席之地,这一席之地必须独特而有价值。

传播定位的定位点,既可以来源于目标市场定位、产品品类定位、产品功能特色定位、价格定位,也可以来源于品牌核心价值观,还可以无中生有,从顾客感性需求、借力竞争者等角度定位。

如何进行传播定位?定位的基本步骤是什么?定位的具体方法有哪些?这些问题我们将在下一节详细阐述。

理想的品牌定位,包括品牌使命定位、目标市场定位、产品品类定位、产品功能特色定位、价格定位及传播定位。这六大方面的定位都很重要,每个方面的定位都是战略级的,都事关品牌短期及长期的成败。

定位的标准次序是由上到下,由内而外,即先使命定位、目标市场定位、产品品类定位等,最后环节是传播定位。基于心智空白点创业的新品牌,定位的次序也可以由外而内、由下至上:先确定传播定位,再进行产品研发、确定品类,反向寻找目标消费人群,即紧紧围绕心智空间打造品牌。

暂无产品亮点、从0到1的初创品牌,可以暂时没有品牌使命定位,没有功能特色定位,但需要更精准的目标市场定位、产品品类定位、价格定位及传播定位,在此基础上精准进行产品功能特色定位,这些都容不得半点闪失。

因为,定位错,一切皆错!定位,定天下!

没有一个成功的品牌是没有定位的。成功品牌的背后,一定是系列定位的成功!

四、品牌定位方法：基于产品、顾客与竞争

品牌定位（指狭义定位，即传播认知性定位、广告定位），抢占目标顾客脑海里特定的有价值的位置，这是企业品牌经营成败的关键，是品牌打造的核心策略环节。

定位，不仅在过去重要，以后必将越来越重要：因为人的大脑容量有限，人脑对不同概念的信息处理能力有限；因为人脑追求懒惰、选择式倾听、选择式记忆与遗忘的本能永远不会变（品牌信息属于商业信息范畴，人们的大脑天然抗拒，往往将其视为噪声而选择性遗忘）；因为在网络社会，各类信息只会越来越泛滥。

有且只有简短的反复强化的定位信息，才有可能在顾客所接受的海量信息中脱颖而出，才可能突破顾客的选择性注意、选择性记忆的层层障碍。

经典的特劳特定位理论，主要阐述的就是这种传播认知性定位，该理论强调"我们不仅仅要对产品本身做些什么，更重要的是要在顾客的脑海里做些什么"。品牌的功能特点、附加利益点或许很多，但顾客感兴趣的点没有几个，企业也没有那么多传播经费将这么多信息传递给目标顾客。我们只能舍弃大部分产品信息，而选取其中最重要的一点作为定位点进行持续的传播。

弱水三千，只取一瓢；日积月累，才能水滴石穿！

定位，传播认知性定位很重要，那到底该怎么定位？

☞ **品牌定位必须遵循的五原则**

第一，目标顾客心理导向原则。 定位必须是目标顾客能感知到的，感觉到重要的、有价值的。非目标顾客没有感知到该定位的价值，这很

正常。若真正的目标顾客感知不到定位的价值，这定位就毫无意义。

第二，**差异化原则**。一定要与竞争对手有所不同，避实就虚，避强击弱，尽量不要硬碰硬。尤其对从 0 到 1 的新生品牌而言，有差异才有可能成功，绝不能人云亦云、亦步亦趋。

第三，**占有性原则**。企业具有相应的资源及能力长期占有该定位，竞争对手难以跟进、难以抢占。与原料垄断、专利技术相关的定位竞争壁垒高一些；无产品独特性，依赖精妙创意产生的定位概念长期占有性弱一些。

第四，**简明原则**。定位越简单越好，定位目标就是目标顾客脑海里的关键词，能用一个字的不要两个字，能用两个字的不要三个字，越简明的越易记，越易传播。传播认知性定位的外在表现，往往是简短的一句话，一句广告语。

第五，**稳定性原则**。定位一旦开始传播，不要轻易更改，必须数年如一日地坚持，受众脑海里品牌关键字的形成，非一日之功。那些无独特资源、技术壁垒，靠创意产生的定位概念尤其要持之以恒，水滴石穿打造认知壁垒。除非万不得已，不要重新定位品牌。一旦重新定位，意味着前功尽弃，一切重来。

☞ 品牌定位要遵循的五大基本步骤

第一步：洞察顾客需求。顾客需求多种多样，哪些是基本需求？哪些是隐性需求？哪些是共性需求？哪些是个性化需求？哪些是已经被满足的需求？哪些是尚未被满足的需求？哪些需求在减弱？哪些需求在强化、在发展？顾客不会主动告诉你这些。这需要我们持续不断调查顾客，洞察顾客。

第二步：了解竞品定位。竞争品牌有哪些？这些品牌实施的是哪些定位，这些定位是不是真正占据了顾客的心智？竞品的目标顾客是否与我们的目标顾客重叠？如果不重叠，大家井水不犯河水，各走各的路；如果重叠，狭路相逢勇者胜，那我们就必须深入调查了解该竞品的战略、策略、优势、劣势，要调查了解竞品定位在目标顾客脑海中的烙印有多深。调查目标顾客，给竞品定位强度打个分。根据竞品定位的强度，考虑我们是采取正面抗衡定位，还是采取避实就虚定位。当然，从0到1的品牌，一般都用避实就虚的差异化定位。

第三步：**评估自身能力**。企业有哪些资源？产品、资金、技术、人才、成本、渠道等，相对于竞品，有哪些优势？我们的产品能不能满足目标顾客的需求？能不能支撑差异化定位？

第四步：**寻找定位区隔概念**。基于品牌营销3C三角思维框架，客观冷静，系统了解并分析顾客需求、竞品定位及强度、企业自身资源能力。之后，我们要寻找一个概念，这个概念对目标顾客而言是有价值的，与竞争者是有区别的，而且企业的资源、产品优势能够支持这个概念，让顾客感到真实可信，这个概念就是我们寻找的定位点。

第五步：**定位点的传播**。有了定位点，还要大声地持续地喊出来，才能将定位点植入消费者的脑海中。媒体广告、公关活动、人际传播、产品包装、销售展示，乃至品牌命名等，企业的每一个品牌传播活动，顾客的每一个品牌接触点，都必须尽力体现出定位点。

当目标顾客人人皆知、人人叫好品牌定位的时候，这就是品牌定位（传播定位、广告定位）的成功。

"大自然的搬运工"农夫山泉，"以花养妆"花西子，"横扫饥饿"士力架，"0糖0脂0卡"元气森林，都是有口皆碑的好定位。

具体的品牌定位方法有哪些？定位要怎么定？这是品牌定位（传播认知性定位、广告定位）实务中的核心。

☞ 品牌定位的方法

品牌定位（传播认知性定位、广告定位）方法具体可分为三大类（产品视角、顾客视角及竞争视角），三大类下还有近20个小类。

品牌打造方法

1. 基于产品视角的定位方法

（1）**功能特色定位**。产品功能特色鲜明，有独特销售卖点，那就将卖点作为核心定位，持续传播，反复强化。例如横扫饥饿士力架、没有蛀牙高露洁、经常用脑六个核桃、知识问答社区知乎、网上订餐饿了么，采用功能特色定位的知名品牌比比皆是。我们考虑定位方式的时候，首先想到的应该就是功能特色定位。

（2）**品类定位**。成为品类代表，是许多品牌的终极梦想，那就大张旗鼓直接传播品类定位！大品牌采用大品类定位，小品牌采用小品类定位。果冻我要喜之郎、奶酪就选妙可蓝多、好空调格力造，×× 我要×××，×× 就选×××，是经典的品类定位广告语格式，简单直接，但传播效果就是好。波司登——羽绒服专家、方太——高端厨电专家，××× 专家定位，是品类定位相对温和的表达方式。定位理论最推崇的定位方式就是品类定位，很多人一知半解，理解的定位就是品类定位，没有其他形式的定位，虽有所偏颇，但可见品类定位在业界的影响力。

（3）**性价比定位**。如果品牌真的有性价比，那就大大方方说出来，虽然可能会丢失一些中高端顾客，但会得到更多大众人群的拥护。"感动人心，价格厚道"的小米、"只买对的，不买贵的"的雕牌，是性价比品牌定位的成功典范，淘宝/拼多多电商平台上，有数不清的主打性价比定位的品牌诞生并处于发展中。

（4）**质量定位**。若性价比没有优势，那就强调质量，暗示顾客"便宜无好货，好货不便宜"。富裕时期的新生代，更重视质量，对价格并不太敏感。采用质量定位的一般是中高档品牌，比如"水中贵族百岁山"，"不是所有牛奶都叫特仑苏"。

（5）**产品历史定位**。如果是百年老字号，产品历史悠久，天然令人信任。例如"百年品牌同仁堂"；"你能听到的历史124年，你能看到的历史162年，你能品味的历史428年，国窖1573"，这是其他品牌无法

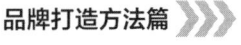

复制的历史定位优势。

（6）**外形/款式颜值定位**。富裕社会一定是产品颜值至上的社会，人们对美好事物的追求无止境。如果产品在包装、造型、款式上出众，那就大胆采用颜值定位，当然前提是申请产品外观设计专利，以免竞品仿冒、跟进。

跟产品相关的定位方式还有产地定位、产品成分定位、产品技术/工艺定位、新一代产品定位，等等。这些定位一般是战术性的、短期的、局部的。

2. 基于顾客视角的定位方法

（1）**目标消费者定位**。目标消费者定位是基础定位，是战略性定位，但在传播层面直接用目标消费者定位的品牌却不多，可能原因是：品牌打造者潜意识里还是希望消费者数量越多越好，不想画地为牢、自我舍弃。传播层面，敢于用目标消费者定位的都是有魄力的品牌，例如"男人的衣柜，海澜之家""新一代的选择，百事可乐""雪球，聪明的投资者都在这里"。

（2）**情感定位**。人是有时理性有时感性的动物，品牌不仅要满足顾客的理性需求，还要满足顾客的情感需求。我们每个人有爱情、亲情、友情、乡情、关怀、牵挂、怀旧等七情六欲，采用情感定位的品牌容易引起顾客的共鸣与认同，是一种比功能特色定位、质量等理性定位更高级的定位，也是许多品牌打造者极为重视的定位方式。例如爱情定位，戴尔比斯"钻石恒久远，一颗永流传"，ROSEONLY"你是我一生唯一的爱"，水晶之恋"明天的明天，你还送我水晶之恋吗"。

（3）**自我表现定位**。当人们的基础物质需求、基本情感需求得到满足以后，会有更高层次的精神需求。采用自我表现定位的品牌就是为了体现一些成功人士或想成功者的尊贵感、地位感、身份感。LV、香奈儿、普拉达、劳力士、保时捷等奢侈品牌，归根结底都用了自我表现定位。对从0到1的品牌打造者而言，自我表现定位不切实际。

（4）**个性定位**。每个人都有个性，稳重、粗犷、张扬、平和、积极等，品牌同样需要个性定位，以匹配消费者的个性。衣如其人，车如其人，服饰鞋包、私家轿车，这些行业的品牌不妨多考虑个性定位。

（5）**价值观/人生观定位**。仁义礼智信，温良恭俭让，真善美等普世价值观，也是品牌定位的方向。人们希望有同道之人，也认可有相同价值观的品牌，以物铭志。例如"天下智慧皆舍得"的舍得酒，"人生难得糊涂"的小糊涂仙酒，"我是江小白，生活很简单"的江小白酒。中国酒文化盛行，白酒品牌采用价值观定位策略的不少。

基于顾客视角的定位，还包括消费场景定位、消费行为定位、消费理念定位等。

3. 基于竞争视角的定位方法

（1）**比附定位**。即攀附名牌定位，傍大牌，借助行业内著名品牌的光环来提升本品牌的形象、地位。比附定位，能以小搏大，效果显著，是从0到1的品牌常用的定位策略。比附定位有三种类型。

1）攀龙附凤定位：站在巨人的肩膀上，好歹也是小巨人。承认著名品牌的成功，本品牌虽自愧不如，但也不差，在某地区或某一方面还可以并驾齐驱。例如"东方好莱坞，横店影视城"；"宁城老窖，塞外茅台"；"北有北广，南有浙广"。还有影视圈常见的报道：小范冰冰，小杨幂，下一个周杰伦，下一个成龙，下一个冯小刚，等等。都是典型的攀龙附凤定位。

2）第二定位，明确承认市场的第一品牌，自己只是第二。第二主义，会让人们对该品牌留下谦虚诚恳、真实可靠的好印象。国外著名的案例有美国阿维斯出租汽车公司"我们是第二，我们要进一步努力"的定位；国内著名的案例，蒙牛初创时广告语是"争创内蒙古第二品牌，向伊利学习"，果不其然，从0起步的蒙牛，不久后真的成为内蒙古第二品牌。"母乳第一，贝因美第二"；"贝因美，中国宝宝第二餐"，巧妙的"第二定位"，一定程度上成就了国民大牌贝因美。

3）高级俱乐部定位。如果不能取得区域市场第一地位，又无法攀附第二名，便可退而采用高级俱乐部定位策略，以借助群体的声望和模糊数学的手法，打出高级团体牌子，强调自己是这一高级群体的一员，从而借助俱乐部其他市场领先品牌的光辉形象来抬高自己。许多二三线品牌宣传自己是"中国十大品牌之一""前八强""前五强"，这些品牌一定是行业内的第十、第八、第五品牌，但是顾客们不这么想，而是在潜意识里将这一品牌划归为一线品牌阵营。

（2）**对立定位，即对抗竞争者定位。**这种定位方法的实质，不是通过直接对抗一举打败竞争者而跃居领导者地位，而是通过对抗，切割市场，并吸引消费者及媒体的关注。与领导者对着干，将一块蛋糕硬生生切割成两块，将某一事物一分为二，总有支持你的一方。例如，当年美的豆浆机挑战九阳豆浆机品类霸主，用的就是对立定位。你说湿豆好，我就说干豆好；你说有网隔离豆渣好，我就说无网一体好。竞争对抗定位法需要企业的巨大财力支持，风险很大，企业使用时一定要谨慎，不建议新品牌采用。

（3）**强势定位，也称首席定位。**利用消费者的从众心理，这是市场领导者特有的定位，咄咄逼人。《广告法》越来越严格，禁用语很多，不能用"第一""最好""领导"等字眼，可以用开创者、引领者等文字，例如"双汇，开创中国肉类品牌"；可以用数字实力佐证，例如香飘飘奶茶，一年卖出×××杯，围绕地球转N圈，××亿人都在用的×××；加多宝"全国销量领先的红罐凉茶"。

强势定位，显然不适用于从0到1的新品牌。若干年后如有机会采用强势定位，恭喜你，那时候你已经是大品牌了。

品牌定位（传播认知性定位、广告定位）的方法很多，有些定位方式是战略性的，需要长期坚守，例如功能特色定位、品类定位、性价比定位、情感定位、价值观定位等；有些定位方式是战术性的、短期的，例如产地定位、成分定位、比附定位等。

企业品牌打造需要明确及坚守使命定位，包括目标市场定位、产品品类定位、产品功能特色定位、价格定位等内部五大基础定位。

就传播认知性定位、广告定位而言，特定时期内，企业视媒介资源及资金情况，可以采用其中一种定位策略，或采用一种主定位、几种辅定位策略，但不能随意更改定位。

如果定位点、定位策略太多，品牌反而就没有了定位。

五、品牌命名：一字值千金

名称是品牌的第一印象，是品牌的基础要素、核心要素。品牌名称是消费者了解品牌的第一个接触点，是使用率最高、传播率最高的品牌核心信息，也是所有品牌资产的载体。

一个好的品牌名称，会体现品牌的目标人群、功能特色、利益、价值、愿景等至少某一方面的核心认知。

一个好的品牌名称，会使消费者在脑海中迅速对品牌产生识别和反馈，会实现品牌预判，实现心智预售，影响消费决策，尤其会直接影响一些低单价、低关心度的快速消费品购买决策。

一个好的品牌名称，自带传播力，自带美誉度，价值连城，抵得上千军万马，可节约企业宝贵的品牌传播经费。

一个好的品牌名称，其价值远远超过发明专利，专利只受法律保护几十年，而品牌名称，只要每十年续展一次商标，就永远属于你及你的子子孙孙。

名正言顺，一个好名称，虽然不一定能决定品牌的成功，但一定能决定品牌能够做多大，走多远。华为、美的、阿里巴巴、支付宝、微信、美团、今日头条,这些响当当的品牌,或寓意美好,或霸占品类,或体现功能特色,哪个不是好名字?有心的你,不妨想一想,统计一下日常生活中接触的品牌,就会发现80%以上的知名品牌名称寓意都很不错,这不是偶然。

品牌基本信息由名称(包括文字及语言)和视觉识别系统组成,名称是钉子,视觉识别系统是锤子,锤子将钉子深深钉入目标顾客的脑海。

提出定位理论的特劳特先生甚至说:"品牌名称和它的定位一样重要,也许比定位还重要。"

品牌名称的载体是语言文字。汉字具有集形象、声音和辞义三者于一体的特性,在全球文字体系中独一无二。相对于仅仅起表音作用的26个字母排列组合的英文品牌名称而言,形美,音美,意更美的汉字品牌名称的内涵更丰富。汉字品牌命名的重要性远超抽象的英文品牌命名。

说一千道一万,品牌命名很重要,真的是一字值千金!那什么样的名称才是好名称?品牌具体该怎么命名?

☞ 好名称的五大评价标准

(1)尽量体现产品功能特色。例如微信、微博、今日头条、百度、大众点评、知乎、BOSS直聘、货拉拉、汰渍、立白、海底捞等,一眼就能看出这品牌是干什么的。此类体现产品功能特色的好品牌名称数不胜数。

(2)尽量体现利益/文化价值。例如美的、康师傅、旺旺、上好佳、步步高、喜临门、福临门、花西子、雪球等,这类体现产品利益、文化价值观念的好品牌名称也不少。

(3)尽量包含目标顾客。例如娃哈哈、好太太、好孩子、小茗同学、探路者等都明确了目标顾客。

品牌打造方法

（4）**尽量易读、易懂、易记**。例如农夫山泉、养生堂、成长快乐，体现了产品功能特色或者产品利益，也朗朗上口，通俗易懂易记，都是好名字。但是，得意忘形的农夫山泉公司推出的茶饮料及碳酸咖啡饮料品牌——茶π、碳仌，这两个品牌命名就不易读，也难懂，更不易记，特别是"仌"，读什么？什么意思？这是典型的品牌命名败笔。

（5）**尽量有亲和力，有美好寓意**。例如小米手机、小熊电器、金龙鱼、金六福，这些名称都不错。

上述五大评价标准中，前三个标准属于定位命名导向，分别对应的是功能特色定位、情感利益定位及目标人群定位。品牌名称直接体现定位，四两拨千斤，会给企业节约大笔的广告传播经费。后面的两条标准属于易传播导向，品牌只有通过传播才能有影响力、生命力，没有传播的品牌充其量就是个商标。

事实上，同时符合以上五大标准的品牌一个都没有，能符合以上两个及以上标准的品牌名称，就已经很不错了。

人们公认的好品牌名称可口可乐，可口，是好喝的意思，这是饮料产品最重要的特征属性；可乐，高兴快乐的意思，是饮料带给人们的心理价值，可口+可乐，符合五大标准中的四大标准（没有符合第三个标准）。飘柔，飘扬飘逸+柔顺，体现了产品功能特色+利益，还通俗易懂，绝对是个好名字。

不仅是飘柔，宝洁公司出品的舒肤佳（舒服皮肤更佳）、佳洁士（更佳的清洁牙齿的卫士）、帮宝适（帮助宝宝更舒适），每个品牌名字都符合好几个评价标准。

还有可口可乐公司旗下的品牌：美汁源（美味果汁之源），雪碧（雪的清凉，碧的自然通透），冰露（冰的凉爽，露的天然）。

还有阿里集团旗下的品牌：阿里巴巴（获取财富的平台），支付宝（用于支付的工具），淘宝（淘宝贝的地方），饿了么（饿了就点外卖）。

这些大公司旗下，为什么不约而同地都有这么好的品牌名称？因为

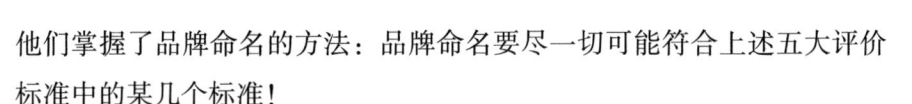

他们掌握了品牌命名的方法：品牌命名要尽一切可能符合上述五大评价标准中的某几个标准！

同样是大公司大品牌，有些品牌名称很不错，有些就很一般。

宝洁旗下的飘柔、海飞丝、舒肤佳等品牌名称都不错，但联合利华旗下的力士、旁氏等名称就不怎么样。特别是力士这名字，用在香皂、洗发水上怪怪的，似乎用在挖掘机、壮阳药上更合适，还不如力士在台湾地区的命名更贴近英文名字 LUX 的翻译：丽仕。

在台湾地区，宝洁的 Rejoice 翻译成娇柔，大陆翻译为飘柔；Johnson 翻译成娇生，大陆翻译为强生；Benz 翻译成平治，大陆翻译为奔驰。这些跨国大品牌对中文品牌名称的翻译精益求精，而上述的 LUX（力士）的翻译是个反例。

☞ **商标注册的禁区**

基于五大评价标准，同时考虑商标注册的禁区（《商标法》明确规定：直接表示商品的质量、主要原料、功能、用途、重量、数量及其特点的，不得注册），具体品牌命名的方法主要有以下几种。

目标顾客＋利益命名：如喜之郎、贝因美、太太乐。

利益＋属性命名：如喜茶、茶颜悦色、曲美、花西子、百草味。

以产地命名：利用地域优势，如贵州茅台、青岛啤酒、云南白药、涪陵榨菜（现《商标法》规定：县级及以上地名禁止注册商标）

以人名命名：利用名人的影响力，如李宁、李子柒、乔丹、范思哲、迪士尼、米其林。

以称谓命名：利用称谓的亲和力，如老干妈、老娘舅、外婆家。

以动植物名称命名：利用动植物本身的形象认知，如天猫、飞猪、红牛、公牛、小米、杉杉。

以数字命名：如999、361、7-11。

品牌打造方法

上述品牌命名的方法，仅仅停留在理论上，因为现实中纯称谓的、纯动植物的、纯数字的商标都已经很难注册了。但如果我们将数字与动植物、数字与产品属性、称谓与数字等进行组合，申请商标注册，那申请成功的概率会增大，如三只松鼠、六个核桃、三顿半、七匹狼、水溶C100、国窖1573等。

可注册性是品牌命名的基本原则。在数十年前，注册一个好品牌还比较容易。但现在，我们要注册一个与产品属性、利益、群体相关，易读、易懂、易记，有美好寓意的品牌十分困难。因为，你能想到的好名字，别人也想到了，而且比你抢先注册。你想到的名字，如果2/3的字与已注册的商标音近或字同，基本就注册不了。

怎么办？只能集思广益，以品牌命名的五大标准为准则，持续进行"头脑风暴"：两个字不行就三个字，三个字不行就四个字、五个字。实践中，两个字、三个字的好名称已很难成功注册，四个字及以上的商标注册相对容易些（互联网中文域名、App名字不受《商标法》管辖，容易取好名）。

如果内部集思广益、"头脑风暴"后，还没有令人满意的可注册的名字，或者好名字已被他人抢注，那又怎么办？是退而求其次还是继续思考？

极端的有魄力的做法是：有奖征集，或者重金购买！

可口可乐（Coca-cola），早在20世纪20年代进入上海的时候，没有正式的中文名称，被国人叫成"蝌蝌啃蜡""口渴口蜡"，结果根本卖不动。可口可乐公司为此有奖征集中文名。据传，当时正在英国留学的一位上海人给他们取了"可口可乐"这个名字，一举被采纳，获得350英镑奖金。350英镑，当时可以在上海买一套别墅。

娃哈哈商标的来历：1988年，公司新产品儿童营养液上市之际，创始人宗庆后花了400元在《杭州日报》上发布广告，有奖征集品牌名称，奖金2万元。宗庆后组织专家对数百个应征名称进行了市场学、心理学、传播学、语言学等多学科的研究论证。由于受传统营养液起名习惯的影响，人们的思维多在素、精、宝之类的名称上兜圈子，宗庆后却独具慧眼地看中了源自一首新疆儿歌的"娃哈哈"三字。

他的理由有三：其一，"娃哈哈"三字中的元音 a，是孩子最早最易发出的音，极易模仿，且发音响亮，音韵和谐，容易记忆，因而容易被他们所接受。其二，从字面上看，"哈哈"是各种肤色的人表达欢笑喜悦之欢的字。其三，同名儿歌以其特有的欢乐明快的音调和浓厚的民族色彩，唱遍了天山内外和大江南北，把这样一首广为流传的儿童歌曲与产品商标联系起来，人们很容易熟悉它、想起它、记住它，况且"娃"字精准锁定了企业主打产品儿童营养液的目标消费群。

当时，娃哈哈企业的创始资本金不到 20 万元，征名的奖金是 2 万元，这 2 万元当年可以在杭州买一套住房了。为了一个好名字，花这么高的代价，这需要创始人多大的魄力！

有奖征名毕竟费时，而且不一定能真正获得好名字，更简单但代价更大的办法是：买商标。

知名奶茶品牌"喜茶"，原来名称叫"皇茶"，但是申请了 3 年，"皇茶"商标也没有注册成功，创始人果断花 70 万元重金购买了"喜茶"商标。如果当年"皇茶"注册成功，十有八九就没有"喜茶"的成功。

知名中式餐饮连锁品牌"外婆家"，据其创始人在电视节目采访时透露："外婆家"这个商标是购买来的，代价 500 万元。

当年，韩国现代汽车来到中国时，发现包括汽车类别在内的 43 个类别的"现代"商标都已经被浙江某公司注册，不得已就以 4000 万元的代价购买了"现代"商标。

同样，大名鼎鼎的苹果公司推出划时代的产品品牌 iPad 时，发现"iPad"商标很早就被深圳某科技公司注册，苹果公司不得不支付 6000 万美元巨资购买了"iPad"商标。

品牌命名，真的是一字值千金！如果你真的要打造品牌，那请你提

> 品牌打造方法

前数年想好品牌名称并提交商标注册申请。临时抱佛脚的命名大多不是好名称,你也没有那么多钱去买一个好名称。

一个好的品牌名称,会让品牌事半功倍!一个平庸的品牌名称,不一定导致品牌失败,但一定会事倍功半!

六、品牌识别:一眼认出你,喜欢你

品牌如人。在茫茫人海中,怎么让别人惊鸿一瞥就认出你,甚至一见钟情,喜欢上你?你得卓尔不凡,鹤立鸡群;你得玉树临风,国色天香,赏心悦目。

品牌名称如钉子,品牌视觉系统如锤子,好钉需要好锤配。大自然是视觉的世界,现实世界是视觉的世界,文字是被创造出来帮助人们传递自然和现实信息的工具。

AIDA法则[①]中,让消费者产生购买行为的第一步就是吸引注意。吸引注意靠什么?靠视觉!

眼睛是我们从外部世界获得信息的最重要通道,人从外部世界获得的信息中,80%由眼睛获取,一画胜千言。视觉会在消费者的右脑中形成情感影响,这种影响会激发左脑将概念用语言文字表达出来,并存储在脑海中。没有视觉,文字很难进入消费者脑海。

品牌视觉识别(Visual Identity,VI),从属于企业整体识别系统(CI或CIS)。CI不仅包括VI,还包括理念识别(Mind Identity,MI)和行为识别(Behavior Identity,BI)。

VI创意设计由平面设计人员负责。只有少数设计人员懂得CI品牌整体策划:有品牌MI及BI系统的策划能力。拥有品牌整体打造方法论

---

① Attention(注意)—Interest(兴趣)—Desire(欲望)—Action(行动)。

的设计人员寥寥无几。在绝大多数品牌 CI 设计中，VI 是 CI 整体的中心和主要呈现形态，许多企业的认知也停留在"VI=CI"的阶段。

☞ 提升品牌竞争力需关注的四个方面

品牌命名之后的基础工作就是 VI 视觉识别设计。一套标准化、高颜值的 CI 视觉识别系统，至少要从以下四个方面提升品牌竞争力。

第一："**正规**"的信任状。标准化图形、标准化字体、标准化颜色，一切形式上的统一标准，是面向消费者的一个无声而严正的声明：我是正规品牌，而不是杂牌军，更不是假货。在品牌开口诉说自己的故事之前，这些视觉感知会在顾客的潜意识打下"靠谱"的地基。

第二："**重复**"进入心智。CI 强调企业在方方面面向公众输出品牌形象，这使得品牌识别的元素"渗透"到企业与顾客接触的各个层面，提高了品牌识别出现在顾客眼前的概率。毕竟顾客是健忘的，"重复"为品牌进入顾客脑海多提供了一层保障。

第三："**整体**"引人瞩目。整体性是对 CI 的更高要求：在品牌设计细碎的各个部分的同时，考虑使它们在一个大场景中合力形成一个"整体"的感受。如果不带着"整体"的眼光去设计，各个部分各自为政，就无法形成"1+1>2"的视觉聚焦作用。

第四："**标准**"降低成本。"VI 品牌识别手册"是"管理设计的设计"，是一套标准化规范，会降低品牌产品包装、物料、海报等设计应用层面的印刷成本、管理执行成本。

VI 视觉识别，是统一的视觉符号系统，是识别符号具体化、视觉化的传达。VI 视觉识别，不能由设计师天马行空，不能被设计师自身的好恶所左右，应遵循目标顾客的审美认知导向原则：虽然顾客青菜萝卜各有所爱，但仍有共性。例如关于颜色，少女喜欢粉色，年轻人喜欢浅色，老年人喜欢深色。VI 视觉识别，还应该遵循以品牌定位为中心的原则：是高端价格定位还是中端、低端价格定位？是感性定位还是理

> 品牌打造方法

性定位？不同定位下，设计师们的创意设计当然不一样。

☞ 品牌 VI 视觉识别系统

品牌 VI 视觉识别系统分为基本要素系统和应用要素系统两方面。基本要素系统主要包括：品牌名称、品牌标志（品牌 Logo、标徽）、标准字体、标准色、吉祥物（品牌卡通形象）、品牌标语等。应用要素系统主要包括：办公事务用品、产品包装、广告媒体、建筑墙面、交通工具、衣着制服、旗帜、招牌、标识牌、橱窗、陈列展示等。

1. 基本要素系统

品牌标志（品牌 Logo、标徽）。这是品牌 VI 视觉识别系统中的核心，也是所有品牌打造者最关心的。品牌标志的设计不仅要具有强烈的视觉冲击力，而且要表达出独特的定位，独特的个性和时代感，还必须广泛地适应各种媒体、各种材料及各种用品的制作。品牌标志有文字型、图案型、文字图案组合型、动态图文型几大类。其中，以文字为中心的艺术设计越来越受到重视，因为文字型品牌 Logo，实现了视觉及品牌名称记忆的二合一，是绝大多数品牌打造者的不二之选。纯网络品牌，越来越多地选用形象生动的动态图文型 Logo。但不易口头传播的纯图案型品牌 Logo，受企业营销经费制约，已经被越来越多的企业所弃用。

品牌标准字体。标准字体的选用要有明确的说明，直接传达品牌名称、品牌定位、品牌内涵。标准字体的设计，要求字形正确、富于美感并易于识读，在字体的线条粗细处理和笔画结构上要尽量清晰简化和富有装饰感。不同的字体有不同的含义，例如黑体醒目严肃，宋体、楷体端庄刚直，仿宋、行书清秀自由，篆书华贵古朴。不同字体有不同的场景应用，例如黑体较适合男性产品、重大新闻，圆头体较适合女性产品、生活话题，宋体比较适合严肃场合。

品牌标准色彩。标准色在视觉识别符号中具有强烈的识别效应，通过色彩具有的感知视觉刺激心理反应，可体现品牌定位、产品特色。标准色的确定不仅要遵循品牌理念、定位，还要突出与同行的差别，创造出与众不同的色彩效果。标准色的选用以国际标准色为标准，品牌标准色使用不宜过多，通常不超过三种颜色。

红色容易引起注意，被广泛运用，可以体现活力、积极、热诚、温暖、前进等品牌内涵与精神。蓝色有沉稳的特性，具有理智、准确的意象，强调科技和效率的品牌比较适合。白色具有高级、科技的意象，纯白色会带给别人寒冷、严峻的感觉，所以在使用白色时，都会掺一些其他的色彩，如象牙白、米白、乳白、苹果白。黑色具有高贵、稳重、科技的意象，追求科技感、稳重感的品牌大多采用黑色。

品牌标语。标语是品牌理念的概括提炼。准确而响亮的品牌标语，对内能激发职员为企业目标而努力，对外则能表达出企业发展的目标和方向，提升品牌形象。品牌标语与产品广告语不同，广告语主要体现产品特色、卖点等，以说服顾客为核心目的。

吉祥物。品牌吉祥物是以形象可爱的人物或拟人化形象来唤起社会大众的注意和好感。吉祥物设计，以及品牌代言人，一般适用于大企业、大型活动。小企业、小品牌是否适用，值得探讨。

2. 应用要素系统

应用要素系统设计就是对基本要素系统在各种媒体上做出具体而明确的规定。当品牌视觉识别系统最基本的要素标志、标准字、标准色等被确定后，就要精细化作业，将这些要素进行具体应用。视觉设计基本要素在各应用项目上的组合关系确定后，应严格固定下来，以期达到通过统一性、系统性来强化视觉冲击力的作用。应用要素系统大致有如下内容。

办公事务用品。办公事务用品的设计制作应充分体现出统一性和规范化。其设计方案应严格规定办公用品形式排列顺序，以标志图形安排、文字格式、色彩套数及所有尺寸为依据，形成办公事务用品的严肃、完整、精确和统一规范的格式，给人一种全新的感受并表现出企业的风格。具体包括名片、信封、信纸、便笺、徽章、工作证、文件夹、资料袋等。

产品包装。优秀的包装设计是无声的推销员，是零号传播媒介，是树立品牌形象的重要途径。产品包装主要包括纸盒包装、塑料包装、纸袋包装、玻璃包装等。

交通工具。货车、轿车、工具车等企业交通工具是一种流动的、公开化的品牌传播媒介，其多次流动并给人瞬间的记忆，可有意无意强化形象。我们设计创意时，要统一标准字、标准色，且字体要尽可能大，以适应其快速流动的特点。

网站、自媒体。企业自建的网站、自媒体矩阵、旗舰店，里面的字体、颜色均应该统一。

广告媒体。主要有网络广告、电视广告、报纸广告、杂志广告、路牌广告、招贴广告等。

外部建筑环境。包括建筑造型、旗帜、门面、招牌、公共标识标牌、路标指示牌、广告塔等。

内部建筑环境。包括办公室、销售展示厅、会议室、休息室等。

着装。包括经理制服、管理人员制服、员工制服、礼仪制服、文化衬衫、领带、工作帽、胸卡等。

赠送礼品。包括T恤衫、领带、领带夹、打火机、钥匙牌、雨伞、纪念章、礼品袋等。

陈列展示。包括橱窗展示、展览展示、货架商品展示、陈列商品展示等。

印刷出版物。包括企业简介、商品说明书、产品简介、企业简报、年历等。

总之，品牌视觉识别基本要素一旦确定，包括产品、广告、服装、建筑等一切顾客、合作伙伴、员工等接触的场景，都必须统一应用，才能最大限度地树立品牌、强化品牌。

品牌视觉识别系统，需要坚持不懈地应用。除非品牌重新定位或大众产生审美疲劳，否则我们不要轻易去改头换面。

品牌视觉识别，是品牌打造的基础工作之一。如果创业品牌实力雄厚，那上述的品牌视觉识别基本要素及应用要素都要进行全面系统的设计。整个品牌视觉识别系统可能得花费数十、数百万元，甚至超千万元。

如果是从0到1、资金实力有限的小品牌，就不一定要一步到位设计品牌视觉识别系统，只要确定品牌标志、标准字及标准色这三大基本要素就够了。找学生兼职设计或在众包服务平台上挂单，性价比高，只要花费数千元、数万元，就会获得不错的创意设计。

在这"颜值至上"的时代，在轻决策的包装消费品行业（如零食、饮料、日化用品等）和重视视觉体验的餐饮、娱乐等生活服务行业，品牌视觉识别系统特别重要，这是顾客消费的重要的乃至决定性的影响因素。

在B2B产业内，品牌视觉系统虽不如B2C产业中那么重要，但涉及企业形象的专业性、权威性，同样不可忽视。

七、明星代言或吉祥物代言的利与弊

品牌名称、标志、标准字体、标准色，这些是品牌识别的基础要素，是标配。某些品牌设计公司、广告策划公司，强调品牌识别系统应该有明星代言人或者吉祥物代言，即企业自己设计或委托设计的卡通代言，如米老鼠、小黄人之类的知名动漫作品中的卡通形象授权。

广义上的品牌识别体系，可以包括明星代言或者吉祥物（卡通形象）代言，但不一定非要包括。明星代言或吉祥物代言有利有弊，但这一定不是标配。

☞ 品牌利用明星代言的五大优势

其一，将人们对明星的关注转移到对品牌产品的关注，提高品牌关注度和知名度。

其二，利用人们对明星的信任，提升明星代言产品的品牌信任度。

其三，利用人们对明星的喜爱，通过爱屋及乌和移情效应，增加顾客对品牌的喜好度。

其四，利用明星本身的"真善美""积极进取"等个性人设，丰富品牌内涵，强化品牌个性、形象。

其五，利用明星"粉丝"的忠诚和崇拜，迅速提升品牌产品销量。明星"粉丝"，往往是消费力强的年轻人，明星代言什么他们通常就热衷购买什么。

品牌明星代言有五大优势，理论上好处多多，现实中大品牌利用明星代言的现象司空见惯，但品牌利用明星代言而成功的经典案例却屈指可数，为什么？

☞ 品牌利用明星代言的七大弊端

其一，对明星代言人的选择判断风险。品牌利用明星代言，所选择的明星个性形象必须与品牌定位、个性形象高度一致。但是人们对明星个性形象的判断仁者见仁，智者见智，如果没有在目标顾客中进行客观严密的调查，受决策者的个人喜好、情感（例如是某明星的"粉丝"）等非理性因素影响，企业可能会对明星的个性、形象做出错误的判断和选择。

其二，明星品牌广告的创意制作风险。品牌广告的灵魂是创意。创意是艺术和理性策略的结合,是戴着镣铐跳舞,好创意往往可遇不可求。而明星广告创意更是带着额外的多重镣铐(平面及视频广告中,如何取得品牌产品与明星的平衡、如何体现两者个性形象的一致性),要创造出人人叫好的品牌广告,更加不容易。

其三,明星的知名度(人气)风险。明星往往是"流星",多数明星当红时间不超过三年,谁敢担保肖战、王一博、迪丽热巴还能红多久?刘德华、成龙、周杰伦式的常青树是非常少见的。体育明星受生理体能极限的制约,"明星"寿命更加短暂。当明星成为"明日黄花"时,其代言的品牌也代表着"过时、陈旧"。

其四,明星的道德事件风险。明星首先是普通人,具有不确定性,他/她们中的一些人也会有"吃喝嫖赌,拈花惹草,聚众群殴,偷税漏税"等行为;明星又不是普通人,是几乎没有隐私的社会公众人物,他/她们中出现的道德事件,"吃瓜群众"津津乐道。以负面事件为主的"八卦"新闻,一不留意就上了"热搜""热榜""头条"。

网络会无限放大明星们的不道德事件。明星代言,意味着明星与代言的品牌成为"命运共同体"。一旦明星不道德事件爆发,"城门失火,殃及池鱼",品牌就跟着倒霉。前有"范冰冰偷税漏税"事件,后有"郑爽代孕弃女""吴亦凡性侵"等事件,欲哭无泪的不仅仅是当事人,还有她/他们所代言的众多品牌。

其五,明星的健康风险。这是最不可控制的人身风险,明星一旦生病,其代言的保健品、药品的产品品质就会受到公众的质疑。一旦明星有个三长两短,甚至意外去世,则对其代言的品牌而言,更是致命的打击。

其六,明星多品牌代言,无专属性。当红明星会同时代言数个,甚至十多个品牌,会产生"稀释效应"。大量品牌信息的交汇会对各自的品牌联想产生干扰,明星个性形象很难与某个品牌形象产生紧密关联。单一品牌也难以独享、收割明星"粉丝"的消费力。

其七，明星代言的最大弊端：天价代言费！一线明星品牌代言费用动辄数千万元，企业还必须配套数倍于代言费的营销传播经费。明星代言，只能是大企业大品牌的赌博游戏，从0到1的品牌想都不用想。

明星代言，具有五大优势七大弊端，权衡利弊得失，我们可以知道明星代言品牌的成功概率有多大。

理性分析，运用明星品牌代言成功的概率微小，但是为什么还有那么多企业前仆后继，乐此不疲？这是企业主、品牌经理人、广告公司的众多非理性心理因素在作怪。

一是"追星"情感心理。如果决策者本人或其子女就是某明星的忠实"粉丝"，对某明星有特别的好感、崇拜感，那品牌代言几乎非此明星莫属。此时他们对明星个性的判断早就失去了理智，品牌形象与明星形象相匹配原则被远远抛在脑后。

二是相互攀比心理。品牌门当户对，连品牌代言也要讲究门当户对。今天甲找A明星代言，明天乙就找比A更有人气的B明星代言。如此攀比下去，明星代言要价越来越高，而品牌宣传效果却越来越差。明星代言成了"面子工程"，好像没有明星参与就不是大品牌。这是典型的攀比心理在作祟。

三是盲目自信心理。品牌经理人、广告策划人，一般都学富五车，满脑子智慧，很有自信。虽然他们深知明星品牌代言广告的创意制作风险很大，但他们仍然相信好创意、好广告就出在他们手中，说不定下一个广告就是"望子成龙""百年润发"的经典案例。这是典型的盲目自信心理，犹如买彩票的人，明明知道只有亿万分之一的中奖概率，却相信大奖会落在自己头上，结果往往希望越大失望越大。

四是盲目跟从心理。这是中小企业的普遍心理，他们没有专业人才对利弊得失进行全面理智的分析，不清楚明星品牌代言的巨大风险。就如他们的产品采取跟随策略一样，品牌广告策略也一样跟随，"既然大品牌都这么做，一定有他的道理"，简单的从众跟随心理，让不少中小企业吃了大亏。

五是不负责任的赌徒心理。这是相关决策者的潜意识：对一些品牌职业经理人而言，他们希望品牌借明星代言一炮走红，自己也跟着走红，如果失败，大不了一走了之，承担巨额损失的反正是企业；一些短视的企业老板同样有赌徒心理，希望借此一夜暴富，而有意无意忽视了其中的巨大风险；一些风投巨资投入刚刚IPO上市的创业企业，也喜欢品牌明星代言，反正钱不是自己的，赌一把，用起来不心疼；服务企业的广告公司更支持品牌明星代言，更喜欢跟企业传播明星代言的好处，这样不仅可以拿到更多的广告代理费，而且他们同样憧憬借助"明星代言，品牌一夜成名"，成就广告公司的经典策划案例。

品牌打造是极其复杂的系统工程。品牌打造之路千万条，广告策略仅仅是其中一条；广告策略还有很多类，利用明星代言的广告策略仅仅是其中一类。

就广告创意策略表现而言，有示证形态、情感形态、戏剧形态、嫁接形态、比较形态、生活形态、破立形态、形境形态八大形态，在每一个形态下都有多种细分形态，如嫁接形态下就包括双关嫁接、晕轮嫁接、比拟嫁接、组合嫁接，而明星代言仅是晕轮嫁接形态中的一种。其他晕轮嫁接形式包括用著名的地点嫁接、歌曲嫁接、建筑嫁接等，也就是说，若真的要利用明星的晕轮嫁接效应，用著名地点、歌曲等替代，一定程度上同样可以起到明星广告的效果。

综上，明星代言有利有弊，抛开决策者的非理性因素，其实是弊远大于利的，这也是多年来明星品牌代言经典成功案例少见的根本原因。

☞ 吉祥物代言的优点

一是具有专属性。吉祥物形象所有权由企业掌握，只为专属品牌服务。品牌吉祥物的诞生一定是与品牌定位、理念相匹配的，是独一无二的。这与非专属的明星代言形成鲜明的对比。

二是具有长效性。吉祥物是虚拟形象，永远不会老。吉祥物专属于企业，因此只要企业愿意，在理论上它可以无限期为企业所用。而明星代言，代言人与企业之间是有期限的合约关系。受制于明星年龄变化、人气变化，明星品牌代言一般只有两三年，甚至更短。

三是可控性更强、风险更低。吉祥物是人为设计的虚拟角色，不论外形、性格还是动态行为都完全可控。不会有明星代言可能存在的道德事件风险、言行不当风险、健康风险，而且不存在大牌明星工作习惯、档期的限制。

四是使用成本更低。企业使用吉祥物，只需付出设计费即可，宣传推广费用不高。若采用明星品牌代言，代言费+广告制作费+配套宣传费用，那可需要上千万元乃至上亿元。

五是形象可塑性更强。吉祥物是企业根据自身需求量身定制的，不仅与品牌定位、品牌个性形象高度契合，也能根据品牌的发展、时代审美的变化随时进行调整，具有很强的可塑性，这显然优于形象固化不可塑的明星代言。

但吉祥物自身没有流量，没有明星自带流量的优势，没有"粉丝"晕轮嫁接效应。如果想让吉祥物像"米老鼠""海尔兄弟""洛天依"卡通形象那样知名，就必须斥巨资宣传推广。问题是：有这个必要吗？与其花费这样的心力、经费推广品牌吉祥物，还不如聚焦在品牌名称、品牌标志等品牌识别核心要素的宣传上。

网络时代，信息无穷尽。让品牌信息牢牢根植于顾客被无穷尽的信息干扰的脑海，何其难！对绝大多数产品及服务品牌而言，只能放弃吉祥物的设计，吉祥物不是品牌视觉识别体系中的标配。若舍不得浪费吉祥物设计，那也必须放弃吉祥物的大规模宣传推广，只能小范围应用于产品包装、办公事务用品、赠送礼品上，尽量不应用在网络、电视、路牌等视频广告、平面广告上。

因为视频广告、平面广告里的每秒钟、每平方厘米，都是企业花钱买的。在有限的时间、空间内，必须反复聚焦、强化、突出品牌名称、品牌标志，以及品牌定位、产品特色、广告语等内容。曾经，海尔、娃哈哈、喜之郎等品牌都有自己的吉祥物并大力推广过，如今品牌还在，但吉祥物都已经被深藏，这不是偶然。

只有自己拥有平面展示资源，无须额外付费的企业，才可以标配体现特定品牌内涵的吉祥物。餐饮、零售等自身有门店的品牌，自身拥有可无限拓展网络空间的网络平台、App品牌，具有天然的优势，例如腾讯的"企鹅"、天猫的"猫"、京东的"狗"。

一些产品或生活服务品牌，可以将吉祥物直接融合设计到品牌名称、品牌标志（Logo）中。品牌标志中有蕴含美好寓意的吉祥物，有利于品牌正面联想，而且无须动用企业的额外推广资源。例如康师傅、旺旺、三只松鼠这些知名品牌的标志，都是品牌名称与吉祥物融合集成于一体的。

大多数从0到1的品牌，不应冒险采用小概率成功的明星代言策略，但可考虑品牌名称与吉祥物二合一集成的品牌视觉设计方案。

八、不传播，无品牌：六大品牌传播方法

不传播，无品牌！产品贵在品质，品牌贵在传播！

当品牌有定位、有识别性后，下一步我们必须进行系统整合型或单点突破型品牌传播，否则养在深闺无人识，白云千载空悠悠，多遗憾！

有品牌传播，才有品牌知名度、品牌美誉度，才有品牌竞争力。没有品牌传播，品牌仅是个不知名的商标，没多少含金量。

以品牌的核心价值、定位为原点，在品牌识别的整体框架下，选择并运用广告、公关、人际、自媒体、会议活动、销售促进等各类传播方式，告知信息、劝说购买建立品牌形象，维持品牌记忆，提升产品销

量，这就是品牌传播。

品牌传播必须紧紧围绕品牌核心价值、品牌定位而展开，这是品牌打造的基本原则。

不同时代、不同行业、不同企业有不同的品牌传播方式。品牌传播方式主要有广告传播、公关传播、人际传播、企业自媒体传播、会议活动传播、销售促进传播六大类。

了解这六大类品牌传播方法及其未来趋势比较简单。不简单的是，在实战中，这六大类品牌传播内部权重及相互之间预算权重比例的变化，以及文字、图案、视频等内容创意的与时俱进，这些才真正考验品牌打造者的理性分析能力和创意审美功力。

☞ 广告传播

人们了解一个品牌，绝大多数信息是通过广告获得的。品牌打造多数以广告为主要品牌传播手段。广告与其他传播方式最大的不同是：付费向媒介购买时间、空间，只要肯花钱，就可以打广告。

按传播媒介分类，广告有网络新媒体广告（移动互联网广告、固定互联网广告）、电视广告、报纸广告、杂志广告、广播广告、电影广告、车体/交通广告（如高铁、地铁、公交车）、电梯广告、户外路牌广告、招贴招牌广告、POP（现场销售点）广告、礼品礼袋广告、横幅广告等。

电视、报纸、杂志等传统大众媒体广告大势已去。曾经占半壁江山的电视广告在加速下滑中。许多县市级电视台几乎接不到大品牌广告，只依赖当地医疗、生活服务类广告艰难度日。省级头部卫视及央视，因为有广覆盖及权威性优势，现阶段尚是一些大品牌的重要广告投放阵地，将来很难说。

成长中的网络新媒体广告也已分化：PC端固定互联各类广告增长停滞，甚至在下滑中，智能手机移动网络广告仍在持续增长，如短视频广告、移动搜索广告、社交植入广告、电商购物广告、网综原生广告、

App 开屏广告，以及"网红"直播广告，都在阶段性增长中。

车体/交通广告、电梯广告、户外路牌广告、招贴招牌广告、POP 广告等，会永恒地存在，但因为手机低头一族数量庞大，这些媒介的广告效果也大打折扣。手机已经成为人们不可分割的一部分，受手机干扰度越大的媒体广告受关注程度就越低。根据凯度 2021 年城市居民广告关注度研究，手机对地铁、公交、高铁等交通类广告的干扰度高达 79%～87%。

只有按展示次数/转化率/销售效果计费的品效合一的网络新媒体广告，一枝独秀，但这个趋势能持续多少年，也很难说。

因为这是广告传播没落、公关传播崛起的时代，时代趋势不可逆。

☞ 公关传播

公关第一，广告第二。企业要综合运用新闻报道、软文发布、公开出版物、事件营销、公益赞助等企业不花钱或少花钱的公关传播方式，提升品牌知名度、美誉度、忠诚度，但不以直接卖货为目的。品牌不仅要在电视、报纸、杂志等传统大众媒体上发声，还要在新浪、腾讯、网易等网络新闻媒体上发声，更要在微信、微博、头条、抖音、知乎、百度贴吧、雪球、豆瓣等网络社交、论坛平台上发声。关于品牌的正面新闻、评价越多，品牌的百度指数、微信指数越高，品牌的影响力、竞争力就越强。

这是顾客拥有发言权的时代，是"粉丝至上"的网络新媒体时代。如何基于网络，基于"粉丝"社群，开展各类公关传播活动？这是新媒体时代品牌打造者的新使命。

如何借势与造势，策划出以小搏大、能上热搜/热榜的事件？如何让新旧媒体争相报道？这需要品牌人的顶级策划。

广告费钱，公关费脑！

> 品牌打造方法

☞ 人际传播

人际传播是人与人之间的直接沟通，是人与人社会关系的直接体现。企业品牌视角下的人际传播包括企业员工的线下人员销售、线上电商直播、亲朋之间的口碑传播，以及线上KOL、KOC第三方口碑传播。

线下面对面的人员推销，具有双向性强、反馈及时、互动频度高等特点，无论过去、现在还是将来，一直是B2B品牌，房产、汽车、家装等耐用消费品品牌的主要传播方式之一。语言是现场人员销售最基础的载体，语言不仅传递内容，它还通过不同的声调、速度、音量、节奏等，让顾客产生不同的反应。除了语言外，体姿、表情、眼神、身体接触以及服装、发型等，也是传播载体，传递着特定的品牌定位、品牌形象等信息。

线上电商直播，是一对多的人际传播，具有及时、互动、高效、无区域限制、高覆盖等优势，不仅是许多美妆、服装、食品等快消品品牌的必选销售手段，也是主要传播方式之一。

亲朋之间真实可靠的口碑传播虽然高效，但传播范围有限。可信度高、成本低的第三方口碑传播，在如今点点屏幕口碑传千里、口碑至上的网络时代，更受各行各业的品牌人重视。

☞ 企业自媒体传播

企业自媒体传播包括企业自媒体矩阵和产品包装两大类。自媒体矩阵传播一般属于公关传播范畴。鉴于网络社会企业自媒体的重要特性，本书将自媒体传播单列。

曾经企业是企业，媒体是媒体，企业办媒体的门槛很高，只有一些大企业可能会办内聚人心、外树形象的企业报。如今是科技平权，全民传播的时代，企业理应紧跟时代大潮组建自媒体矩阵。无论是公众号、抖音号还是微博号，当"粉丝"超过100个，就相当于一本内刊；"粉丝"

超过1000个，就相当于一个布告栏；"粉丝"超过1万个，就相当于一本杂志；"粉丝"超过10万个，就相当于一份都市报；"粉丝"超过100万个，就相当于一家电视台；"粉丝"超过1000万个，就相当于一家省级卫视；"粉丝"超过1亿个，那你就相当于CCTV。企业拥有自媒体就拥有了品牌传播的窗口，就拥有了私域流量池。企业自媒体矩阵，既可以发布行业、企业新闻，发布产品广告，也可以销售产品，集公关传播、广告传播和销售于一体。

产品包装，是无声的推销员，也是某种形式上免费的企业自媒体，若不充分利用就太可惜了。产品包装上不仅要体现品牌定位，要突出品牌Logo，最好印上品牌广告语。大品牌可口可乐、农夫山泉、金龙鱼等产品的包装上，品牌Logo覆盖一半以上面积，品牌力等于销售力。许多不知名的消费品产品的包装，Logo标识很小，但品类/产品名称、产品优点的字体很大、很醒目。这些不知名的品牌更重视产品的短期销售力，忽视品牌长期竞争力的打造。

如果你仔细查看农夫山泉的瓶贴就会发现，"天然"两个字出现了十次！而"天然"就是农夫山泉的定位。农夫山泉的广告传播、事件传播固然经典，其产品包装上十次"天然"的文字强化，同样是产品包装传播的经典。

会议活动传播

会议活动现场一般不销售产品，这也属于提高品牌认知度的公关传播范畴。本书之所以单列，是因为对品牌方而言，会议活动传播日益重要，几乎是标配，而公关新闻稿倒不一定是标配。会议活动包括举办讲座、发布会、路演、沙龙、行业高峰论坛，参加行业展会等。如果企业没有实力作为行业高峰论坛、沙龙、讲座的主力举办方，退一步可以合办，也可以作为参与方。会议活动具有自主可控、客户精准、深度沟通、互动反馈等优势，但也有执行烦琐、费用较高之缺点，对企业的活动组织能力要求比较高。会议活动传播，是对目标顾客的深度洗脑，越来越受各行各业品牌营销人的重视，是一些B2B品牌最核心的传播方式，也是一些高端高毛利消费品品牌的主要品牌传播手段之一。

☞ **销售促进传播**

销售促进传播的主要工具有：免费试用装、特价、优惠券、赠品、抽奖等。

销售促进传播，产品销售与品牌宣传二合一，鼓励老顾客迅速下单，吸引新顾客试用。如果产品有特色、优势明显，那么免费试用，让顾客直接免费体验，应该是品牌打造者主要的品牌传播方式之一。当年宝洁、舒肤佳、佳洁士等新品上市时，据传仅免费试用装散发费用就占营销传播总经费的1/3。特价、优惠券等销售促进传播，虽然短期内销量可能会立竿见影，但长期使用不利于品牌的长期发展：降低品牌忠诚度，增加顾客对价格的敏感性，淡化品牌的质量概念，促使企业偏重短期行为。

学术界实证研究发现：价格导向型促销对培育忠诚顾客几乎没有作用。价格导向的促销信息会增强消费者的价格敏感性，以折扣为基础的营销活动盛行会对整个产品大类的品牌溢价能力产生严重的负面影响。

但基于现实的业绩压力，销售促进活动传播备受重视，竞争更激烈，销售任务更重，这些买赠、特价、优惠券等促销活动当然更受品牌营销人的欢迎，特别是在淘宝、天猫、京东等电商平台销售的商家们。顾客离店仅需1秒钟，没有诱惑力的促销活动怎能留得住顾客？

一年365天，"双11""双12""618"、新年礼、节日庆、周年庆等，商家名目繁多的促销活动占了300天，这已不奇怪。"亲们，帮我点个赞""亲们，帮我投个票"，类似这样的集赞/投票有奖拉"粉丝"、聚流量活动，在朋友圈里、同学同事群里刷屏。

销售促进传播，一时兴奋后患无穷，非性价比电商品牌，可以偶尔一用，但千万不能频繁使用。

从 0 到 1 的高附加值导向的品牌，应以广告、公关、人际口碑等传播策略为主，不用或少用销售促进传播策略。因为单一的销售促进传播打造不了品牌，打造不出品牌知名度、美誉度和忠诚度，甚至会起反作用，降低品牌档次。

除了以上广告传播、公关传播、人际传播、企业自媒体传播、会议活动传播、销售促进传播六大类品牌传播方式外，还有抱团共享流量、相互借力的异业合作传播，拥有海量客户信息企业的数据库营销传播，这两类品牌传播方式也不可忽视。以品牌宣传为目的，不直接卖货的企业自媒体传播及会议活动传播也可以理解成公关传播。数据库营销传播的手段不外乎精准广告投放、电话交流、邮件/短信直达等，可以理解为广告传播、公关传播及人际传播的综合运用。

品牌传播方式多种多样，不同行业，有不同的传播方式。B2C 品牌的重点传播方式是广告传播（尤其是新媒体广告传播）、公关传播、人际传播之口碑传播。B2B 品牌更重视会议活动类传播、人际传播之人员销售，以及公关传播。App 类、生活服务类品牌更重视平面设计、装修设计等产品本身的视觉体验，重视顾客体验式口碑传播。影视剧、游戏等精神文化类品牌，公关传播之新闻发布、事件营销，销售促进传播之免费体验，人际传播之口碑传播，这些传播方式值得重视。

相对于 B2B 行业，B2C 行业更重视品牌。不同发展阶段、不同类型的品牌，品牌传播方式也不同。

对于从 0 到 1 的 B2C 品牌，品效合一的新媒体广告传播、软文发布公关传播、人际传播之 KOL 口碑传播、"网红"电商直播、免费试用之销售促进传播、异业合作之品牌借力传播，这些投入较低、见效较快的传播方式值得重视。对于知名 B2C 品牌，除了日常广告传播、人际传播等品牌维护手段外，还应重视企业自媒体矩阵的组建，重视运用一些事件营销传播等手段。

品牌打造方法

定位高端的 B2C 品牌，应重视高端广告传播、品牌形象传播，还要重视讲座、沙龙等深度沟通型会议活动传播，以及会员数据库营销传播。采用性价比定位的 B2C 品牌，应重视人际传播之口碑传播/电商直播、企业自媒体矩阵传播及品效合一的新媒体广告传播。

高频低价的快速消费品品牌，应重视各个类型的广告传播、公关传播、人际传播、产品包装传播、免费试用等销售促进传播等。低频高价的耐用消费品品牌，应更重视公关传播、异业合作传播、现场销售/第三方口碑人际传播。

品牌传播，无论创意多好，都得花钱，不同资金实力的品牌，传播方式当然不同。含着金汤匙出生的资金实力雄厚的 B2C 品牌，可以高举高打，多种品牌传播手段齐上阵；资金有限的 B2C 品牌，只能小心谨慎，选择品效合一的新媒体广告，以及"网红"电商直播等见效快的传播手段，小步慢跑，先生存后图发展。

品牌打造，应该全面系统地推进，还是单点突破，有限系统性伞型推进？学术界很推崇全面系统推进的整合营销传播理论。

品牌整合营销传播（Integrated Marketing Communication,IMC），即企业通过对广告、公关、人际、促销、会议活动等各类传播方式的整合运用，将品牌核心价值、品牌定位等一致性信息全面、系统地传递给顾客，从而达到"1+1>2"的传播效果。

信息传播一致性原则（聚焦原则），是品牌打造的基本原则之一，任何时候我们都应该坚持。但是，品牌传播是否要全面系统推进值得商榷。因为任何品牌传播活动，都受品牌传播经费及创意策划能力的限制。品牌传播实战中，即便财力雄厚、人才济济的知名大品牌，都很少全面系统地整合运用各类传播方式，而是以某一传播方式为主，其他一些传播方式适当跟进，即伞型推进式传播策略。

智能手机品牌：苹果手机，公关传播之新闻发布会是其品牌传播的核心手段，每一次 iPhone 新款手机发布都会引发全球科技媒体、财经媒体的广泛报道；小米，基于其极致性价比的品牌定位，人际传播之"粉丝"口碑传播，是其关键成功要素；电视广告＋综艺节目冠名及植入广告＋门店POP广告传播，成就了手机品牌双雄OPPO/VIVO。

婴儿奶粉品牌：飞鹤奶粉，电视广告传播铺天盖地，但会议活动类传播少见；惠氏、美赞臣奶粉，医务推广会议活动传播有声有色，但广告少见；合生元奶粉，将会员式数据库营销传播做到了极致，但少见广告与公关传播。

做品牌，一定要传播。但是面面俱到、没有重点的系统整合营销传播模式不一定可取。某一传播方式为主，其他传播方式适当跟进的伞型推进式传播策略更加可取，更加务实。

做品牌，一定要传播。但任何品牌的传播经费都是有限的。如何根据轻重缓急配置六大类传播经费，这非常考验品牌打造者的判断力！

不传播，无品牌！品牌打造，传播各有道！

九、无所不在、逃无可逃的广告传播

"眼看他起高楼，眼看他宴宾客，眼看他楼塌了"。

广告，尤其是电视、报纸等大众传媒广告，曾经无比辉煌，成就了娃哈哈、伊利、美的等家喻户晓的大众品牌。

在如今碎片化、圈层化的网络时代，电视广告、报纸广告已经没落，新媒体视频及平面广告成了主流。虽然广告投放媒介已沧海桑田，但广告仍然是多数品牌主要的、常用的传播手段。

品牌打造，离不开广告。广告是一种以产品告知、说服为目的，企业付费的计划性、持续性媒介传播活动。

广告的主要作用是，利用其令人们讨厌的却不得不接受的重复效应，从而迅速或潜移默化地提升品牌知名度、美誉度、忠诚度。

品牌打造方法

好的广告传播策略＝好创意＋好的媒介传播计划。

☞ 广告创意要遵循的五个原则

何为好创意？广告创意是广告的灵魂和生命，是广告信息传播的关键。广告创意虽然是一种自由的创造性思维活动，但毕竟不同于艺术创作，不能天马行空，而是必须戴着镣铐跳舞。无论平面图文广告，还是视频广告，好创意受制于广告媒介，还必须遵循以下五个创意原则。

第一，目标顾客导向原则。广告创意不是为了讨好广告主，而是为了高效地抢占目标顾客的心智。射箭瞄靶子，弹琴看听众，广告创意要引起目标顾客的同理心，顾客觉得好才是真的好。一些获奖的艺术感满满的广告创意，俘获的是专家评委的心，而不是顾客的心。

第二，定位导向原则。广告创意必须紧紧围绕品牌定位、广告主题而展开，广告创意是品牌定位、产品特点等的形象化、具体化表达。广告创意必须做到形散而神不散，这个"神"特指品牌定位。

第三，简单易懂原则。受众大脑本能追求简单，本能抗拒广告，只有信息简单、逻辑简单、创意结构简单的广告，才能穿透受众的大脑屏障，受众才可能会"秒懂"。

第四，独特性原则。广告创意要尽量独特、原创，不要模仿同一时期的其他广告创意，人云亦云、步人后尘，会给人雷同与平庸之感。唯有在创意上新颖独特才会在众多的广告中一枝独秀、鹤立鸡群。当独特性和原创性可遇而不可求时，旧元素新组合，他山之石可以攻玉，可以适当借鉴他人的好创意，前提是创意广告的投放地点不同或人群不同。多年前贝因美奶粉的广告语是"专为中国宝宝研制"，伊利奶粉曾经的广告语是"更适合中国宝宝需要"，再后来飞鹤奶粉的广告语是"更适合中国宝宝体质"，这三句广告语的创意大同小异，这三句深入人心但不一定有科学依据的广告语，在不同阶段内，却是三大奶粉品牌成功的主要影响因素之一。

第五，打动人心原则。无论是以理服人，还是以情动人，无论是否运用 3B（beauty、美女，beast、动物，baby、婴儿）创意技巧和 3S（simple、简单，surprise、惊奇，smile、微笑）创意技巧，所有创意都是为了打动人心，引发理性的或感性的情感共鸣，为了品牌正面的、美好的联想与认知。

☞ 广告创意的八大表现方法

广告创意，是一种特定原则下的创造性思维活动，是对抽象的品牌诉求概念予以形象化、生动化的艺术表现。广告创意，概括起来有以下八大表现方法。

第一，**示证形态，晓之以理**。通过示范与证实的形式，传递品牌产品特点、优点等信息，摆事实讲道理，使受众经过认知、判断、推理的逻辑思维过程，理性理智地做出决定。示证的方法很多，如人证、物证、言证、事证、验证、印证、实证等。

第二，**情感形态，动之以情**。从感情、感性的角度，渲染情绪、强化气氛，从而引起消费者的共鸣。广告诉求重点在于情感，体现品牌心理附加值，强化亲和力，提升品牌形象。情感性产品（珠宝、葡萄酒、巧克力等）和感情色彩浓郁的节日（春节、中秋、国庆等）尤其适用情感形态的创意表现广告。

第三，**戏剧形态，寓教于乐**。包括情节戏剧化、幽默及夸张表现手法。情节的戏剧化可引人注意，增强诉求卖点的感染力，可制造悬念，引起持续关注。幽默意味着活泼，引起受众兴趣；幽默表达尽量含蓄，避免顾客反感，适用于休闲、娱乐类且产品生命周期处于成熟期的品牌。在一些发达国家，幽默广告是各种广告大奖的常客。夸张创意表现有扩大型夸张、缩小型夸张、关系型夸张（今年 20 明年 18；60 岁的年龄，30 岁的心脏）等，也是广告创意中的常用表现方法，但要注意把握分寸，不要过于夸张，不要违反《广告法》中的"广告主应当对广告内容的真实性负责"条款。

第四，嫁接形态，移花接木。具体包括双关嫁接、组合嫁接、比拟嫁接以及晕轮嫁接。所谓晕轮嫁接，也称光环效应，即将某个令人喜爱的、尊敬的、权威的人/物与具体品牌组合、嫁接、联系起来，将前者的价值转移到后者上面，可与光环事物嫁接（如与著名歌曲、地点嫁接），也可与光环人物嫁接（现在的名人和历史名人）。企业利用明星作为品牌代言人，本质上就是利用品牌的晕轮嫁接效应。

第五，比较形态，鉴别知晓。比较出真知，比较形态可分为与相关事物比较、与自己不同方面比较、与自己横向或纵向比较、与竞争对手比较四大类。品牌若真有品质、功能等方面的优势，与竞争对手比较的广告创意表现杀伤力最强，但要注意不要违反《广告法》中的"不得贬低其他生产经营者的商品或者服务"这一条款。

第六，破立形态，因果推进。具体包括正面因果顺叙、倒叙，反面因果顺叙、倒叙等形态。不破不立，若没有使用该品牌，会出现怎样坏的结果，即恐吓性反面因果推导，是功能特性等理性定位的品牌常用的广告创意表现手段。恐吓性因果推导三步骤：①描述事物有害性的可信程度；②事情发生的可能性（概率）；③对策建议的有效性（强调品牌功能特性方面的优势）。

第七，生活形态，生活片段。广告创意要源于生活，才有亲和力，才会引起情感共鸣。生活形态表现具体包括日常生活、生活情趣、生活方式、生活价值等方面。日常生活、生活方式的真实片段，适用于大众消费品牌；生活情趣，有价值的高品位生活情景，适用于成功、自豪、有身份感和地位感的高档品牌。

第八，形境形态，传达意象。包括以塑造品牌形象为主，强化积极、乐观、稳重等品牌个性的形象创意，只可意会不可言传的意境创意，以及传递品牌审美、文化观念的意识创意。形境形态，朦朦胧胧，表达一种形象，一种意境，不以产品销售为直接目的，而着眼于品牌个性、形象的长期塑造。

如果能够熟练运用以上八大类广告创意表现方法，有些广告创意可能会化腐朽为神奇，达到四两拨千斤的效果。

广告创意不仅要遵循目标顾客导向、定位导向等五原则，还不得违反《广告法》（其中重要条文请细阅附录《广告法》节选）。此外，文字广告创意要注意避免使用违禁词，特别是网络购物平台上的广告文案，一旦违规，很容易受重罚：轻者相关产品下架，重者网络店铺强制关闭或者罚款数十万等。

☞ **网络上流传的严禁使用的极限广告用语**

与"最"有关 最低、最具、最高、最大、最新发明、最先进、最、最佳、最爱、最赚、最优、最优秀、最好、最大程度、最高级、最高档、最奢侈、最低级、最低价、最便宜、史上最低价、最流行、最受欢迎、最时尚、最聚拢、最符合、最舒适、最先、最先进、最先进科学、最先进加工工艺、最先享受、最后、最后一波、最新、最新科技、最新科学
与"一"有关 第一、中国第一、全网第一、销量第一、排名第一、唯一、第一品牌、NO.1、TOP.1、独一无二、全国第一、一流、一天、仅此一次（一款）、最后一波、全国X大品牌之一
与"级/极"有关 国家级（相关单位颁发的除外）、国家级产品、全球级、宇宙级、世界级、顶级（顶尖/尖端）、顶级工艺、顶级享受、极品、极佳（绝佳/绝对）、终极、极致
与"首/家/国"有关 首个、首选、独家、独家配方、全国首发、首款、全国销量冠军、国家级产品、国家（国家免检）、国家领导人、填补国内空白

续表

与品牌有关
王牌、领袖品牌、世界领先、领导者、缔造者、创领品牌、领先上市、至尊、巅峰、领袖、之王、王者、冠军
与虚假有关
史无前例、前无古人、永久、万能、祖传、特效、无敌、纯天然、100%

网络时代，信息量大且传播快，品牌广告不仅要有好创意，相应的创意还要快、多。

以往，一条TVC广告从创意脚本到拍摄、后期制作，前后要折腾2个月甚至更长时间，现在类似《奇葩说》《脱口秀大会》《喜剧大会》节目里的应景式视频广告，从创意到拍摄制作甚至不到7天，那些抖音短视频广告从创意到拍摄制作甚至只需几小时。

以往，一条TVC广告的播放期限以年为单位，而今许多视频广告播放期限只能以月，甚至天为单位。市场对广告创意数量的需求激增，其实是网络媒体投放算法的"副产品"。因为有了算法，广告可以做到"千人千面"，让合适的信息去找到合适的人。

面对日益增长的广告创意需求，大多数企业可能并不需要一个100分的创意，为了千人千面的投放，他们可能更需要1000个60分的创意。

如何平衡广告创意的多、快、好？这是一门学问。

有了广告，如何制定一个好的媒介投放计划？如何平衡广告投放的广度与深度？这也是一门学问，同样考验品牌广告人的基础功力。

一个好的广告创意固然可以四两拨千斤，但若没有合适的媒介投放计划跟进，没有曝光度，虎头蛇尾，那是对好创意的巨大浪费。

一个平庸的广告，如果持续投放，水滴石穿，同样能够将品牌深深植入受众的脑海，潜移默化地改变人们的认知。例如"送礼就送脑白金"，在各个电视台反复播放了十余年，简单直接的广告语，是脑白金累计销售额超百亿元的首要功臣。

广告媒介投放计划包括广告媒介选择及广告投入广度、深度等内容。

对于网络、电视、广播、公交、地铁、高铁等广告媒介，我们该如何选择？

影响广告媒介决策的因素有：媒介传播特性、媒介受众特征、媒介覆盖率、媒介权威性、竞争对手媒介投放策略，以及 CPM 数据等。

CPM（每千人成本，即每 1000 个受众看到广告时广告主所付出的成本）是一种展现付费方式，是广告媒介投放组合中的核心量化指标，它便于比较一种媒体与另一种媒体、一个媒体排期表与另一媒体排期表的广告投入成本。

以 15 秒视频广告为例，各级电视台播放每千人成本几元到几十元不等，爱奇艺、抖音等网络视频平台播放每千人成本数十元到上百元不等，微信朋友圈投放每千人展示上百元起步，电影院映前广告投放每千人成本没有低于 200 元的。

由于各个媒体特性不同，以及各媒体覆盖人数的不可靠性和展示概念的不明确性，CPM 仅是企业广告媒体投放决策的参考数据之一，绝不是唯一的参考依据。新媒体广告投放，其中的转化率、点击率、停留时长等指标都很重要。

以 CPM 为基础的广告媒介投放，其他重要指标还包括：到达率（触及面，一定时期内，至少一次接触到特定信息占覆盖人群的比例），有效暴露频次（一定时期内，目标受众平均接触到信息所要求的次数），毛评点（GRP= 到达率 × 到达频次 = 收视率 × 投放次数）。

根据某收视率调查公司的研究结论，在一定时期内只对广告目标受众进行一次广告，一般毫无价值；在分析媒体有效程度时，暴露频次比到达率更重要；对高频快消品而言，在一个购买周期（4～8 周）内，暴露频次至少为 2 次才可能产生一点效果；在一个购买周期（4～8 周）内，暴露频次要有 3 次，才能有足够的传播效果；达到一定频次（4 次）

后，广告暴露所产生的价值是递减的。达到一定频次后，传播会变得毫无价值，并可能产生反作用（普遍认为3～8次足够了）；在不同媒体出现比单一媒体的相同次数要更加有效。

到达率指标可以理解为广告投放的广度指标，有效暴露频次可以理解为广告投放的深度指标，毛评点（GRP）可以理解为广告投放广度与深度的综合指标。

任何品牌的广告传播费用都是有限的，每次广告传播活动不可能既要广度又要深度，该如何取舍？

如果媒介广告目标主要是知名度或品牌形象的建立，则必须以到达率为重；如果以加深品牌印象，建立理解度为主要目标，则必须偏向于频次的累计。如果以前广告投放基础较好，达到目标所需的频次就可以较低；反之，则较高。如果品牌目标人群多、分布广，广告投放应强调到达率，对象狭窄的强调到达频次。如果竞争环境宽松，广告投放强调到达率；竞争环境激烈，则强调到达频次。

从0到1的品牌，如果资本实力雄厚，广告经费多，广告投放既要强调到达率，又要保证到达频次，广告投放广度与深度都要兼顾。高举高打，可快速打造出高知名度、有影响力的品牌。曾经火爆的元气森林、完美日记等网红品牌，因为"资本大佬"的加持，从诞生到成名时间不超过3年。

从0到1的品牌，如果资金实力有限，广告传播，特别是传统媒体广告不应优先考虑。如果一定要投放广告，首选新媒体广告，广告投放一定要以特定人群的高到达率为核心目标。

从0到1的品牌，不应追求广告传播广度，必须追求传播深度、力度。新品牌的广告投放深度远比广度更重要。

从0到1的品牌，应集中火力，对特定范围内的目标受众进行反复广告传播，从量变到质变，让他们成为品牌的第一批忠实"粉丝"，第一批种子用户。

星星之火，可以燎原！

十、新媒体广告传播：
精准、互动、品效合一

新媒体广告与传统的一对多单向传播的电视、报纸、广播、杂志等大众媒介广告有本质的不同。新媒体广告，即网络广告，除了时空无限制、投放形式多样、投放便捷等优点外，其所具有的三大核心优势是精准、互动、品效合一，令传统广告望尘莫及，这是对传统广告的降维打击。

☞ **精准投放，让新媒体广告传播事半功倍**

品牌营销的本质是满足目标顾客的需求，前提是要知道目标顾客是谁，并有效地与之接触沟通。传统的广告只能依赖传统媒体本身的受众特征，广告主可以选择投放媒体，但不能选择该媒体的受众。"我知道有一半的广告费浪费了，但不知浪费的是哪一半"。这是传统广告的无奈。

新媒体广告则不然。新媒体公司拥有上网人群的大数据，包括地理位置、性别、年龄等人口学特征，以及消费行为和心理特征，而且技术上可实现一对一精准广告推送，真正实现千时千人千面。新媒体的靶向广告，理论上可定向投放至每一个目标顾客，理论上可杜绝任何一分广告费的浪费，这对传统媒体而言根本无法想象。

根据新媒体媒介属性的不同，新媒体广告精准投放可以分为以下五大类。

第一，网络新闻媒体及短视频平台精准广告投放。网络新闻媒体以今日头条、新浪网站内广告为代表，短视频平台以抖音、快手为代表。

> 品牌打造方法

这些基于大数据算法的网络媒体、短视频平台既然能精准推送用户所感兴趣的新闻信息、短视频，当然也能精准推送用户所需要的品牌广告信息。

第二，搜索引擎关键字广告投放。以百度、谷歌为代表的关键字竞价排名广告，精准匹配潜在顾客的精准需求。百度年度广告收入数百亿元，是公司的主要盈利来源，其本质上是新媒体广告媒介公司（其实新媒体广告收入也是阿里巴巴、腾讯、字节跳动这三大互联网巨头的主要盈利来源）。搜索引擎广告主要解决供需双方的信息不对称问题，其适用于顾客主动搜寻信息的B2B企业、医疗教育等产业的广告精准投放，顾客被动接收信息的低关心、轻决策B2C品牌不太适用。

第三，微信/微博社交平台广告精准投放。以微信的朋友圈广告（广点通）为典型，通过分析朋友圈里的发文/关注，广点通平台能够精准界定微信主人的兴趣爱好、消费行为等。其适用于B2C消费品/服务业中的品牌形象类、告知类、促销类广告投放。

第四，购物/消费平台精准广告投放。如淘宝天猫、京东、拼多多等电商平台里的直通车/钻展广告等，适合消费品品牌产品类及促销类广告投放；如美团、大众点评里的广告，适用于餐饮、美容等生活服务业。这类广告即时精准、广告转化率高，销售效果显著。

第五，社群内广告精准投放。微信群/QQ群/雪球/豆瓣/贴吧等社群是各类兴趣、爱好、价值观等同好者的云集地，投其所好，精准推送这些同好者真正所需的产品与服务，自然事半功倍。

新媒体广告不仅能做到对精准人群推送精准广告，还可以做到精准广告创意，同一品牌产品，我们每个人看到的广告诉求还可以不一样，广告因你而来，因你而变。

☞ **新媒体广告的另一关键词是"互动"**

仅有精准广告展示远远不够，除了爱奇艺、腾讯视频等网络视频平台里的插播广告、植入广告没有超链接、不能互动外，多数新媒体广告都可以超链接，都能够知道广告受众的互动反馈，这一巨大优势，是单向传播的传统媒体望尘莫及的。

受众的互动反馈分三个层次。

第一，点击。看到广告，迅速产生兴趣点击，甚至迅速下单，短时间见效。电商平台内品牌商家尤其看重广告的点击率及销售转化率指标。搜索平台/社交平台/网络新闻媒体里的广告更看重的是点击率这一指标。

第二，点评。看到商家的品牌广告或使用过商家的品牌产品/服务，顾客往往还会进行点评，我为人人，人人为我。正面的点评越多，表明顾客越认可商家的品牌，越有利于商家的销售。若有负面的点评，商家则应高度重视，一方面引以为戒，改进产品与服务，另一方面要将负面点评信息的影响降低至最低限度，在规则允许的前提下，该删帖的删帖，实在无法删除，则应该用更多的正面点评覆盖负面评价。

第三，分享。碰到好的品牌产品、好的广告软文，顾客会主动转发链接，会主动拍照发至朋友圈，主动分享给类似需求的亲朋好友。一些网络品牌能一夜爆红，主要原因就在于顾客体验感知后的一键转发，病毒性口碑传播。

👉 新媒体广告的品效合一优势，是品牌营销者无法抗拒的诱惑

品效合一，顾名思义，就是品牌营销和效果营销的契合，一方面需要达到品牌广而告之的宣传目的，另一方面还需要带来实实在在的客户和转化成交！

新媒体广告投放有以下结算方式。

（1）CPC：**根据广告被点击的次数来收费**。现在的竞价搜索，关键词广告一般采用这种定价模式。大部分的网络广告都可以采用这种收费方式，反正只有用户点击了之后才会计费。

（2）CPS：按照销售额的一定百分比来收费。以广告所带来的实际销售产品销售额来计算广告费用。这种最终效果导向的广告结算模式很受广告主欢迎。无坑位费的纯佣金"网红"直播带货，其实也是一种特殊形式的CPS广告。

（3）CPM：按照展示所接触到的人数来收费。常见的就是信息流广告和贴片广告，平台每推荐1000个用户看广告你需要付出的费用。

（4）CPG：按照用户接收量来计费。这一般是邮件广告和短信营销常用的计费方式，在后台可以清楚地看到信息的发送和接收情况。

（5）CPD：按照用户的下载数来计费。只有在用户看过广告并且下载了软件之后才会收费。应用商店、流量联盟比较常见，主要用于一些软件的下载。

（6）CPR：按照用户的注册或者填写信息量来计费。比如一些软件的推广或者一些商家想要收集用户信息，就会投这样的广告。

（7）CPT：按照展示的时长来收费。你在某个网站挂一个横幅或者文字链广告，只要它帮你挂上去就按时间开始收费了。无论用户看不看，或者点不点击你的广告，费用都不变。

（8）CPV：按照广告播放次数计费。比如你投了一个视频贴片广告，在后台可以清晰地看到这个广告被播放了多少次，从而计费。

这8种广告计费方式中，CPT与CPV计费与传统的大众媒体广告没什么区别，其他6种都是行为及效果导向的广告计费方式，系网络广告所特有。尤其是CPC、CPS、CPM这三种广告投放结算方式的组合应用，能够精准计算出点击率、转化率及千人展示成本，真正实现品效合一，广受效果营销导向的品牌广告主欢迎，更是从0到1、广告经费有限的新网络品牌的首选。

新媒体广告不仅具有品效合一、精准和互动这三大优势，还有一个优势必须特别强调：广告主可利用网络广告联盟平台，实现自动化、程序化的方便快捷的广告投放。品牌广告主无需与各类网络媒介一一谈判，无需签署大大小小的纸质广告投放合同。

网络广告联盟，助力新媒体广告持续多年高速发展。

网络广告联盟平台，通过联结上游广告主和下游加入联盟的中小网站，通过自身的广告匹配方式为广告主提供高效的网络广告推广，同时为众多中小站点提供广告收入平台。

广告主在网络广告联盟平台上投放广告，实时监测统计展示、点击、转化等数据，广告主则按照网络广告的实际效果（如销售额、引导数、点击数和展示次数等）支付广告费用。

网络广告联盟平台有数十上百个，市场上主流的网络广告联盟由某网络巨头联合 n 个小网站、小 App 组成，知名的如阿里妈妈联盟、百度联盟、腾讯联盟、穿山甲联盟（字节跳动）、京东联盟等。

网络广告联盟尤其适用于从 0 到 1 的中小企业品牌的广告投放。具体网络广告投放步骤简述如下。

第一，前期准备。

（1）广告主需按照自己的营销目标，设置线上营销路径；配合营销的效果要求，设计相关详情页面。

（2）广告主需设计、准备与营销活动配套的，符合广告联盟平台所要求的尺寸、像素等多个创意广告宣传图片、视频。

第二，设置广告活动。

（1）营销效果要求设置、广告结算价格及结算方式设置。

（2）设置广告投放受众人口学及心理行为特征等。

（3）设置广告投放区域及投放网站类型。

（4）上传广告图片、视频。

（5）设置广告的链接地址。

（6）设置广告活动的开始与结束时间。

第三，开始投放。

第四，投放中。

品牌打造方法

（1）查看报表。

（2）根据报表中的数据，及时调整广告投放各项参数或广告图片与视频。

第五，结算费用。

第六，投放结束。

☞ **网络联盟广告投放特别注意事项**

第一，注意虚假点击。许多中小站点为追逐短期收益，采用机器及程序虚假点击的方式以美化广告效果。我们选择网络广告联盟时，尽可能选择操作相对规范、反作弊技术先进的大平台，尽量不选择口碑不佳、反作弊技术相对落后的中小网络广告联盟平台。

第二，注意人群精准投放。一定要事先通过市场调查、大数据分析、样本市场测试等手段精准锁定目标顾客群，按性别、年龄段、职业、收入、区域、兴趣爱好、消费行为等维度进行细分。人群画像越清晰，网络广告投放对象越精准，广告投入产出比自然越高。

第三，注意广告投放人群到达频次。到达频次太低，顾客认知度、记忆度低，没效果；到达频次太高，会引起顾客反感，同样影响点击率、转化率等效果。在产品购买周期内，一般而言，广告到达频次3～8次就够了。技术比较先进的广告联盟平台，想广告主所想，会有广告到达频次的设定：一旦特定人群达到预设频次，广告不再投放。

第四，注意软文投放的百度收录权重。广告联盟不仅有搜索竞价类、综合投放类等硬广告投放平台，还有软文广告投放联盟。软文广告的核心是将广告当作新闻，在网络上留下收录痕迹。我们在软文广告中选择发文网站时，尽可能选择具有权威性、百度收录搜索权重高的网站。搜索权重越高的网站，百度默认的搜索信息越靠前。例如，知乎网站在百度上的搜索权重指数是10，这是百度搜索的最高权重，百度的"亲儿子"百度贴吧的搜索权重指数是9。许多中小网站的内容，百度根本不收录。百度给予的搜索权重指数若超过5，就说明网站内容已经不错了。

第五，注意组合投放。 网络广告投放必须讲究组合拳，不建议长期单一媒体、单一内容投放方式。多个网络广告联盟及App的组合投放，包括并不限于阿里妈妈、百度、腾讯、穿山甲等联盟，以及问答平台（知乎／贴吧）、视频网站、新闻App等，在此基础上有无穷尽的投放组合。比如爱奇艺／腾讯／优酷等网络视频广告硬投放，一线网综冠名+软硬广告+口碑传播+道具植入，百度+阿里+腾讯广告联盟图文+视频广告投放等。多种网络广告付费组合投放：品牌形象导向的CPM付费与销售效果导向的CPC和CPS付费，都应加以考虑，还有网络联盟广告+新闻软文发布（门户网站+企业自媒体+专业网站）软硬广告的组合推进。

广告投放的组合推进，不等于所有广告媒体和广告形式要一视同仁、同步推进。在网络品牌的不同发展阶段，广告传播目的、广告创意、广告媒介选择，侧重点都应不同。

☞ 品牌初创阶段新媒体广告投放：销售即传播

资金问题，是绝大多数网络品牌投放新媒体广告面临的首要问题。争取现金流早日为正，早日实现现金流的正向循环，这是新媒体广告传播的首要目的。

新媒体广告（无论是视频还是图文广告）是传播媒介，同时也有销售渠道属性，所见即所得，我们要力求每一次浏览都产生销售转化。新媒体广告特有的超链接技术，可以引导受众迅速下单，从而实现从广告到销售的瞬时闭环。新媒体广告相当于线下渠道门前的广告牌、店招，无论客户在什么App或网页中看到广告，都可以直接进店消费。

"网红"直播带货，"网红"既是销售员又是广告宣传员，这使得消费者从认知到购买的链路最短，达到了真正的品效合一，是电商直播时代新消费品牌主要的新媒体广告营销手段之一。

> 品牌打造方法

以淘宝直通车为代表的搜索竞价广告，以CPS、CPC等为主的效果导向的广告投放结算方式，以特价、低价为中心的促销类广告创意，是三只松鼠、林氏木业等网络品牌崛起初期的主流广告传播手段。这时候的新媒体效果广告投放，与其说是品牌传播费用，不如说是渠道销售费用。

互联网营销公式"收入＝流量×转化率×客单价"，是典型的短期销售思维，而非长期品牌导向思维。

在销售即传播模式中，产品可以高效触达顾客，迅速促进销售转化，但面临品牌认知模糊、无主动购买、无品牌忠诚等问题，因而难以形成长期消费动机。这时候所谓的品牌，没有认知、没有记忆、没有忠诚，难有复购，这不是真正意义上的品牌。

成也萧何，败也萧何。效果导向的网络广告投放，短期内网罗了目标顾客，但很快会触及目标人群规模的天花板。如果没有新广告传播手段加持，此类完全销售导向的新消费品牌，是典型的短线品牌：要么火爆后迅速沉寂，要么来去匆匆昙花一现。

☞ 品牌成长阶段广告重点：基于社会力量的社交造势传播

品牌要想实现指数级增长，仅靠效果广告远远不够，我们必须利用社会力量传播。购买者、体验者、传播者，以及网红、专家、记者等各类身份相互影响，形成一传十、十传百的连锁效应，互联网领域称之为"社交裂变"，品牌营销领域称之为"病毒性传播""口碑传播"。

站在第三方立场，包括KOL、KOC在内的社会力量的传播，客观、可信，而且社会关系网络可以营造出信息和情绪交织的消费环境，形成品牌传播势能。

从微博、微信、知乎到小红书、快手、抖音，这些飞跃式发展的强社交属性平台，是新品牌社交造势的大舞台。曾经火爆的完美日记、小仙炖、钟薛高等新国货品牌都利用小红书、微博等社交媒体造势。

此时，企业品牌传播的目的不是短期销售导向，而是品牌信任、品牌知名度导向。网络广告内容创意不再以促销为中心，而是更强调产品特色、产品使用体验。社交媒体的广告传播形式以软文、新闻、评论为主。

但是，社交造势存在与生俱来的问题：社交媒体无法聚焦于品牌定位的持续传播，品牌信息过于分散，消费者难以形成鲜明的、一致性的品牌定位认知。企业不一定能掌控社交媒体传播内容：正面的评价固然令我们欣喜，但负面的舆情我们也往往无能为力。

要使品牌传播有效，仅有知名度、关注度还不够。消费者能否记住品牌定位、品牌内涵等信息，这才是关键。

网络品牌，利用社交力量造势比销售即传播阶段走得远，但仅停留在这一阶段，还是走不远。

☞ **品牌真正强大阶段：基于企业力量的定位导向主流媒体广告传播**

这一阶段，我们就要投放品牌定位导向的硬广告，旗帜鲜明地反复传播品牌定位。顾客若真正认同你的品牌定位，认同你承诺的品牌主张，就会有主动持续的购买，会有长期的品牌忠诚。你的品牌会真正赢得顾客的心。

品牌营销人喜欢谈论软文、软广告，但有时候，软文、软广告恰恰是低效的，因为它缺少清晰明确的品牌定位，难以明确传达品牌价值主张。

含而不露，甚至妙趣横生的软文、软广告自然是"润物细无声"，令消费者喜闻乐见，但结果也往往是"蜻蜓点水"，很少为消费者留下有价值的、深刻的品牌认知。因为消费者不会主动概括品牌定位。

品牌硬广告虽然带有令消费者抵触的商业意图，但可以强行突破认知屏障，将品牌定位植入消费者脑海，同时也承担着品牌承诺的作用。

在央视、爱奇艺/腾讯视频、高铁、机场等媒体投放品牌广告，赞助、冠名各综艺节目，这本身就是在用资金成本来表达品牌承诺。

品牌硬广告一定程度上简化了消费者的决策过程：消费者虽然不喜欢看广告，但是却需要广告信息来评估各种品牌。

有资金实力、有魄力在线上、线下主流媒体投放品牌定位导向的广告，采用以 CPM、CPT、CPV 结算为主的广告结算方式，是品牌从创业期走向成熟期的标志。在互联网上风生水起的花西子、薇诺娜、认养一头牛等新国货品牌，纷纷布局主流媒体品牌广告，这是品牌进行市场破圈、由小到大的必经之路。

如果是出身豪门、不愁资金、传播经费充裕的新品牌，完全可以高举高打，跳过品效合一的效果广告阶段，跳过社交媒体造势阶段，直接进入定位导向的主流媒体硬广告传播阶段。

如果是竞争相对宽松、企业传播经费很有限的新品牌，则可以循序渐进，一步一脚印，先实施销售即传播的小品牌新媒体广告传播策略，再实施社交媒体造势的新媒体品牌传播策略，最后发起总攻，实施定位导向的主流媒体硬广告传播策略。

如果是竞争环境恶劣，且传播经费相对有限（比上不足，比下有余）的新品牌，最好三管齐下。渠道即传播的效果广告，社交媒体软文/口碑传播造势，权威媒体定位导向的硬广告（为节约有限经费，控制资金风险，应该在特定区域内试点），在兼顾销售的基础上，迅速打造品牌竞争力，构建品牌壁垒。

这是个比速度的竞争社会。如果你有好产品、好创意、好定位，仅仅因为资金不足不敢投入，小步慢跑，被有魄力进行广告投入的竞争对手弯道超车、后来居上，那就太可惜了。

十一、公关传播，不仅仅是新闻稿

公关第一，广告第二！传统广告江河日下，新媒体广告虽然欣欣向荣，但费用已不再那么便宜。

考验品牌营销人策划智慧的公关传播备受重视。广告费钱，公关费脑！

站在企业的角度，一切不花钱或少花钱，不现场销售，润物细无声，旨在提升品牌知名度、美誉度、忠诚度的推广方式，皆为公关传播的范畴。

企业具体公关传播的方式包括：新闻发布会及新闻稿发布，讲座、路演、沙龙，企业自媒体、出版物、公司读物，公司年报，社会公益活动与赞助，事件营销传播、危机公关等。

☞ 新闻发布会及新闻稿发布

多数企业对公关传播的理解就是召开新闻发布会发送新闻稿，新闻发布会本身并不重要，重要的是新闻稿能不能被各类媒体采用，能否被各大搜索引擎收录。企业发新闻稿的目的就是让更多的人看到，达到品牌宣传之目的。

企业新闻稿是企业希望发表在某些媒体上的以品牌宣传为目的的一种文体，内容可以是新品发布、技术发明、销售业绩等。新闻稿通常会以电子邮件、微信群分发给相关编辑，相关编辑根据新闻稿的内容质量来决定是否采用，决定采用后会对原文进行适当修改再刊发。相关记者可能受到新闻稿启发来确定后继的采访选题。

网络时代催生了新闻稿发布平台，即软文广告接单平台。企业只要在平台上发布新闻稿，网络上各类新闻网站及自媒体会根据新闻稿内容质量、匹配度及费用来决定是否录用。这些发布费用，相对于广告费而言便宜多了。

新闻稿写作、发布注意事项如下。

第一，标题要新颖，吸引眼球，有时可以蹭一些热门新闻。导语第一句话能直截了当抓住记者、编辑及读者的注意力，接下来的一两句话进行解释。导语要紧凑，避免使用过长的句子和段落。新闻稿第一段包括两三句话就够了。如果第一段不能吸引记者、编辑和读者的注意，他们不会有兴趣读下去。

第二，正文要有可读性。新闻稿件一般应包含新闻"5W1H"六要素（主体、事件、时间、地点、起因、过程）。稿件内容要客观真实，逻辑清晰。稿件中加入图片、视频、引言、数据、图表等视觉元素，可激发受众的阅读兴趣，更易被分享，也更易被搜索引擎收录。如果素材有限，则至少要一张分辨率有保证的图片作为视觉元素，但应该避免使用过于营销性质的图片，因为这可能会被媒体和搜索引擎直接判定为广告软文，不被收录或搜索降权。广告软文与商业新闻的界限很难分清，新闻稿写作的最高境界是：将广告软文视为新闻发布。

第三，务必以记者、编辑的视角写新闻稿，千万不要以企业角度写新闻稿。

尽量争取在权威的网络媒体上发布。权威网络媒体阅读量大、信任度高，关键是搜索引擎收录权重大。

新闻发布会及新闻稿，一般是针对大企业、大品牌的。从0到1的小品牌，新闻价值低，多数媒体没有参会及刊发兴趣。即便如此，小品牌也可以直接以广告软文形式在网络刊发平台上发布新闻稿，一些网络媒体也会采用的，只是费用会贵一些。

☞ 讲座、路演、沙龙

这三者的共同特点是企业宣传人员与特定的顾客群体面对面地深度

沟通，是深度品牌"洗脑"过程，是品牌公关传播的常用策略。

讲座是一种非正式或半正式的知识传授活动，适用于有特点、有技术的新产品，例如新药的学术推广讲座，母婴类品牌的育婴讲座，企业组织的论坛、峰会其实就是超大型的讲座。

路演，指通过现场演示的方式，引发目标人群的关注及兴趣。路演源于证券发行推荐活动，现在几乎成了许多产品与服务宣传的标配，例如电影和电视剧的发行路演、大学招生的宣讲会路演、各产品品牌的招商路演等。

沙龙，源于欧洲上流社会的客厅社交活动，延伸到品牌推广方面，主要指规模较小、非正式化的、能现场互动交流的非公开活动。沙龙的受众人数少但层次高，是高端品牌的主要公关传播方式之一。

☞ 企业自媒体、出版物、公司读物

若能公开出版、刊发与企业历史、产品、理念相关的书籍或文章，品牌公信力、权威性会明显增强。公司读物是纸媒时代的企业自媒体，现在几乎被时代所淘汰。企业微信公众号、微博号、抖音号、知乎号、百家号等，这些外树形象、内聚人心的企业自媒体矩阵，是企业可以自主掌控的公关传播阵地，千万不可忽视。出版物、公司读物、企业自媒体传播，适用于成长期及成熟期品牌，顾客数量极少的从0到1的初创品牌暂不必重视。

☞ 公司年报

特指上市公司年度报告。这是上市企业一年一度与投资者书面沟通的重要媒介，是树立公司形象的重要手段。公司年报的排版设计、董事会经营评述与未来展望等内容，都要精心用心。还有，一年一度的股东大会，对投资人的现场调研接待，在特定平台上董事会秘书对投资者的回复，这些都事关上市公司的品牌形象。

> 品牌打造方法

☞ 社会公益活动与赞助

这是高级别的品牌公关传播，有利于品牌美誉度的提升，是大品牌公关传播活动的标配。

☞ 事件营销

网络时代，以小搏大的事件营销，是所有品牌策划人的理想与追求。

事件营销，集新闻效应、公共关系、形象传播、广告效应、客户关系于一体，是网络时代国内外十分流行的一种公关传播与市场推广手段。

事件营销包括借势营销与造势营销两个层面。

借势营销，俗称"蹭热点"，即借社会热点事件，通过移花接木、借力打力的手法将企业产品与事件紧密联系起来，引发各类媒体的报道，引发目标顾客的注意及讨论。

只要有利于扩大品牌知名度、美誉度的社会热点，营销策划人员就应随机应变、果断借势，哪怕是仓促策划，牵强附会。切记：借势营销的第一要义是反应时间越短越好，一定要当机立断，迅速跟进。很多热点事件一闪而逝！营销高层应授权一线品牌策划及执行人员，以免贻误商机。

常规可预计的社会热点包括：春节、情人节、儿童节、劳动节、中秋、国庆、元旦等节庆日，以及奥运会、世界杯等重大赛事。不可预计的社会热点包括：政策法规、明星"八卦"、民生新闻等。建议策划人员每天关注"百度热搜""微博热搜""头条热榜""抖音热榜""知乎热榜"，随时思考热点事件与企业产品的关联性、连接点，随时借势，及时创意。

只要有对新闻事件的敏感性，只要熟悉本企业的品牌定位、客户群，借势营销策划相对容易。更难的是造势营销，要策划创造出与品牌密切相关的、广泛传播的新闻事件，这真不容易。

能否成为新闻事件，这要看新闻价值的大小。新闻价值由重要性、接近性、显著性及趣味性（新奇性、反常性、争议性）四要素决定。这些要素包含得越多，新闻价值越大，被广泛采用、转载的可能性大，当然事件营销成功的概率越大。

对大品牌而言，因为有显著性这一特征，容易出新闻，华为、阿里、苹果的一举一动都可以成为新闻事件，例如被美国打压，自立自强的华为于2023年夏天推出Mate60系列手机，没有发布会，照样引发财经媒体、科技媒体、自媒体的狂欢。当然我们也不得不承认，苹果每一代的iPhone手机发布，也都能引发全球媒体的广泛报道（不过，因为边际递减和审美效应，iPhone手机报道热度已经逐年下降），这给苹果公司节约了数亿，甚至数十亿美元的广告费。

对电视剧、综艺节目等文娱产品而言，事件营销尤其重要，而且比较容易策划。人们本身就有对文娱内容产品的分享欲、讨论欲。我们必须不断从演员、导演、作者、制作过程、节目内容等各个角度寻找，甚至策划出相关新奇的、有争议的事件，媒体及"吃瓜群众"自然会津津乐道。

但是，对非常需要媒体报道、自媒体传播的消费品及服务类小品牌而言，要策划令人瞩目的新闻事件，却非常不容易，因为明显不具备新闻显著性这一重要特征。

小品牌只能依赖事件的接近性及新奇性、反常性、争议性。不要贪大求全，利用企业所在地的客户群心理接近性，利用地方媒体和网络论坛人脉，努力让事件成为地方新闻，建立根据地，再图未来发展。

新功能、新款式、新发明等"新、奇、特"产品及服务的反逻辑、反习惯、反认知的行为，这些都是新闻报道及人们"八卦"的噱头，是事件营销的引爆点，能真正考验品牌营销人的策划与创意能力，对无显著性价值的中小品牌而言尤为重要。

若我们难以策划出大众事件,那就退而求其次,争取策划出具有新奇性、反常性的小众事件。若该事件能在特定行业、特定圈层里精准传播,这已是很大的成功了。

人人都希望策划出经典的一夜爆红的营销事件,然而理想丰满、现实残酷。每年的大品牌经典事件营销案例没几个,小品牌的经典营销事件几乎没有。

林林总总的公关传播活动,主要适用于有影响力的大品牌、成熟品牌。从0到1的新品牌,可尝试新闻稿、软文类网络媒介的发布,可尝试自媒体建设,可尝试讲座、路演类的小范围宣传,但不要将希望寄托在一夜爆红的事件营销上。

等到那一天:你的一举一动成了新闻,你有了"粉丝"无数的自媒体矩阵,星星之火已经燎原,恭喜你,这时候你已经是大品牌了。

十二、口碑传播的关键:搞定 KOL

"金杯银杯,不如顾客的口碑"。口碑很古老,在没有文字的上古时代,人们口口相传,留下了历史经典;口碑很现代,人们不用动口,只要动动手指点点鼠标,毫秒之间,口碑传播千万里。

微信朋友圈、微信群转发与评论,淘宝、京东、拼多多、美团等平台购物消费后的点评,豆瓣、猫眼、淘票票上的评价与打分,一切皆口碑。人们有沟通、交流、分享及自我表现等最原始的本能需求,所以口碑传播永远存在。

口碑传播具有高信任度、低成本特征。由于在影响消费者态度和行为中所起的重要作用,口碑传播被誉为"零号媒介"。相对于纯粹的广告、公关、推销等而言,口碑的可信度要更高。

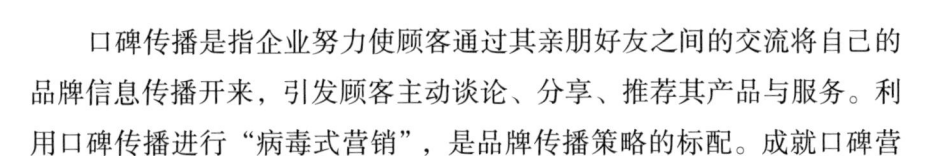

口碑传播是指企业努力使顾客通过其亲朋好友之间的交流将自己的品牌信息传播开来，引发顾客主动谈论、分享、推荐其产品与服务。利用口碑传播进行"病毒式营销"，是品牌传播策略的标配。成就口碑营销的经典，是品牌营销人梦寐以求的。

口碑传播有三个层次：第一层口碑传播发生在亲戚、朋友、同事、同学等关系密切的群体之间，驱动力基于产品体验及长期的个人信任；第二层口碑传播，让KOL（关键意见领袖）发出声音，KOL发声的驱动力包括产品体验及利益；第三层口碑传播，顾客或潜在顾客主动向亲朋好友或陌生网民推荐品牌，驱动力包括产品体验以及对KOL及品牌的信任。

基于长期的信任，企业股东、员工、合作伙伴针对亲朋的第一层口碑传播比较容易，但是影响面非常有限；让陌生的顾客及顾客的亲朋自发地、大面积地认同、分享、推荐，第三层口碑传播才是品牌传播的核心目的。如果有一天，线上、线下出现无以计数的第三层口碑传播（前提是对品牌正面的褒扬），那意味着品牌已经大获成功。

要达到大面积第三层口碑传播的理想彼岸，第二层口碑传播，搞定KOL，承上启下，是关键。

如何组织策划口碑传播？如何搞定KOL？如何让口碑传播效应最大化？以下五大要点必不可少，当然，KOL传播策划组织是关键中的关键。

☞ 优质的产品、服务是实施口碑传播策略的前提条件

有好产品，才会有好口碑，这是常识。物超所值，超越顾客的预期，顾客有惊喜感，好口碑自然来。如果产品、服务有缺陷，千万不要实施口碑营销，希望越大，失望越大；如果产品、服务无优点、无亮点，建议不要实施口碑传播策略，巧妇难为无米之炊。

商品类品牌，功能、款式、原材料、制造工艺、价格等皆可成亮点；

>> **品牌打造方法**

服务类品牌，地理位置、装修环境、员工形象、言行举止、额外服务皆可成亮点；文化产品类品牌，作者、内容情节、编导、演员可成亮点。如果什么亮点都找不到，再找找创始人、管理层的经历/经验/能力等亮点。如果还是找不到，那一定是平庸的，甚至是品质有缺陷的产品与服务，建议不要妄想一夜爆红口碑爆棚。即便有口碑，那也是负面口碑。

☞ 精准锁定目标顾客，一切口碑传播活动围绕目标顾客展开

优质的产品与服务是针对目标顾客而言的，目标顾客的好口碑才是品牌营销的至上目标。同样的产品与服务，非目标顾客可能不会认可这是好产品、好服务，那就不会有好口碑。

萝卜青菜各有所爱，也各有所恶，臭豆腐、榴莲、皮蛋是许多中国人的最爱，这在西方人看来不可思议。麦当劳、肯德基是小孩子的最爱，重视健康养生的中老年人却避之不及。苹果手机是时尚青年的最爱，却被爱国精英人士所嫌弃。漫威好莱坞大片年轻人看了连呼过瘾，过慢生活的中老年看了直说"什么垃圾电影"……

有电影业界人士总结过，"如果吸引进电影院的第一批观众并不是电影的核心受众，不是喜欢这个内容并会为它说好话的那批人，就很容易导致负面口碑出现。由于这种目标顾客的'错配'而损失掉的市场总票房高达30%"。

实施口碑传播策略，一定要克制贪大求全的欲望，一切传播最终都要聚焦到目标顾客，目标顾客感觉好，才是真的好，才有好口碑。非目标顾客应坚决舍弃，也不必顾虑非目标顾客的负口碑。

☞ 搞定KOL(关键意见领袖)，是口碑传播策略的关键

KOL是指对特定人群的购买行为有较大影响力的人，KOL是品牌学、营销学、传播学中的重要概念。

KOL分为两大类：一类为特定行业领域内的专家/学者/"达人"，这类KOL长期关注能力圈内的新旧品牌，易接受新事物，有权威性，但其影响人群相对有限；另一类KOL为明星/名人（包括"网红"）/自媒体人，这类KOL"粉丝"众多，影响人群广，但不太关心具体企业产品。

这两大类KOL各有所长，共同特征是都深受特定人群的信任。企业必须想方设法搞定这两类KOL，让他们有意无意成为核心口碑传播使者，引发核裂变。通过KOL的忠诚"粉丝"及"粉丝们"的交叉传播，引发第二级第三级甚至第n级口碑传播，推动"病毒式扩散"，让品牌名利双收。

第一类KOL数量有限，专家学者们商业气息不浓，只要产品真的好，只要积极并持续沟通，他们乐于主动评价、主动分享观点（尤其是行业"达人"，他本人可能就是你的顾客、种子用户，要用心维护），某些费用当花就得花。但鉴于他们影响的人群有限，我们品牌传播人员应主动利用各类传播渠道扩散他们的相关评价信息。权威为你"站台"，为你发声，要尽一切力量让顾客知道这一点。

第二类KOL数量多，且很牛。我们应精选可能合作的"网红"、自媒体人、明星名人，该花钱的还得花钱，该公关的公关。这类KOL的产品类发言很谨慎，很少有自发性口碑，多数是商业性口碑推荐合作。我们营销公关人应主动为其写好相关信息，只要他们的微博号、公众号、头条号一键上传/一键转发，或几句简短的评价就可以了。

这是KOL口碑至上的信息社会，用诚意、用人脉搞定n个KOL，让n个KOL为你发声，口碑传播就成功了一大半。

☞ **配套营销传播策略的跟进实施**

KOL口碑推荐的确是品牌口碑传播策略的重头戏，但仅靠KOL口碑远远不够，还需要常规广告、促销、公关活动等各类品牌传播手段的同步跟进配合。特别要重视权威网络媒体的新闻报道及专业评论，与口口相传、一键转发的口碑传播遥相呼应，相得益彰。

☞ 正口碑的强化运用与负口碑的弱化管理

专家、学者、明星、网红们的正口碑，就是品牌的权威证言，应尽可能成为文案策划、广告创意、新闻报道的素材，将 KOL 的正口碑价值发挥到极致。

因各种原因产生的负口碑，应尽一切可能第一时间扼杀，防患于未然。好事不出门，坏事传千里。网络上的负口碑言论，应尽量合理合法地删帖。实在删除不了，可以用大量正口碑言论大面积覆盖，降低负口碑信息的目标顾客接近率，最大限度缩减负口碑的影响面。

口碑传播，相对于纯广告、公关活动、事件营销等品牌传播手段，行业的适用面更广。

对于 B2B 品牌，采购、招投标决策，专家学者 KOL 的口碑推荐，意味着权威与理性，很大程度上影响着相关评委、决策人员。

对于 B2C 品牌，KOL 及顾客的好口碑，是企业持续发展的基础条件；高信任、低成本的口碑传播手段，是衣、食、住、行、玩、乐、教、用等绝大多数 B2C 品牌的重要传播策略，更是从 0 到 1 品牌的优先级传播策略。只有那些消费者关心度低的低价值的商品，例如拖鞋、袜子，企业的口碑传播策略不太重要，因为 KOL、目标顾客们都懒得"吐槽"、懒得口碑传播。

电影、电视剧、综艺节目、小说等内容品牌，餐饮、景点、主题公园、演出等现场体验类品牌，KOL 及顾客们对其有自发评价、自发性口碑传播的天性，企业的口碑传播策略尤其重要。此类企业应该引导性口碑传播＋自发性口碑传播策略双管齐下，并将其上升到品牌传播战略的高度。

在人人皆媒体，人人皆网络社交的信息社会，口碑传播，特别是网络口碑传播，比我们大家想象的还重要！

十三、数据库营销传播：
组建、分析与精准沟通

广告传播、公关传播、人际传播都要针对特定的顾客群。如果你的顾客只有几个、几十个或几百个，仅凭大脑的记忆就够了，无需数据库。但如果你有成千上万，甚至上百万、千万的海量顾客，没有数据库和数据分析工具，你怎么可能与顾客精准沟通？品牌怎么能精准传播？

数据是基石，广告、公关是手段。大数据时代，在互联网与数字技术高速发展并日渐成熟的时代背景下，熟悉、了解、掌握数据库营销传播，应是品牌营销人的基本功。数十年前，自从有了计算机办公软件（以微软的 office 中的 excel 为代表），基于数据库的品牌营销传播就已萌芽。

网络时代，一切皆数据。文字、视频、音频是数据，我们浏览网页的地址、时长、位置也是数据。只要我们离不开手机、离不开 App，我们的消费心理及行为就几乎无隐私可言，逃无可逃。

淘宝、抖音、百度都根据用户的浏览，进行了大数据即时计算，千时千人千面，精准推送相关信息/广告，这就是数据库精准营销的力量！

基于庞大的用户数据库，精准投放的网络广告高速成长，成就了阿里妈妈、百度联盟等第三方网络广告巨无霸平台。

对甲方品牌营销人而言，网络广告联盟固然要利用，但不能单纯依靠这些第三方网络广告传播平台。事实上，网络广告存在数据库黑洞、虚假刷单点击等问题，且问题很严重，尚无可解之道。数据库营销传播，要由品牌方自己来掌握，命运由己不由天，不能依赖第三方。

品牌打造方法

数据库营销传播，就是企业自身通过收集和积累顾客信息，经过分析筛选后有针对性地使用电子邮件、网络广告、电话、短信、信件等方式与目标客户交流沟通的营销传播方式。或者说，数据库营销传播，就是以与顾客建立一对一沟通关系为目标，并依赖庞大的顾客信息库进行短期品牌信息告知、促销，长期客户关系维护，提升品牌忠诚度的营销传播手段。

相比其他品牌传播手段，数据库营销传播优势明显。

（1）**低投入成本**。以顾客数据为基础，有的放矢，不会出现无效投入。

（2）**效果可量化**。网络广告、电话沟通等本身就可计算到达率、转化率等指标，效果可量化，更重要的是，数据库营销传播一般要有参照组与实验组对比测试，通过比较分析，可精确测量实验组的传播效果，甚至可精确计算出每次传播活动的投资回报率。

（3）**增强品牌忠诚度**。一对一沟通，或无限靠近一对一个性化沟通，强化了品牌与顾客之间的链接，增强了顾客满意度，增强了品牌黏性。

（4）**隐蔽营销更安全**。大众广告、公关人人皆知，数据库营销传播比较隐蔽，不会引起竞争对手的注意，避免了公开对抗，避免竞品有针对性地调整营销传播策略。

从大众传播到如今的分众传播、圈层传播，针对特定顾客的数据库营销传播的重要意义已无须赘言。

若干年前，企业组建顾客数据库并进行精准传播的技术难度高，费用多，数据库营销传播的确如海市蜃楼，可望而不可即。而今，事因时移，科技一日千里，技术上已经非常容易，关键在于我们如何组织实施。

组建、分析、精准沟通，此为数据库营销传播三部曲，步步相连，环环相扣，缺一不可！

☞ 组建有效顾客数据库

组建顾客数据库，是数据库营销传播的基础。看一个企业对数据库营销的重视程度，首先看该企业如何收集、甄别顾客数据，管理维护数据库。

（1）**收集：这是力求面广的过程**。TOC 品牌，尽一切可能收集众多顾客的众多信息，如年龄、性别、职业、收入、学历、爱好、价值观、电话、地址、邮箱、消费频次、消费金额、消费日期等，多多益善；TOB 品牌，客户数量少，客户资料相对简单，具体应包括行业、规模、地点、决策模式，以及决策相关人员的电话、兴趣爱好、行为习惯等信息。

企业应动用所有可利用的资源大范围收集目标顾客信息，老顾客可通过消费历史记录获取，潜在顾客信息可通过新顾客主动申请注册会员、新顾客主动网络询问/电话询问、异业交换顾客数据、合法购买顾客资料等途径获取。

所有顾客信息获取的前提是：顾客自愿，不侵犯顾客隐私权。

（2）**甄别：这是力求精的过程**。一方面，通过各种途径收集上来的顾客资料不一定真实，企业应该安排人手通过书面或电话复核、资料逻辑比较等方式全面或抽样检测顾客资料的真实性。各类顾客资料还可能存在交叉重复，要及时去重、清洗数据。

另一方面，也是更重要的，企业资源有限，不可能满足所有顾客的需求，而只能重点满足目标顾客的需求。针对收集上来的顾客资料，企业要根据事先锁定的目标顾客的生理、心理、行为特征进行筛选、分类，不吻合目标顾客条件的，该舍弃的舍弃，该忽视的忽视。

根据与目标顾客锁定条件的吻合度，以及顾客人口学特征、消费心理及行为特征，将搜集到的顾客资料进行分类，如 ABC 重点非重点客户分类、忠诚非忠诚客户分类及 RFM 客户分类。

> 品牌打造方法

对拥有海量消费数据的品牌而言，RFM客户分类法值得重视。

R：消费间隔（Recency），即最近一次距离上次消费的时间间隔。F：消费频次（Frequency），即一段时间（1个月/1年等）内的消费总次数。M：消费金额（Monetary），即一段时间（1个月/1年等）内的消费总金额。根据RFM数值高低，我们可以分别将R、F、M进行5等分、3等分或2等分，从而可将顾客分为5×5×5=125类，或3×3×3=27类，或2×2×2=8类。

以简单的RFM8类法为例，我们可以将顾客划分为：重要价值顾客（R高、F高、M高），重要发展顾客（R高、F低、M高），重要保持顾客（R低、F高、M高），重要挽留顾客（R低、F低、M高），一般价值顾客（R高、F高、M低），一般发展顾客（R高、F低、M低），一般保持顾客（R低、F高、M低），一般挽留顾客（R低、F低、M低）。

客户数量少的TOB品牌，及一些仅有几百或上千个顾客的生活服务业品牌，无须用复杂的RFM分类，根据消费金额将顾客简单分为A、B、C类顾客群即可。

每一个顾客类别都要精确界定，这一甄别环节不可或缺。不同顾客重要性类别的甄别、归类，直接影响到以后各种传播费用的投入比例以及终极品牌营销效能问题！

（3）**数据管理**。企业至少要拥有一套先进的CRM（客户关系管理）软件系统，方便大量顾客资料的录入、清洗、筛选、分类，同时要实时更新，这样的数据才有价值。从0到1的品牌，不可能拥有海量顾客，一般用excel数据处理软件就够了。

☞ 深入分析数据库

普通的CRM软件只提供数据录入、查询、更新等基本数据管理功能，大多没有基于顾客数据库的各类分析功能。没有了分析功能的数据库，就好像守着一块金矿而不知道怎样挖掘，如何发挥顾客数据库应有的价值与作用？

让数据说话。优秀的数据分析软件不仅有一些基本的数据处理、挖掘等功能，具备界面生动、简单易学、反应快速等特性，而且能提供预警、预测等高级功能。

人类已经进入 ChatGPT 人工智能深度学习时代，功能全面且价格低廉的数据分析软件一定不少，这对需要数据库品牌营销的创业者而言是个大利好。

企业必须拥有懂数据分析，更懂品牌营销的高级复合型人才，只有这样的人才，才能在客观的、冷冰冰的数据与复杂多变的顾客需求、形式多样的营销及品牌传播策略之间建立桥梁。

普通的数据分析包括趋势分析（了解过去）、比重分析（判断轻重缓急的依据）等，相对高级的数据分析包括回归分析、交叉分析等，特别是交叉分析在营销界被广泛运用。如分析顾客收入与需求、年龄与需求、职业与需求、性别与需求、学历与需求之间的关系等。

数据库中，年龄、性别、职业之类的顾客特征，以及消费日期、消费频次、消费金额等信息比较容易获取，难的是获取顾客群体的心理特征。特别 TOC 品牌，面对千千万万的顾客，如何判断他/她是价格敏感型的、追求情调的、热爱运动的，还是注重养生的？

我们只有通过数据挖掘技术，进行大量的分析归纳，才可能寻找出不同价值观、不同心理偏好特征的顾客群，并预测其未来消费行为。

例如零售业，分析顾客的购物清单，假设清单中 80% 的商品都是特价商品，我们就可以将其纳入价格敏感一群；追踪顾客的购买历史数据，发现某顾客常常购买低糖低脂食品、保健品等，我们就视之为注重养生一族。这种基于共同心理特征的数据挖掘分析（AI 大数据智能分析），代表着营销数据分析的最新方向。

每个用户所看到的淘宝页面推荐商品都不一样，是因为淘宝给我们每人的标签不一样，淘宝后台的数据分析及推荐算法很不一般。但是，

> **品牌打造方法**

当我们在淘宝购买某一商品好几天后,淘宝页面还是推荐我们已购买的商品,这是典型的无效推荐。淘宝等大数据分析师们的算法功力尚有待提升,如果能够根据用户过去、当下的购买行为,精准预测其未来的购买行为,那才是真正的高水平。

☞ 基于顾客数据库的精准沟通

通过大数据分析找出各种影响购买行为的因素,找出各类顾客群,一方面,能为产品设计、产品定价提供决策依据;另一方面,也是更重要的,我们必须根据严谨的数据分析,有针对性地采用多种品牌传播策略,最终达到拉拢新顾客、提升品牌知名度、促进品牌消费、维护品牌忠诚等目的。

理想状态下,我们应该为不同消费心理、行为的顾客设计不同的沟通策略,因人而异,投其所好,对每一位顾客进行一对一个性化精准沟通。但是受限于时间、费用及创意等客观条件,我们必须将顾客及沟通方式分门别类,以无限靠近一对一个性化精准沟通为目标。

与顾客精准沟通,要善用新的推广媒介。传统的商业信函邮寄已被时代淘汰,短信群发往往会被顾客所屏蔽,电话沟通虽然有效,但信息量传递有限且费人费时。

无论是定向网络广告投放、定向App通知、定向微信/QQ发送,还是Email定向发送,现代信息媒介的发展都为精确的数据库营销传播加油助跑!需要特别说明的是:笔者所强调的App通知/Email发送是定向发送给有现实或潜在需求的目标顾客,而不是社会上那种大海撒网、到处泛滥的垃圾Email通知,那是骚扰信息。

数据库营销传播最明显的缺点是有法律风险,主要来自数据源的合法性。通常来讲,B2B品牌的顾客数据,只要是通过正规途径(如市场监管总局、税务局、征信公司等)采购的,都是合法数据,基本上不存在法律风险。

对从 0 到 1 的新创品牌而言，顾客数量本来就不多，更要善用成本低、效果可量化的数据库营销传播策略，维护老顾客、开发新顾客，才有可能滚雪球式发展。

欧莱雅、认养一头牛、白贝壳、百草味、361 等品牌跟业内知名的数据库营销软件及服务公司南讯股份展开战略合作，将线上线下、公域私域顾客数据全面打通，数据库营销推广活动做得有声有色。

总体而言，拥有海量顾客数据的大品牌（如线上线下零售业、保险、电信、银行、航空业等），高毛利产品或服务品牌（如高端美妆品牌、服装品牌，甚至婴儿奶粉品牌，边际利润高的住宿、餐饮、娱乐、美容、教育等服务业品牌），以及顾客消费金额巨大的家电、汽车、房产品牌等，还有许多有一定客户数量的 B2B 企业（只有一个或几个客户的 B2B 企业不算），都应该组建并分析顾客数据库，并开展形式多样的精准品牌传播活动。

数据库营销传播，应该成为各行各业品牌打造及维护的标配策略。

十四、品牌异业合作：

互惠互利，资源互换，流量共享

这是"流量为王"的时代，而且是流量很贵的时代。所有的品牌传播策略，无论是大众广告、网络广告还是新闻报道、会议活动，无论是口碑传播还是数据库营销传播，都是为了获得顾客的注意，持续的注意，影响顾客认知，引发品牌消费，形成品牌忠诚。通俗来说，所有的品牌传播活动，都是为了流量，持续的流量。

每一项品牌传播活动或多或少都得花钱。有没有其他手段不花钱或者少花钱，就能够获得流量，提升品牌知名度，扩大品牌影响力？

品牌打造方法

有！那就是品牌异业合作推广，联合曝光、"吸粉"及变现，互惠互利、资源互换，流量共享！

异业合作一般是指两个或两个以上不同行业的企业通过分享各方拥有的资源，降低成本、提高效率、增强市场竞争力的一种营销策略。异业联盟、跨界合作、跨界联盟的含义与异业合作大同小异。

1. 异业合作的要点

（1）**品牌合作以"我"为主**。异业合作不仅仅是"1+1"两个品牌合作，还应该是"1+n"多个品牌合作，但应该以自己的品牌"1"为中心，尽量不要沦落为大牌的配角。无中心的第三方异业联盟、跨界联盟，可以加入，但不应该是品牌异业合作的主要策略。

（2）**合作对象必须是非竞争、同顾客特征品牌**。异业合作的前提当然是异业，我们一定要从底层分析与合作方的竞争关系，既竞争又合作的品牌很少见。同时，我们必须考虑潜在合作方顾客群体的相似性，顾客群体特征差异大的，没有合作的必要。异业而顾客特征相似、相同，才是我们理想的合作伙伴。

（3）**资源互换，流量共享是异业合作的本质**。异业合作必须有分享意识，只有我们愿意和其他合作伙伴分享自己的资源，对方才会拿出对等的资源与我们合作。共享资源，互换资源，互惠互利，让合作各方达到少投入、多产出的目的，这是异业合作最大的魅力所在。有不少异业合作平台网站，为各类品牌资源互换、寻找合作方牵线搭桥。

2. 异业合作推广的方式

（1）**顾客层面**。合作品牌之间可以共享顾客数据库，互推用户、"粉丝"。可将微信、微博、抖音等品牌号"粉丝"，以及天猫、京东品牌旗舰店"粉丝"相互推荐给对方，相互引流。

（2）**产品层面**。可以出联名款，可以实物互换，可以不同品牌产品组合包装。饮料与游戏品牌联名，饮料与食品品牌联名，食品与餐饮品牌联名，餐饮与住宿品牌联名，住宿与出行品牌联名，万物万业皆可联名。新消费品牌喜茶是典型的异业联名狂魔，2017—2022年，喜茶联名过的品牌多达70余个，包括美宝莲、爱奇艺、乐事、和路雪、太平鸟、杜蕾斯等。

（3）**媒介传播层面**。可以广告位置换，例如品牌网站、公众号、产品包装、营业场所等品牌自有媒体上相互投放对方的硬软广告；可以共同投放媒体广告，按比例分担广告费，比如按面积计费的户外平面广告，按时长计费的视频广告。

（4）**销售点传播层面**。线下实体店，产品以及易拉宝、展架、传单等现场POP宣传材料相互展示。线上旗舰店及直播间可相互展示品牌，相互站台引流。

（5）**活动传播层面**。线下讲座、沙龙，线上投票、转发之类的活动，合作各方都可以相互协助，相互宣传，相互赞助礼品等。

（6）**促销传播层面**。优惠券、折扣、促销品等相互让利促销传播，品牌之间可共享顾客会员积分及礼品兑换。购买A品牌产品可享受B品牌优惠券或折扣、赠品，反之亦然。

无论顾客、产品层面，还是媒介、销售点、会员活动及促销传播层面，品牌异业合作推广的方式多种多样，互惠互利、资源互换、流量共享是异业合作的本质。

实务中，品牌双方必须平等，门当户对，这是异业之间能够真正合作的前提条件。品牌影响力是否门当户对？品牌档次是否门当户对？品牌互换资源是否门当户对？

强强联合，才会有"1+1>2"的效果，量级匹配的品牌之间合作比较容易。以大带小，新旧合作，大品牌、传统品牌找新品牌合作容易。可是，从0到1的优势有限的弱小品牌怎么办？怎么开展异业合作？

弱弱联合，也是门当户对，这种抱团取暖的异业合作是一种方法。

品牌打造方法

各电商平台上，分摊广告费相互引流的各类新消费品牌的合作推广活动比比皆是。

弱小品牌的理想异业合作模式，毫无疑问是利用大品牌势能、抱大品牌大腿，弱强联合。

你可以动用一些人脉资源，认识大品牌异业合作相关负责人。人家基于交情，大哥帮小弟，可能会拉你一把。此类品牌异业合作，没有统一的量化评估标准，也谈不上徇私舞弊。

你没有对等资源与大品牌互换，大品牌可以不出钱、不出力，你可以多出些钱、多出些力，以弥补自身顾客、产品、媒介传播等资源的不足。大品牌基于总资源对等的考虑可能会与你合作。

你也可以在异业合作创意策划方面多下功夫，如果你的创意令人耳目一新，即便资源不对等，大品牌也可能乐于合作。一些品牌虽然知名，但已经老化，他们也需要与时俱进，与年轻的新生品牌合作，以活化品牌。

2023年，瑞幸咖啡与贵州茅台合作推出"酱香拿铁"，"美酒加咖啡，就要这一杯"，一时洛阳纸贵、火爆全网。对瑞幸而言，抱上自带流量的茅台这个大腿，名利双收。茅台更看重瑞幸咖啡的年轻消费群体，希望白酒消费年轻化（但高端定位的茅台自降身份与追求性价比的瑞幸合作，长此以往，可能得不偿失）。这次在产品层面、媒介传播层面各取所需的异业合作活动，很值得我们学习、借鉴。

互惠互利的品牌异业合作策略，理论上适用于各行各业。

快速消费品品牌：顾客数量庞大的食品、饮料、美妆、个人清洁、服饰等行业，品牌传播费用大，无论品牌大小，都有强烈的异业合作需求，以开源节流。无论各大异业合作平台的需求信息，还是现实中的异业合作推广案例，从顾客数据库、产品到媒介传播层面的快速消费品品牌异业合作最常见。

耐用消费品品牌：顾客数年，甚至数十年才消费一次的家电、家具、建材、轿车等行业，若每个品牌单打独斗，获客成本太高。顾客数据库共享、销售点传播合作、活动传播合作及促销传播合作等异业合作策略，应高度重视。

精神娱乐类品牌：视频、音频、小说网站/App、网络游戏等精神娱乐行业，自带媒介属性，且消费的边际成本为0，此类精神娱乐品牌可采用产品联名、媒介资源互换合作、会员卡赠送/优惠促销合作传播等异业合作策略。

生活服务类品牌：餐饮、美容、医疗、金融、教培、运动等线下生活服务业，受限于人们的生活半径，顾客数量不能无限扩大，我们要精心用心服务好顾客，更应优先并全方位运用顾客数据库、产品、区域媒介/自有媒介、销售点、会员活动及促销传播层面的异业合作策略。

下文以A美容院为例[①]，阐述本地生活服务类小品牌如何运用异业合作推广而大获成功。

某地A美容院，店内环境设施、技术服务都在当地属一流。但近一年经营下来，积累了100多位老顾客，业绩不温不火，店主发现居然没赚什么钱。

要赚钱，得先有客源。在投入少的前提下，只有精心策划执行异业合作推出策略，才有可能解决倍增客源的问题。

☞ 异业合作准备阶段

（1）A美容院制作了一套精美画册，内容翔实、图文并茂，具体包括：美容院简介、经营者简介、服务项目、店内环境、硬件设备、美容师资质、顾客特征、收费水平、在区域内的影响力等，尽可能挖掘总结出自身各方面的优势。

（2）详细绘制了"区域资源地图"，即以美容院为圆心，以500米、

---

① 该案例摘自网络，因无法查证原文出处，敬请原文作者谅解。

> 品牌打造方法

1000米、2000米为半径画图。按实际位置在地图上标注各类生活服务品牌门店，如酒店餐饮、健身中心、百货超市、珠宝首饰店、婚纱影楼、培训机构、医院、银行等。

（3）根据资源地图，参照美容院自身实力及区域覆盖力，评估潜在合作品牌量级、顾客特征相似性，以平等互利为原则，筛选异业合作方。

（4）对潜在合作方按照重要程度及可行性进行分级，制作拜访时间表。

（5）结合潜在各个合作方特点，找到关键人物及相应中间人，有的放矢制订各个合作方案。

经详细考察并深入分析后，A美容院决定重点与当地一家知名餐饮企业——B酒店合作。通过中间人牵线，双方老板沟通互访，同时A美容院给B酒店女性高层赠送VIP美容年卡，双方结盟。

☞ **异业合作实施阶段**

A美容院之所以和B酒店结盟，主要是想通过品牌借力拓展新客，借助B酒店的知名度和影响力达到宣传自身的目的，同时还可以分享其顾客资源平台，吸纳新客源。而B酒店看中的是A美容院的忠诚顾客群体，以及双方的合作宣传。

其具体实施方案如下。

（1）VIP贵宾卡互通：持A美容院的VIP卡可在B酒店享受9折优惠，特价菜、包席和酒水除外；持B酒店的VIP卡可在A美容院享受8折优惠，特价项目和购买产品除外。VIP卡互通搭建了双方最基本的顾客数据库资源平台。

（2）联合宣传推广：造势有时候比做事更重要，所以双方联手推出一系列宣传活动。由于费用共摊，效用共享，所以花费不多，而且很好地火了一把。

1）双方在各自门面都挂上了合作品牌的牌匾。

2）共同出资在本地线上线下媒体发布结盟广告。

3）印制一批传单，宣传双方为此次结盟活动而推出的一系列优惠活动，由 B 酒店负责派专人派发。

4）B 酒店在门口广告栏中给 A 美容院一个专栏，允许其建立美容专版，可以发布有关饮食与美容、保健与养生的知识软文，以及美容院的简介和动态信息等。作为回报，A 美容院在本院临街门面前为 B 酒店也做了一个形象路牌广告。

5）A 美容院协助 B 酒店创办了《健康美食》月报，倡导绿色美食、营养美食和健康美食。A 美容院专设的《饮食与美容》专家讲座栏目，深受女性食客的欢迎。

6）A 美容院给 B 酒店提供一份美容菜谱，由 B 酒店负责学会制作。A 美容院用高档彩色铜版纸印刷制作的"美颜菜单"，单独附在 B 酒店的原菜单后面。"美颜菜单"包括美容菜品、美容靓汤、滋补粥品和美颜茶品四大类，既有精美图样，还详细介绍了每种美食的美容功效。

比较巧妙的是，在该菜单的眉脚处用阴影标注"以上美容食谱由 A 美容院荣誉提供"字样，这样既没有喧宾夺主，又抓住了女性顾客注意细节的心理。

饭桌上，通常都是女士优先点菜，女士又是礼节上的被照顾方，所以只要有女性顾客的酒席上，基本会点几个美容菜肴。这样精心的设计，很好地把握了顾客消费心理，不仅给 B 酒店创造了新的利润增长点，也显著提升了 A 美容院的美誉度。

（3）合作举办美容食疗节：美容菜单的推出，在当地餐饮界和美容界反响很大。于是双方借势发力，又策划了当地第一届美容食疗节，以"健康的美食创造美"为主题，弘扬饮食与美容的交融文化，经当地媒体大肆宣传后，A 美容院声望大涨，将此次结盟活动推向了高潮。

（4）促销活动联合推广：A 美容院和 B 酒店开展了一系列的联合促

销活动，如相互赠送对方优惠券，顾客凡在 B 酒店消费 100 元，均可获赠 A 美容院的 30 元美容现金券；同样在 A 美容院消费 100 元，也可获赠 B 酒店的 20 元现金券。双方为此制作了专门的现金兑换券，制定了详细的兑换制度。B 酒店在店内促销抽奖和老客户的答谢礼品中都使用了 A 美容院的产品和服务。

从 VIP 会员互通、门面/橱窗自有媒体广告互换、共同投放媒体广告，到美容菜单、美容食疗节活动合作、互赠优惠券联合促销，异业合作系统推广一气呵成！A 美容院不仅迅速提升了品牌知名度，一时间还增加了不少新客，新客人在感受了美容院的服务后，很多都办了卡，成为稳定顾客。B 酒店也获得了 A 美容院的一部分新客，美容菜单提升了客单价，合作宣传节约了成本。

A 美容院与 B 酒店双方互惠互利，资源互换，流量共享，真正实现了合作共赢！

十五、电商直播：既"种草"又"割草"

随着智能手机的快速普及、网络技术的高速发展，以 2016 年淘宝直播的诞生为标志，电商直播产业一路狂奔。2020 年，突袭而至的新冠疫情，导致线下实体消费加速下滑，线上电商直播产业加速发展。2020 年我国电商直播市场规模突破万亿元，2022 年超 3 万亿元（数据来自《2022 年电商直播白皮书》）。

电商直播是电视购物的 2.0 版。相比于传统电视购物，电商直播基础设施（包括支付、物流、电商平台）更完善，直播商品品类更丰富，直播形式更多样，顾客临场感、参与感更强，电商直播市场规模理论天花板更高。未来若干年内，电商直播必将持续高速发展，电商直播占社会总零售的比例约为 10%，甚至 15%、20% 都有可能。

电商直播,与网络广告、口碑传播一样,应该也必须成为绝大多数品牌传播及销售的标配。

传统品牌营销模式下,传播和营销多个环节相互独立、区隔。以一个公关事件为例,品牌方需要先策划并执行公关事件,事件发生后媒体可能会进行报道,随后信息才可能传达至潜在顾客。潜在顾客关注了信息,可能会对该品牌产生兴趣,有可能会搜索该品牌的产品,最后才可能会选择终端进行购买。这么多环节,每一个环节都是品牌信息及传播速度的损耗,最终是顾客购买率的损耗。

电商直播模式,将多个环节简化成为一个:信息传播速度无延迟,购买行为无延长,品牌信息传播与销售二合一,顾客信息接收与购买行为二合一。无论是以淘宝、京东、拼多多为代表的"传统电商平台+视频直播",还是以抖音、快手为代表的"短视频/直播平台+线上购物",都是为了信息传播与销售链路的无缝连接。

为了想象中的美好生活,消费者,女性消费者,尤其是下层市场中低学历的女性,她们愿意在网上"逛",愿意被"种草"。电商直播,就是主播带着你一边聊一边逛,观看者能直接与主播互动,感受其他买家的踊跃参与,让原本一个人逛街变成一群人一起逛街,将个人消费行为变成了社会化消费行为。

二、三线城市及乡镇,本地没有那么多商业综合体和品牌实体店,她们所处的媒体环境和社交圈制约了她们所接收的品牌和商品信息。在直播中能身临其境地看到那么多高性价比或"新奇特"的好东西时,她们哪能克制住内心的兴奋感,哪能抵挡得了巧舌如簧的主播们的诱惑?

回想一下你对某件商品有点心动时,电商主播们是怎么踢出那临门一脚的?"不要980只要98""只剩下最后100件,只剩最后30件""马上下单,还可获赠价值88的×××""买到就是赚到""5、4、3、2、1,拍""MGD,买它买它就买它",等等。渴求利益、紧迫感和从众心理刺激用户快速下单。这对应了3个关键词:从众心理、紧迫感和利益驱

> 品牌打造方法

使。电商直播，通过各方互动和策略打造了社会临场感，再由主播的推荐和"粉丝"的支持启动了核心用户的第一波消费，增强了非"粉丝"的购买信心。限时限量优惠，持续营造紧迫感，把用户往"剁手"边缘推进。最后将威逼（错过了就是损失）、利诱（利益驱使）作为压垮骆驼的最后一根稻草——形成购买。

现代网络零售发展至今，经历了三次效率飞跃。

第一次飞跃是传统互联网电商模式出现，实现了货架数字化，可被展示和销售的商品不再受实体货架空间的约束，提升了购物效率。第二次飞跃是随着移动互联网兴起，算法推荐被引入电商领域，提升了人和货的匹配效率。第三次飞跃是电商直播带来的，它更真实地还原了消费者线下购物的体验，通过主播更自由的展示和讲解，迅速影响消费者的购买决策。电商直播将人们带入了视频时代，这是对网络图文货架时代的降维打击。

文字是抽象表达，视频是直观表现。对学历不高、欠缺抽象思维、并非社会精英的绝大多数消费者而言，一旦习惯了视频购物，就很难回到过去的图文购物时代。

电商直播不是一时热度，而是一种不可逆的趋势性变革。

电商直播，不仅仅是零售、销售，更是品效合一的传播。

基于品牌传播的视角，笔者将电商直播分为以下三类。

☞ 促销导向的电商直播

低价、低价还是低价，狭义的电商直播，就是隔着屏幕的现场促销，通过大声吆喝、降价、买赠等方式来促进商品快速销售。限时限量的大幅度价格让利，全网最低价或无限靠近全网最低价，是此类型电商直播的最大特点。

促销导向的电商直播，是过去几年直播初兴时的主流形态。无品牌或弱品牌的农产品、水果生鲜、珠宝等产品，价格低廉的日用小商品，挺适用低价促销导向的电商直播策略，这是对传统生鲜、小商品批发零售市场的降维打击。为了以较低的边际成本引流的住宿、医美、教育等生活服务类跨区域全国连锁品牌，也挺适用促销导向的电商直播策略。

食品、美妆、日化、服饰等中高端品牌，应该慎用促销导向的电商直播策略。因为此类电商直播强调的无论是绝对低价还是相对低价，都会降低品牌档次，会引发线上线下渠道价格混乱，会降低品牌竞争力、伤害品牌价值，无益于品牌美誉度、忠诚度的提升，无益于品牌壁垒的打造。只有在库存太多，不得不促销清仓，资金流断裂等不得已的情况下，才偶尔用此类低价促销导向的电商直播策略。

从 0 到 1 追求附加值的品牌，若资金尚可，没有必要进行低价促销导向的电商直播，因为此类直播顾客的关注点是价格、是商品，而不是品牌，这仅仅是短期销售导向的卖货而已。初创品牌若资金非常有限，为了现金不断流、为了企业生存，不得已阶段性采用低价直播策略，这情有可原。但品牌打造者心里应明白：低价促销导向的直播打造不了品牌。

☞ 品效合一的电商直播

品牌宣传与销售二合一，既"种草"又"割草"！这才是大多数品牌应该采用的电商直播策略。

品效合一的电商直播有三大特点。

第一，主播就是口播广告者。 直播间的主播不厌其烦地反复解说、强调产品优点、卖点，可以理解为现场版以 USP 独特销售卖点介绍为主的广告片持续轮播。电商直播间的访客停留时间往往只有几十秒，犹如繁华步行街的匆匆过客，新顾客一茬接一茬，你只能用喇叭反复地、机械地高声叫喊。那种在直播间消磨时间，一待就是几十分钟且有购买力的"粉丝"毕竟是少数。

品牌打造方法

　　第二，直播间就是广告媒体。从桌面产品摆放、背景墙到主播服装等，任何访客视觉所到之处，要尽可能有品牌Logo、品牌广告语等品牌宣传要素。只要网民逛到了直播间，无论你买还是不买，都受到了品牌方润物细无声的"洗脑"。

　　第三，坚持全网统一价，但不是全网最低价。特定时间段内，品牌产品全网零售同价，全网控价"不破价"，这是品牌打造的基本功之一。要品效合一，必须对直播顾客促销让利，才能提升转化率，才可能达到ROI投入产出合理。如何实现鱼与熊掌兼得？可以在特定时间段内实行全网统一特价，不厚此薄彼，所有参与的直播间都是最低价；也可以在全网统一零售价的基础上，在不同直播间购买产品赠送不同的促销品。由于促销品价格不透明，主播及顾客难以横向比较，自然不会出现全网"破价"现象。当然，当"6.18""双11"大促时，各个直播间简单粗暴的一定幅度的特价让利（全网统一）+促销品搭配，会大幅提升访客的下单率、转化率。

　　细心的你若长期跟踪观看各大头部带货达人的直播间，就会发现：纯低价的杂牌商品直播场次越来越少，不唯低价的知名品牌直播场次越来越多。这是直播达人转型升级的需要，也是品牌电商直播的主流趋势。无论是大品牌还是小品牌，兼顾短期利益和长期利益的品效合一的电商直播，逐渐成为新媒体时代的核心直播策略。

　　品牌直播策略制定者考虑的核心是：统一特价或优惠券让利的幅度；促销品品类及质量、数量的选择；如何平衡品宣与销售的尺度；如何制约直播达人们，保证现场执行不走样。

　　欧莱雅电商团队会给曾经的"美妆一哥"李佳琦准备好文案，这甚至可以理解为"表演脚本"，详细到某些具体的手势和姿势。欧莱雅希望李佳琦按照自己的品牌调性去展示产品、口播广告词，甚至要求李佳琦读出产品的全称。对欧莱雅而言，这种模式才符合品牌传播基本原则：系统性、一致性，"无论是平面广告、电视剧植入、广告大片还是直播，欧莱雅希望保持一致性"。但李佳琦的个人风格，已经超过了欧莱雅对一致性的承受边界。这最终导致双方保持了"礼貌的合作距离"，虽然李佳琦的职业生涯始于欧莱雅。

☞ **内容导向的电商直播**

这才是真正的品牌传播导向的电商直播策略，目的在于"种草"，顺便"割草"。主播们直播的不仅仅是产品，还应该有更宽广的领域：与产品相关的，原材料、生产场地环境、生产流程、研发实验室、产品使用场景；与组织相关的，企业价值观、团建活动、规章制度、办公室环境；与人员相关的，老客户采访、股东背景、员工素质、兴趣爱好等。总而言之，一切有利于增强产品安全感、品质感，一切有利于提升品牌信任度、美誉度的内容、故事皆可直播。

人们在网上"逛街"，听腻了粗暴的叫卖声，会更有兴趣围观各类"可演示的，有故事的，新奇特"的品牌信息。视频直播的感官刺激非常适合实时演示复杂产品的特色，包括家用电器的使用过程、彩妆前后的对比、家装产品模拟家庭场景和环境的搭配等。产品的背后是否有故事？类似QVC朋友式闲聊的直播模式，适合深度讲述高单价、高关心度的箱包、手表、珠宝类等奢侈品牌的故事。

一些品牌已经开始尝试以提升品牌影响力、竞争力为主的内容电商直播。品宣为主，兼顾带货，相信未来会有更多的知名品牌重视并实施内容导向的电商直播策略。从0到1的、资金很有限的品牌暂不必考虑内容导向的直播策略。品牌长期主义的前提是，你有足够的资金支撑品牌的长远发展。

对以上三大类电商直播进行比较，详见表1。

品牌打造方法

表1 三类电商直播的特点对比

电商直播三大类	直播目的	直播产品价格	直播内容	适用性
促销导向的电商直播	100%销售	最低价,无限靠近最低价	价格促销为主,产品介绍为辅	无品牌商品,品牌尾货清仓
品效合一的电商直播	50%销售;50%品牌	一定幅度的让利	产品介绍为主,价格为辅	从0到1的品牌、成熟品牌都适用
内容导向的电商直播	80%品牌;20%销售	正常价,小幅度让利	品牌故事为主,产品为辅	成熟品牌,高单价品牌

从品牌电商直播渠道角度,我们将电商直播分为第三方电商直播和品牌自播两大类。

☞ 第三方电商直播

每个直播间就是一个线上的百货商场,每个主播既是店主又是销售员,这是曾经最常见的电商直播业态。北京SKP的奢华,三里屯太古里的时尚,万象城的生活品质等,几乎全国著名的商城都有自身突出的特点。打造有个性、有魅力的主播个人IP显然也是建好主播商场的关键。

(1)简单专业可依赖的人设。拉近与消费者的距离,获取消费者的信任。曾经的淘宝直播主播薇娅的人设就是一个时尚宝妈,这样的设定让用户觉得很普通、真实,不容易产生反感。李佳琦则是"美妆达人"的人设,他的直播以在自己手上、嘴唇上试口红色闻名。经过一番苦心经营,他成功变成广大女性眼中的"精致男闺蜜"。董宇辉则是"幽默风趣、知识渊博"的人设,一边学知识一边卖货,一时成为抖音用户们的网购时尚。

(2)以人为主的私域流量。这些主播在经营的过程中逐渐积累了大量可变现的"粉丝",形成了庞大的不用付费、可以在任意时间、任意频次直接触达用户的渠道,即私域流量池。忠实的"粉丝"会跟着主播在不同平台上流动,这也是主播 IP 最大的价值之一。以李佳琪为例,他在抖音、淘宝和小红书上都开过直播,都有很高的观看量和订单量。很大一部分观众跟着他在各个平台间游走。

(3) **有激情的体验**。通过营造真实的购物体验让消费者持续处于冲动而亢奋的状态,为达成交易做好铺垫。提高直播临场感的方式很多,常见的方案有:①直播前的心理预期。消费者可能会提前参考资料,以便直播时更稳妥地决策,或者分享告知亲朋好友中有同样需求的用户。常见的通知消费者的方式是直播预告。一场电商直播大约 3 小时,多数用户不会在直播间待这么久,所以主播一般都会在开头、直播过程中和结尾处,或者其他公开的位置,如个人动态、"粉丝群"等位置,预告下期主打商品,这样能提前锁定对这些商品感兴趣的用户。主播们除了每天播出各品类的货之外,还可以有每个月特定的主题直播,配合电商热点节日相关的活动等,如美食节、"双 11"、圣诞节等。②直播时的真实交互。到了正式直播的时候重点就是打造"真实"的购物体验,其中最大的挑战就是充分利用好直播的实时交互性。人生如戏,每场直播都有提前规划好的脚本:卖哪些商品?顺序是什么?每样商品时间多长?这样商品通过什么形式介绍?怎么与观众互动?如果出现了什么样的问题应有什么样的应急预案?甚至需不需要场控管理秩序,烘托气氛等?把每场直播当成一场演出也不为过。

直播 IP 人设打造 + 身临其境的互动体验 + 严格选品,以及淘宝平台为树典型的流量加持,成就了薇娅、李佳琪等第三方超级直播间,这既是偶然也是必然。随后多年,有一定"粉丝"基础的明星纷纷尝试电商直播,但都无法触及薇娅、李佳琪直播间曾经的高度(2020 年这两位主播直播总成交额超过 579 亿元)。

头部百货商场式直播间数量毕竟有限,而且主播都在面临圈层化问题:不会再有人能够通吃所有消费者,垂直类电商直播才是未来。

> 品牌打造方法

在淘宝、抖音、快手各大直播平台，美妆类、服饰类、珠宝类、食品类、酒水类垂直直播间越来越多，知名的代表性垂直类直播达人层出不穷。以某酒水直播达人为例，除了酒水口味、酒瓶设计这些基础内容外，他还能讲出每一款酒背后的历史、技术，甚至某款葡萄酒诞生的年份法国和澳大利亚降水量的差异⋯⋯

品牌传播，首选与品牌定位、品牌风格相符的垂直直播达人合作，其次才与什么商品都卖的百货商场类直播达人合作，因为此类达人的人设及直播话术很难与品牌人设、品牌调性相匹配。

品牌商们与头部主播合作，可以快速收割"粉丝"购买力，并利用头部主播的影响力，强化或提升品牌力，但是弊端也很明显：巨额坑位费＋销售提成，费用不菲；低价销售，有全网"破价"风险；"粉丝"冲动购买，退货率高；为了高额佣金，不排除虚假刷单可能性。

根据相关报道，第三方电商直播退货率常常达到30%以上，女装品类的退货率甚至高达50%。其中，部分是消费者冲动购买，部分则是虚假刷单引发的退货。

与每一个符合品牌调性的头部"达人"低频合作，与每一个符合品牌调性的腰部、尾部直播"达人"高频合作，直播"达人"多多益善，直播场次多多益善，这是许多新媒体品牌传播者的追求。腰部及尾部直播"达人"没有坑位费，按实际销售额的比例（一般20%～30%）计算提成，有品牌宣传效果，还真正以结果为导向，这种合作方式广受品牌商的青睐。一般而言，虽然单场销售额难以比肩头部"达人"直播，但无坑位费的多人腰部"达人"直播ROI数据要好于头部"达人"。

☞ **品牌自播（店铺自播）**

品牌旗舰店直播间，由企业自己运营，或者找运营服务托管，直播间所有权仍在品牌商手中。

品牌自播有三大优点：①直播内容可控，无论是产品话术还是直播间背景与其他直播内容，都能为品牌加分，执行不走样，不会出现李佳琦个人风格与欧莱雅对品牌一致性要求之间的博弈。②直播人员可控，无论是自己雇佣的还是托管企业的工作人员，都不是直播间的主人，都肩负 KPI 考核指标，都可以随时换人。③可积累"粉丝群"，这才是品牌自播相比于第三方"达人"主播最大的优势。品牌直播间的关注者及购买者，基本是品牌的忠诚消费者，是宝贵的品牌资产。通过第三方"达人"直播，固然可以带来销量，但"粉丝"都沉淀在第三方直播间，品牌方不能与"粉丝"直接进行长期的沟通。

细水长流的品牌自播，直达消费者，与电商平台里的品牌旗舰店一样，是直播时代有一定资金的品牌打造及传播的必由之路。

品牌自播为主，第三方直播为辅，将是许多大品牌、DTC 品牌的主流电商直播策略。2021 年，品牌自播已经占到淘宝"双 11"直播成交量的 60%，美妆类、服饰类品牌的巨头直播时也常吸引百万观众。图文购物时代成长起来的"淘品牌"三只松鼠，品牌自播场次已经超 1000 场。直播时代崛起的新国货品牌认养一头牛，在天猫、抖音、快手三大平台都拥有直播间，每个直播间有 6 名工作人员且每日三班倒，年品牌自播场次超 3000 场，直播营业额占总额的比例超过 20%！

截至 2023 年，可口可乐、宝洁、欧莱雅、小米、美的等国内外大品牌都已经在抖音、淘宝开设直播间，时代潮流不可阻挡。

从 0 到 1 的品牌，该如何策划并实施电商直播策略呢？以下五大步必不可少。

第一步，调查分析。顾客画像，品牌定位，电商直播行业现状、问题，头部、腰部、尾部直播"达人"名单，直播合作条件，直播费用预算，产品库存数量，供货速度，特别是直播费用预算，这是从 0 到 1 的品牌电商制定直播策略乃至任何传播策略的关键考量点。

第二步，制定目标。若经费资源有限，则小步慢跑，稳步推进，品牌与销售目标兼顾；若经费充足，则可以高举高打，饱和攻击，品牌影响力目标优先,销售与利润目标其次。

第三步,系统策划。首先,直播阵地选择:淘宝?抖音?快手?京东?拼多多?初创品牌一般应以淘宝、天猫为主阵地,以抖音、快手平台流量入口为辅。若是单价低、性价比高的初创品牌,以抖音或快手为主阵地,也是一种选择。

其次,直播渠道选择:品牌自播?第三方直播?经费有限的初创品牌,一般选择第三方直播。是集中兵力选择第三方头部"达人"直播?头部垂直"达人"直播?还是蚂蚁雄兵般布局腰部及腰部以下垂直"达人"直播?集中兵力搞定头部主播,可能会迅速成名,但也可能血本无归。选择头部"达人"直播,可能会让一个尚未出名的品牌一夜之间获得千万元级销量,但也有可能投入产出比惨不忍睹。不急于求成,蚂蚁雄兵般的多人多场次直播,可以多点触达消费者,点点滴滴积累品牌影响力,这是比较稳妥的选择。

最后,直播内容策划:产品选择?促销方式?直接降价、赠品还是优惠券?品效合一导向还是品牌及产品故事导向?初创品牌,既要生存又要发展,应以品效合一导向的直播为主,以立足长期的品牌故事导向为辅(有故事的品牌容易传播),应保持理性,尽量不走纯低价促销导向的电商直播,因为这是做销量,不是做品牌。

第四步,组织实施。电商直播,既"种草"又"割草",应该由品牌理念导向的创始人或相关负责人直接指挥、执行,不能由短期业绩导向的销售人员组织落实。

如何搞定第三方主播,特别是头部主播?这是小品牌电商直播策略执行中的最大难点。

电商主播是否接单,主要考虑三大因素:产品是否有卖点、是否与众不同(这是说服"粉丝"的关键)?是否全网最低价(这是主播为"粉丝"利益考虑的基本人设,也是"粉丝"们下单的主要动机)?销售提成比例有多高(利润最大化,是主播们辛苦工作的终极目的)?

用一两句话概括产品的卖点和特点，这是品牌人的基本功，这相对容易。

全网最低价？这千万不能答应，因为这与品牌统一价至高准则相冲突。品牌一旦"破价"，覆水难收，网络上就会留下痕迹，其他主播用比价软件一查就知道了，品牌价格体系就会被打破。那怎么办？三条路：其一，为头部主播定制产品，或改变规格，或改变包装设计，或联名款等，让该产品独一无二；其二，制定一个虚高价，主播直播时统一特价或统一发优惠券，每个主播都享受全网最低价，都是最低价之一；其三，全网统一直播价，在直播价基础上，不同主播的直播间赠送不同促销品，统一价减去促销品就是最低价，不同直播间之间的真实底价无法比较。尤其是第三条思路，已经被大大小小的品牌越来越多地采用。

快速消费品，一般直播销售提成比例为20%～30%。若该直播"达人"影响力巨大，可以一直提高提成比例，40%、50%、60%，乃至90%、100%！只要将额外增加的销售提成视为广告费，那就释然了。20%～30%的提成，一些头部主播或许不会动心，当你加码到90%～100%的时候不相信她/他们不会动心！当然前提是好产品，且品牌不能"破价"。当年新国货美妆品牌花西子崛起时，听说给李佳琦的销售提成是100%，卖的钱都是他的！后来，花西子品牌越来越强势，给美妆直播"达人"的销售佣金一降再降，低的只有20%～30%。

初创品牌要与头部主播合作，不仅要考虑上述产品卖点、全网低价及主播利润三大因素，还得考虑信任因素。人脉引荐，可迅速建立信任；没有人脉，那只能通过检测报告、媒体报道、顾客证言等品牌担保手段逐步建立信任。

第五步，配套跟进。品牌营销讲究系统性，单靠电商直播策略无法打造品牌。网络广告投放、网络媒体新闻报道、微博、小红书、知乎、贴吧图文"种草"，以及抖音、快手、哔哩哔哩短视频"种草"，这些都是新媒体时代常规的配套推广手段。另外，电商直播，可能会一场销售百万元、千万元，也可能远远不如预期，这对供应链是极大的挑战。销售出奇火爆，若备货少，那工厂必须有快速生产、快速交货能力；销售额非常低，若备货多，那必须有其他销售预案来清理库存。

电商直播，是食品酒水、美妆个护、服饰鞋包等高频消费新品牌打造及销售的主要方式。

但是，低频高价的品牌产品，例如建材、家具、家电，就不太适用电商直播策略，因为顾客对这些商品有复杂而慎重的决策过程，很少因为主播们的激情话术而冲动购买。

非跨区域连锁的本地生活类品牌，例如餐饮、住宿、美容等，受限于商圈和服务半径，也不宜将电商直播作为主要传播及销售策略，因为本地生活业态无法发挥电商直播的无边界优势。

十六、打造品牌信任：如何让顾客相信你

王婆卖瓜自卖自夸，这是推销，顾客不一定相信你。只有顾客说你好，才是真的好，这就是品牌。顾客为什么会说你好？基于顾客的使用体验，更基于顾客对品牌的信任。

品牌有"三度"：知名度、美誉度和忠诚度。品牌有"三认"：认识、认知和认同。"三度""三认"的基础都是品牌信任。

信任是一切交易或交换关系的基础。品牌信任，是顾客对企业产品及服务可靠性的感知，是顾客购买意向的决定因素之一。品牌营销的重点在"信不信"上，其次是"值不值"。人们信了，自然就觉得值了；不信，再好的东西，人们也不会购买。

品牌信任体现着一种安全性、可靠性，包括产品品质的安全性、可靠性，以及企业承诺（不仅是对产品品质的承诺，还有对价格、品牌定位、品牌人设的承诺等）的可靠性。

品牌为什么要赢得顾客的信任？因为所有顾客都缺一样东西——安全感。心智缺乏安全，是人们心智七大规律（缺乏安全、分类存储、厌恶混乱、容量有限、关注差异、抗拒改变、倚重反馈）中最基本的一条。

如何给顾客以安全感，赢得顾客信任？如何让顾客相信你？利用品牌背书打造品牌信任状体系，突破顾客的"信任屏障"。

打造品牌信任状体系常用的方法：基于第三方权威、基于客户证言、基于企业与产品、基于顾客心理动机、基于营销传播手段。

☞ **基于第三方权威**

权威有一种天然的让人自愿服从的能力，令顾客产生天然的信任感。常见的有权威专家、权威媒体、权威机构、权威典籍四类。

（1）**权威媒体**。利用权威媒体在人们心目中的优势地位和势能，证明自己的品牌是有实力、值得信赖的。权威媒体包括中央电视台、新华网、人民网以及众多的行业权威杂志、网站等。合作方式可以多种多样，例如与中央电视台合作的形式有：大国品牌、上榜品牌、战略合作伙伴等广告类合作。更佳的方式是利用权威媒体的采访、报道、专题等进行公关合作。中央电视台播放的纪录片《舌尖上的中国》系列直接带火了不少餐饮品牌。

（2）**权威专家**。寻找行业专家，利用其专业形象给品牌背书。人们总是愿意相信权威，权威很多时候胜过口碑，这符合人性。同样的话由他们来说，效果绝对不一样。我们经常看到有各种专家"站台"的营销活动，没有专家，谁会相信你的功效更好呢？网络"大V"、各路"网红"，从某个角度来说也是权威专家，至少对关注他们的"粉丝"而言是这样。

（3）**权威机构**。通过各种权威机构组织所颁发的奖杯、证书、认证标志来表明品牌所获得的某种资质或能力。若能通过权威机构的检测，检测报告本身就意味着品质安全。若产品技术、配方、设计等源于国内外权威机构,产品就自带权威光环。

(4)权威典籍。如果你的产品跟典籍、国内外权威出版物有关联,那是得天独厚的先天优势。

☞ 基于顾客证言

"金杯银杯不,如顾客的口碑"。顾客的口碑证言胜过企业销售人员的千言万语。已购买的顾客对产品良好的正面评价,是非常有力的信任背书。

如果是电商品牌,则可以给予对产品有好感的老顾客一些奖励,让他们来撰写、拍摄一些关于产品使用方面的正面评价文字、图片、视频,把这些放在产品详情页、转化页。在做购买决策的时候,很多人会习惯性地进行电商站内站外的搜索,关注各问答平台、微博、百度百科、豆瓣、新闻源等各类新媒体的文章、图片、视频下一些顾客的真实评价。这些评价会对目标顾客的决策产生非常大的影响。

消费者的购买决策会严重受到网络社区(知乎、微博、豆瓣等)信息的影响。有数据显示:在消费者购买之前,60%以上的消费者会查阅产品评论,如果产品没有评论,消费者就少了一个获取产品评价的来源。

如果是B2B品牌,若你的客户中有华为、美的等知名大企业和政府机构,若能让这些政企单位的重要人物现身说产品,或者有这些单位的中标/入围供应商证明,比什么销售术语都有效。

☞ 基于企业与产品本身

(1)企业股东与管理团队是否有高人、知名机构?业界知名的投资机构及专业人士加盟,意味着企业的高起点,意味着实力保证。

(2)母公司是否为大企业?大企业的产品给人天然的安全感。在日用品行业，宝洁旗下的新品牌，在上市之初的 6 个月里，都可以获得宝洁出名的背书，帮助新品牌更快赢得消费者信赖。冰露纯净水，营销推广费用约等于零，但包装上的"可口可乐公司荣誉出品"几个字足以让顾客产生信任。

（3）产地是否稀缺？"我们不生产水，我们是大自然的搬运工"，农夫山泉用的是典型的天然湖水产地背书。伊利、蒙牛产好奶是因为它们有大草原的产地背书。好的产地自然资源代表更正宗、更优的品质。对于白酒、食品、饮料等品类，产地背书策略屡试不爽。

（4）产品历史是否悠久？各种老字号、老品牌，能找到历史依据的品牌，经过漫长历史的考验仍能存活，这样的品牌值得信赖。

（5）产品是否有专利技术，特别是发明专利？专利不仅仅是为了保护知识产权，也是产品特有品质的保证。

（6）能否提炼出供应链优势让顾客相信你？谁在支持你，决定了你的级别。产品的上游企业是否为知名大企业？购买的原材料是不是知名产地的知名品牌？代工的工厂是不是大厂？这些大厂同时给哪些大品牌代工？如果有，将这些大牌列举出来。有强大供应链级的业内大企业支持，从品质安全角度来看，你的品牌已经与大牌处于同一起跑线上。很多数码电子类小品牌，会拿富士康制造作为卖点来背书。许多服饰鞋包类新创品牌，会拿 LV、香奈儿等大牌同一代工工厂作为品牌卖点。

☞ 基于顾客心理动机

（1）利用从众心理给顾客安全感。从众心理是人们寻求安全，并节省脑细胞的本能反应，深植于基因中。在广告诉求上表现为宣传"更多人用，更受欢迎"等概念。让数据说话，用数据背书，这仍然是利用了人性中的从众心理。例如，电商平台的销量、好评，新媒体平台的阅读量、"粉丝"数，直播平台的在线观看人数，线下的火爆场景，甚至雇

> 品牌打造方法

人排队、故意制造热闹的氛围等，这都是利用从众心理营销的升级版，再加上制造稀缺感与紧张感，让顾客觉得好东西大家都在抢，再不动手就没了！

（2）通过免费使用给人以安全感。新产品、新品牌，顾客不熟悉，会有天然的抗拒心理。但若是限定条件下的免费获得，那顾客的心理就完全不一样了。限定条件让顾客获得幸运感，免费使用充分诱发了人性中的"贪"，并将货币风险降到最低，这一直以来是最有效的商业模式之一。当然免费使用的前提是产品品质过硬，并且顾客能够感知这一高品质。

（3）利用评测试验、对比实验给人以安全感。通过对比实验，无论是网络直播还是线下现场演示，让顾客直接看到结果，增加品牌信赖感、安全感。

☞ 基于营销传播手段

（1）利用明星代言。明星、名人有天然的公信力。明星代言，以娱乐明星和体育明星为主，是大品牌用得最多的代言方式。知名"网红"电商直播，也是一种特殊的明星代言。知名"网红"直播卖货一举两得，不仅销量立竿见影，而且增强了品牌信任，真正实现了品宣合一。

（2）利用高势能渠道。一些高势能的渠道品牌也可以帮刚切入市场的新品牌提升信任感，例如新品牌能进驻万达广场、万象城、天猫等，消费者会认为该品牌比较有实力。

（3）与大牌合作。如果能与大牌合作搞活动、出联名款，成为某大牌的供应商，就可以宣称是某大牌或活动的合作伙伴。物以类聚，人以群分，顾客潜意识里会认为你也是大牌。

（4）通过赞助事件活动为品牌背书。成为正面的重大事件与活动的参与者、支持者、合作伙伴，将其高势能及影响力注入品牌。大的有奥运会、世界博览会、亚运会等，小的有省市级赛事、行业论坛、美食节等。

（5）日复一日的广告宣传。强打广告，强化消费者记忆，自然能增强品牌信任。一回生二回熟，众口铄金，只要品牌广告天天见，月月见，顾客自然会产生信任感。

如果你的企业实力雄厚、产品优势明显，上述这么多品牌信任背书手段，可以系统性、全方位运用，包括并不限于利用权威媒体、权威人士、明星代言、广告轰炸等手段。

但是，如果你是初创企业，正处于从0到1打造品牌的关键时刻，资金实力有限，不能运用权威媒体、明星代言、广告轰炸等常规手段增加品牌信任，那怎么办？核心策略是三个字：傍大牌！借用第三者的知名度和信誉，为新品牌背书。

产品层面，加工工厂是不是大牌？原材料是不是大牌？研发合作机构是否有知名高校实验室？让知名高校、知名代工厂、知名原材料供应者等合作伙伴为品牌背书。

渠道层面，你在哪个渠道卖？该渠道有哪些知名品牌入驻？最好你的产品、店铺边上就是非竞争性的大品牌。和哪类人站在一起，你就属于哪类人。

传播层面，若经费有限，不能长期与权威媒体、机构、名人、KOL等合作，那偶尔可以合作一两次。利用一两次的机会，留下文字、照片、影像等证据，放大合作事件，将这些文字、照片、影像用起来。让媒体、机构、名人、KOL为你的品牌"站台""背书"。

小企业做品牌背书，是为了增加品牌信任，能傍大牌就傍大牌。尽可能让自己的产品在大牌身边出现，就像你站在任正非、马化腾、雷军身边，即使再普通、渺小，也能收获完全超乎你想象的关注度与影响力。

十七、品牌策划书：七大步骤，三项注意

品牌策划，与营销策划、广告策划一样，不能纸上谈兵，得有步骤、有行动、有预算，得一步一个脚印落到实处。

实用的品牌策划书，因企因事而异，虽无一定之规，但剥丝抽茧，有迹可循。

无论什么行业、什么企业，品牌策划，离不开以下七大关键步骤：市场分析、目标制定、定位策略、识别策略、传播策略、组织与行动、经费预算。

☞ 市场分析

市场分析一般包括顾客、竞争及企业自身分析，即3C营销三角竞争分析：三只眼睛看世界，看市场。

顾客分析，包括顾客数量、特征、心理、行为、需求动机等方面，了解顾客的痛点，概括顾客人群画像，甚至预测顾客购买动机、消费行为的未来演变。B2B品牌侧重于组织需求及关键决策人物需求分析。

竞争分析，包括主要竞争对手/潜在竞争对手确定，竞争对手的目标顾客、品牌定位，竞争对手的产品、价格、渠道及传播策略等方面。要分析评估竞争对手在品牌营销、生产研发、资金\人才等方面的优劣势，甚至预测竞争对手未来的营销策略变化。

企业自身分析，包括分析自身产品、生产、研发、资金、人才、组织管理等方面的优劣势，特别要充分了解自身产品的特点、卖点，要客观评价企业自身各要素的优缺点，避免犯盲目自大、一叶障目的错误。

顾客、竞争及企业自身分析是品牌策划的基础，是基本功。没有这些基础分析，品牌策划就如盲人摸象，无处着手。

广义的市场分析还包括政治、经济、自然、技术等 PEST 宏观环境分析，以及行业现状、集中度、趋势等行业环境分析。

在以上分析的基础上，一般用 SWOT 及 KSF（关键成功因素）分析工具，进一步概括、提炼。

SWOT 分析即态势分析，将与研究对象密切相关的各种主要内部优势 (Strengths)、劣势 (Weaknesses) 和外部的机会 (Opportunities) 和威胁 (Threats) 等列举出来，并依照矩阵形式排列，用系统分析的思想将各种因素相互匹配加以分析，为品牌营销策略制定及决策服务。

优势与劣势是相对于竞争对手而言的，企业本身可以改变或提升；机会与威胁是对外部宏观环境及行业环境有利与不利因素的判断，企业本身无法改变与控制。

优势与机会是企业内外部一切有利因素的总结，是企业赖以成功的基础，是企业信心的源泉；劣势与威胁是企业内外部一切不利因素的概括，企业需要不断自我克服与提升，需要居安思危，需要客观冷静的品牌营销创意与决策。

基于 SWOT 分析法的品牌策划原则很简单，即十六字方针：抓住机会，避免威胁，发挥优势，克服劣势。但是，真正的品牌策略决策很不简单，因为企业面临的不是1个机会、1个威胁、1个优势、1个劣势，而是 N 个机会、N 个威胁、N 个优势、N 个劣势。从0到1的品牌，人、财、物都很有限，绝无可能面面俱到，那怎么办？

采用 KSF 分析法，权衡利弊和轻重缓急，化繁就简，找出1个或少数几个关键成功因素，这才是品牌策划真正的机会点、成功点。

SWOT 分析及 KSF 分析都属于定性分析，若有条件，最好还有图表形式的定量分析，例如通过问卷调查统计顾客的消费态度与行为。若有定量分析的辅助，市场分析会相对客观一些，说服力强一些。

当然，无论定分析性还是定量分析，事先必须收集大量的一手信息、二手信息做支撑。没有调查，就没有发言权；没有信息，就没有分析权。

市场分析，是品牌策划的第一步，是品牌策略的底层逻辑依据，必不可少。

☞ 目标制定

有目标才有努力的方向。长期的品牌目标即品牌愿景，品牌使命。每个品牌都希望基业长青，生命周期无限长。

品牌愿景是品牌打造者对未来的终极理想，终极展望，表达了创立者的立场与信念，阐述了"我们的希望和梦想是什么"。品牌使命表述品牌的责任与承诺，是品牌存在的理由和依据，阐述了"我们做什么"。例如，华为品牌的愿景是丰富人们的沟通和生活；品牌使命是提供有竞争力的通信解决方案和服务，持续为客户创造最大价值。特斯拉品牌的愿景是通过推动世界向电动汽车的转型，打造21世纪最具吸引力的汽车公司；品牌使命是加速世界向可持续能源的转变。

品牌打造者如果信心十足，志在必得，一开始就可以制定品牌愿景和品牌使命。如果没有十足把握，走一步看一步，那就不必制定长期的高大上的品牌愿景和品牌使命，毕竟连品牌能不能活到明天都不知道，但阶段性的品牌目标必须明确。

阶段性品牌目标，包括销售额（量）目标、盈利（亏损）目标、市场占有率目标等商业性目标，也包括品牌知名度、关注度、美誉度、忠诚度等无形资产目标。

制定阶段性品牌目标，必须遵循SMART目标制定原则（Specific，具体的；Measurable，可衡量的；Attainable，可达到的；Relevant，相关性的；Time-based，有明确的截止期限），尽可能具体、量化、准确。

从0到1的品牌打造，市场变数太多。要准确无误地制定品牌销量、市场占有率、品牌忠诚度目标，这几乎是不可能完成的任务。

退一步来讲，我们可以将每个目标设定三个层级：理想目标（最高目标)、争取目标、保底目标（最低目标），即便这三层目标之间的级差很大。

品牌策划，要拒绝"争取成为业内领先的有影响力的品牌""具有较高知名度、美誉度"那些模糊的目标描述。品牌策划，不能没有明确的量化目标。量化目标制定是品牌打造者的动力，也是压力。

☞ **定位策略**

定位，定天下。定位策略处于品牌策划的核心地位。定位策略具体包括目标市场定位、产品品类定位、产品功能特色定位（或情感定位）、价格定位及传播定位策略等。

目标市场定位。也称目标人群定位。必须有清晰的目标人群画像，尽可能多维度描述，尽可能明确界定年龄、性别、学历、收入、职业、地理范围，以及消费心理、行为等特征，越详细越好。聚焦、专注于特定目标人群，我们才能集中力量打歼灭战，品牌营销策略才能有的放矢、投其所好。"每个中国人消费1元，那总额就是14亿元""不能放弃任何一个顾客"，此类贪大求全，不懂放弃的口号误人子弟。"宝妈一族""时尚白领"，此类人群画像过于宽泛，远远不够精准。

品牌打造，从目标市场定位开始，从目标顾客的精确锁定开始。

产品品类定位。顾客先有品类需求，后有品牌选择。让品牌等于品类，让品牌成为品类代表，铸就高竞争壁垒的专业品牌，是品牌打造者的至高目标。大品牌有大品类定位，小品牌有小品类定位。从0到1的品牌，应实施二级乃至三级细分品类专家定位策略（一级品类定位，一般由成熟的大品牌占据），围绕细分品类研发系列产品，增强细分产品线厚度。将细分品类做深做精，小而美，你就是细分品类的王者。

产品功能特色定位。也就是独特的销售卖点定位（Unique Selling Proposition，USP）。品牌源于差异化产品。产品在功效、款式、包装设计等方面与众不同，能够满足顾客未被竞品满足的痛点，功能特色定位才是重要的定位策略。对大部分品牌而言，功能特色定位是基础定位，不可或缺，情感定位是锦上添花。对一些中高端品牌而言，则需要强化有品牌溢价能力的情感定位。

价格定位。也称品牌档次定位。根据产品品质及价格两个维度，品牌大致有四大类型的价格定位：①高品质高价格，即高档定位；②大众品质大众价格，即大众价格定位、中档定位；③高品质低价格，即性价比定位；④低品质低价格，即低端品牌定位。消费在升级，高档、中高档定位，存在机会；性价比定位，是多数消费者永恒的追求，机会永恒。但无差异的大众价格定位策略，是大品牌的天下，不建议采用；低档品牌策略，毛利低、质量低、美誉度低，品牌生命周期短暂，我们也没有必要考虑。

价格认知是消费者品牌认知中的重要组成。品牌零售价格管理，要在同一时间点，尽可能确保品牌产品全网价格统一，绝不能自乱阵脚，尽一切可能杜绝"网红"直播"破价"行为，这是品牌管理者的基本功。越知名越成功的品牌，越重视线上线下的产品零售价格一致性。

传播定位。也可以理解为狭义的广告定位。高度浓缩概括品牌特点/卖点，即定位点，用几个字的关键词，用简短的广告语，反复传播，最终在目标顾客的脑海里占据一席之地，这一席之地必须独特而有价值。传播定位的定位点，既可源于目标市场定位、产品品类定位、产品功能特色定位（或情感定位）、价格定位，源于品牌核心价值，也可以无中生有地从企业文化、借力竞争者等角度选择定位点。

传播定位策略，可以放在品牌策划书中的传播策略环节阐述，但目标市场定位策略、产品功能特色定位策略、产品品类定位策略及价格定位策略，必须明确。

☞ **识别策略**

品牌识别，一般指品牌视觉识别，即 VI 视觉识别系统，包括基本要素系统和应用要素系统。基本要素系统主要包括：品牌名称、品牌标志（品牌 Logo、标徽）、标准字体、标准色、吉祥物（品牌卡通形象）、品牌标语等。应用要素系统主要包括：办公事务用品、产品包装、广告媒体、建筑墙面、交通工具、衣着制服、旗帜、招牌、标识牌、橱窗、陈列展示等。

除了品牌名称、品牌标语（广告语）之外的 VI 视觉系统设计都是平面设计人员的职责。但是品牌名称取名和品牌标语创意，不能外包。

品牌名称是品牌的第一印象，是品牌的基础要素、核心要素。品牌名称是人们了解品牌的第一个接触点，是使用率最高、传播率最高的品牌核心信息。

之所以将识别策略放在定位策略之后，是因为一个优秀的品牌名称，应该体现品牌目标人群、产品品类、产品功能特色、产品利益、品牌愿景等至少某一方面的核心认知。如果没有明确的目标人群定位、产品品类定位及功能特色定位等，就几乎不可能有优秀的恰巧吻合定位的品牌名称。

品牌策划书的品牌识别，必须列举一个或几个经查询可注册的品牌名称，并说明该品牌取名的理由。现实中，品牌名称注册，即商标注册从申请到公告需要半年至一年时间，定位导向的品牌命名务必考虑这一时间差，尽可能提前策划、提前申请商标注册。

广义的品牌识别还包括品牌个性、品牌核心价值、品牌文化等心理层面的识别。这些长期心理层面的识别，对初创品牌而言，虽然重要，但不紧急，新品牌策划时可暂不考虑。

☞ **传播策略**

不传播，无品牌！品牌传播方式主要有广告传播、公关传播、人际传播、企业自媒体传播（包括产品包装传播）、会议活动传播、销售促进传播六大类。品牌传播策略，以定位为原点，在品牌识别的整体框架下，思考这六大类传播方式内部权重及相互之间权重比例的设定，以及文字、图案、视频等内容创意的与时俱进，这真正考验品牌打造者的功力。

不同行业，不同定位，品牌传播策略有很多种组合。对于从0到1的B2C品牌而言，品效合一的新媒体广告传播，软文发布公关传播，人际传播之KOL口碑传播、"网红"电商直播，产品包装传播，免费试用之销售促进传播，异业合作之品牌借力传播，这些投入较低、见效较快的传播方式值得重视。

由于资源有限，即便这些投入低、见效快的传播方式，也应该有选择地分阶段运用。从0到1的品牌，应采用一种传播方式为主，其他为辅的单点突破伞型推进传播策略，不应采用全面、系统的整合营销传播策略（整合营销传播策略适用于经费充足的大品牌、成熟品牌）。

品牌策划书中的传播策略，是原则性的、方向性的，不必细化。品牌传播是长期工程，是品牌策划及执行部门的日常工作，只有起点，没有终点。

☞ 组织与行动

什么人、什么部门、在什么时候、做什么事？只有清晰的、明确的组织分工及行动规划，才能保证将品牌策划真正落到实处。即便组织实施过程中存在很多变数，品牌策划者也应制定包含项目、责任人员（部门）及时间在内的行动进度甘特图，以周、月、季或年为单位。

从0到1的品牌打造者，必须精通品牌打造方法，市场分析、品牌定位、品牌命名及品牌传播策略，均应自主策划主导，不应外包。品牌文案写作，这也是品牌打造的基本功，尽量由自己或专兼职员工负责，不外包。品牌VI视觉识别系统、平面广告、视频广告，这些创意类设计才需要外包。如果市场分析、品牌定位等品牌策划的核心内容都委托外包，品牌打造者什么能力都没有，新品牌没有成功的可能性。纵观数十年的中国品牌发展历史，笔者尚未见证过品牌策划全案及执行由第三方品牌策划公司负责，企业坐享其成的长期成功案例。

☞ 经费预算

品牌打造，是高智商的脑力劳动，同时需要真金白银的投入。一些企业，舍得投入土地厂房、生产设备，舍得投入房租、人员，却舍不得投入资源打造品牌，这是典型的虎头蛇尾。真正的品牌打造，特别是品牌传播一定要投入，但产品生产厂房、设备不一定要投入，前期完全可以代工委托生产。

品牌打造经费预算，理论上有达成预算法、销售百分比预算法，现实中最常见的却是量入为出预算法，有多少钱办多少事。不该省的投入不能省。办公经费、人员经费可以省，品牌投入，特别是品牌传播预算绝不应该省。

从0到1的品牌，资金很有限，产品、设计、传播等方方面面都需要钱，哪些当花、哪些当省，非常考验品牌打造者权衡轻重缓急、利弊得失的决策能力！

从0到1的品牌，一切都是未知数，不可能制定精确的经费预算。我们可以设定最低预算、标准预算、最高预算，这三层预算对应保底目标、争取目标、理想目标。如果用最低预算实现了理想目标，那一定是精妙绝伦、丝丝入扣的顶尖品牌策划案。

撰写品牌策划书，要遵循七大步骤。但是，若没有深度调查研究，没有深度分析思考，很难写出真正优秀的策划案。

品牌策划书构思及撰写过程中，要特别注意以下三点。

其一，要注重多维度思考。多维互动，交叉思维。虽然品牌策划书按"市场分析—目标制定—定位策略—识别策略—传播策略—组织与行动—经费预算"这七大步骤线性展开，但我们绝不能停留在如此简单的线性思考上，我们要进行神经网络式、万向转动式交叉思考。要多维互动,多角度推理,因为从某种意义上讲,品牌打造是高智商推理游戏。我们可以以定位策略中的品类定位、价格定位为思考原点,推演出相应的品牌目标、经费预算;我们也可以以传播策略中的新媒体广告、电商直播策略为起点,推演相应的价格定位、品牌识别策略。

其二,要注意逻辑第一,创意第二。品牌策划需要创意,品牌名称、广告语、图文视频等,都需要创意,但我们不能被创意牵着鼻子走,而是要给创意戴上策略的紧箍咒。品牌策划过程中,底层逻辑的合理性、严谨性是第一位的。市场分析与定位策略、传播策略之间,定位策略与识别策略、传播策略之间,品牌目标与经费预算之间,是否逻辑严密、是否自相矛盾、有哪些逻辑漏洞?我们要不停地否定再否定,严密再严密,才可能写出可行的、拿得出手的品牌策划书。

撰写品牌策划书的时候,更需要严谨的数学逻辑思维,只有在组织实施的时候才部分需要艺术创意思维。

其三,要注意经费预算限制。经费预算,虽然表面上是品牌策划的最后一步,但实际上制约着前面的每一步。多数新创品牌,品牌打造经费都是有限的,经费制约才是品牌策划最大的镣铐。

经费有限,我们可能抓不住机会、避不了威胁、发挥不了优势、克服不了劣势。

经费有限,我们可能完成不了品牌的销售额、市场占有率目标、知名度目标,只能采用样板市场打造策略,却可能被竞品抢了先机。

经费有限,我们只能锁定特定的狭小的人群,只能聚焦于二级、三级细分产品品类,只能定位小而美。

经费有限,我们只能亲力亲为,策略、创意能不外包的尽量不外包。

经费有限,我们只能有限选择品效合一的新媒体广告、电商直播等品牌传播手段,我们只能采用小步慢跑式品牌传播策略,而无法高举高打快速打造品牌。

从 0 到 1 的品牌打造，九死一生，往往不是因为品牌策略本身错误，而是受制于经费。

理论上，打造品牌，首先得从撰写一份逻辑严密的品牌策划书开始。但现实是，初创企业绝大多数没有完整完善的品牌策划书。究其原因，不外乎品牌创始人不专业，写不出高水准的品牌策划书；市场与竞争环境、企业资金及人力资源等条件随时在变，撰写固化的品牌策划书没有必要。

初创企业的商业计划书一般标配营销策略内容，但不一定有品牌识别、定位、传播等品牌策划的核心内容。如果初创企业以打造出成功品牌为使命，那商业计划书中必须重点突出品牌识别、品牌定位等潜在投资人特别重视的核心内容。

无论多难，品牌打造者都应该有一份专业的、严谨的品牌策划书，因为这是品牌打造底层逻辑闭环的过程，是不断发现问题并解决问题的过程，是真正自我学习提升的过程。

如果企业内外部环境变化迅速，只要坚持品牌打造的差异性、系统性、持久性等基本原则，品牌策划书同样可以适时修改，应时而变。

品牌维护与发展篇

> 品牌打造方法

一、品牌诊断，整装再出发

品牌如人，成长过程中不可能一帆风顺，总会有各种各样的挫折、问题，我们会就此止步不前吗？不会！

人病了，怎么办？医生或望闻问切，或开出一堆化验单，找出病因，对症下药；品牌出问题了，怎么办？通过品牌联想、调查评估诊断，修正、优化品牌策略，整装再出发！

全方位、系统性地诊断评估品牌竞争力、健康度及未来发展潜力，应该包含六方面的内容：①品牌定位诊断评估。即明确消费者对品牌定位的认知现状，分析品牌定位的独特性、差异性和价值性。②品牌识别诊断评估。品牌Logo、VI识别系统是否需要优化？品牌个性、人设是否符合预期？③品牌传播诊断评估。广告、公关、自媒体、活动、口碑、异业合作等营销活动是否合理，是否需要改进？④品牌产品诊断评估。产品及包装优点是什么？缺点是什么？产品价格是否有调整必要？产品与品牌的关联度如何？⑤品牌现状诊断评估。自身及竞品的品牌知名度、信任度、美誉度、忠诚度、认同度如何？这些指标哪些需要优化，通过哪些策略手段才能优化？⑥品牌管理诊断评估。品牌架构是否合理？品牌延伸是否有可行性？品牌管理的组织架构、品牌管理制度如何优化？等等。

其中，品牌架构、品牌延伸、品牌组织、品牌制度等与品牌组织和管理相关的项目，我们应该采用"专家意见法"进行诊断评估。品牌定位、品牌VI识别、品牌传播等方面存在的问题，我们也应该多听听有资深专业背景的品牌营销专家们的意见。

品牌个性、人设，产品及包装，特别是品牌知名度、美誉度、忠诚度等方面，我们应该以品牌联想提问法为基础，采用"焦点小组座谈""问卷调查"等调查方式，获取相关品牌信息，客观诊断评估品牌个性、人设及品牌心智资产现状。

品牌强弱和品牌价值，本质上由消费者的认知决定。而消费者的品牌认知，源于品牌联想。

品牌联想是消费者品牌知识体系中与品牌相关联的一切信息结点，是消费者看到品牌所联想到的一系列事物的总和。当消费者看到、听到某品牌时，其记忆中能被引发出的对该品牌的任何想法，包括感觉、评价、品牌符号、产品特点、产品利益等，来自消费者日常工作、生活中潜移默化、日积月累的接触，如消费者自身的使用经验、亲朋好友的口耳相传、产品的包装陈列、媒体广告、新闻报道、专业人士评论等。

人们通过长期接触企业有关品牌营销的信息，在头脑中形成有关品牌信息的记忆网络。在品牌名称的外在刺激下，人们会激活头脑中已有的品牌联想记忆网络。

品牌联想有助于消费者处理和提取信息，实现品牌的差别化，产生积极的态度和感知，为品牌延伸提供基础。品牌联想反映了顾客对品牌的认知、情感和态度，同时也预示着顾客或潜在顾客未来的行为倾向。

正面的、积极的品牌联想与销售之间具有强烈的相互关联性。某市场调研公司证实：在食品饮料、日化美妆等行业，未经提示的提及率位居前三的品牌，实际销量也位居前三。

品牌经理人打造品牌时，应竭尽所能为品牌建立并累积正面的品牌联想，进而在消费者心中形成一个持久的、美好的品牌印象、品牌记忆，构建坚实的品牌竞争壁垒，巩固品牌市场优势。

没有品牌联想，就没有品牌认知；没有品牌联想，就没有品牌价值；没有品牌联想，就没有品牌竞争力！当说起某品牌，关于其属性、利益、态度等，消费者什么都联想不到，一问三不知的时候，说明这品牌不是品牌，仅仅是商品而已。

品牌打造方法

消费者品牌联想具体包括以下三个层面。

（1）属性（attributes）联想，即有关产品或服务的描述性特征联想，包括：①品类联想；②包装或产品外观联想；③产品品质联想或服务内容联想；④使用者——拟人化联想，该品牌的使用人群联想，如果将品牌比拟为一个人，是什么形象、什么性格的一个人？⑤情境联想，产品或服务的使用场景在哪儿？在什么时间？⑥价格联想，该品牌价格大概多少，属于什么档次？价格是特别重要的品牌属性联想，因为消费者往往是根据价格档次划分品牌的。

（2）利益（benefits）联想，即消费者心目中认为此产品或服务能够为他们做些什么，能带来哪些好处。包括：①功能特点、优点等理性利益联想；②感官、心理等感性利益联想；③社会认同、自尊、自我表现等象征利益联想。

（3）态度（attitudes）联想。品牌态度是消费者对品牌的整体评价，是形成消费者行为的基础。品牌态度包括品牌信任、喜好、崇拜等。

品牌存在于消费者心中，如何获取消费者对品牌属性、品牌利益和品牌态度的真实联想？下面所列举的提问方式，是专业市场研究公司开展"焦点小组座谈会"调查时常用的。

词语联想：提到某品牌时，你首先想到的是什么？你想到的三个形容词是什么？

心理投射：请闭上眼睛，想象你就是某品牌，你会有何种感觉？何种情绪？请选择颜色和画笔，画出你对某品牌的感觉。

拟人化：探索品牌个性，如果某品牌是一个人，试描述其特征，如性别、年龄、衣着外貌、性格、嗜好、生活习性、喜怒哀乐、社交……

隐喻及类比：探索品牌形象及个性，如果某品牌是动物，它会是哪一种动物？如果某品牌是植物，它会是哪一种植物？

拼图及填空：探索品牌联想，快速翻阅各种杂志图片资料，请指出

（撕下）与某品牌有关的图片。请填空完成对某品牌的描述。

开放式访谈及讨论：提起某品牌，你会联想到什么产品？你觉得某品牌是哪些人用的？哪些场合用的？为什么选择某品牌？如果你向朋友介绍某品牌，你会怎样说？

品牌心智资产，即品牌知名度、信任度、美誉度（喜爱度）、忠诚度，是量化检测品牌竞争力、健康度及发展前景的重要指标。

品牌未提示知名度：在不给予提示的情况下，当提到某品牌所属的品类时，消费者能直接想到这一品牌的比例（所谓的品牌回忆率）。未提示知名度的高低，意味着品牌认知程度的强弱。

品牌提示知名度：向消费者提示品牌所属品类中的所有竞争品牌（包含你的品牌），消费者认识某品牌的比例。

品牌信任度：在整个品类市场中消费者对某品牌的信任程度。

品牌美誉度（喜爱度）：在整个品类市场中消费者对某品牌的喜欢程度。

品牌忠诚度：在整个品类市场中消费者对某品牌的购买及重复购买程度。

如何测量品牌未提示知名度、提示知名度、信任度、美誉度及忠诚度？我们只要借助抽样问卷调查一定数量的目标消费者，进行统计即可得到相关量化数据。

详尽的调查问卷，应设定以下问题（以牛奶为例）。

请问您知道哪些牛奶品牌呢？（首先提及，单选）还有呢？还有呢？（多选，不提示）

除了刚才提到的，请问您是否还听过或见过以下某些品牌？（逐一读出品牌表上在前面提问中没有提及的品牌；多选，提示）

以上您看到过或听过介绍的牛奶品牌中，哪些品牌您比较信任？

> 品牌打造方法

（多选）

  以上您看到过或听过介绍的牛奶品牌中，您喜欢哪些品牌？（多选）

  在过去一个月内，您曾经购买过哪些品牌的牛奶？还有呢，还有呢？（多选，不提示）

  请问您最近一次购买的牛奶品牌是什么？（多选，不提示）

  请问您经常购买的牛奶品牌是什么？（单选，不提示）

  除了刚刚提到的您所购买过的产品外，请问您还购买过什么牌子的牛奶呢？（多选，不提示）

  您下一次购买的时候会考虑买什么牌子的牛奶？（单选，不提示）

  若经费、受访人员时间受限，我们可以进行简单版的品牌态度调查，只需要提三个问题：您知道某品牌吗？您购买过某品牌吗？您以后会买某品牌吗？

  品牌知名度高，复购率高，显然是忠诚度高的成熟品牌；品牌知名度高，复购率低，这是衰退品牌；品牌知名度低，复购率高，这是有竞争力的成长品牌；品牌知名度低，复购率也低，这是无前景的弱小品牌。

  品牌复购率，是品牌忠诚度的核心量化指标，该指标是消费者对品牌各要素所体现出的综合实力表示满意的结果，决定着品牌竞争力和成长前景。

  高复购率、低知名度的成长品牌，产品品质、品牌定位定价方面没问题，我们只需加大推广投入，特别是加大广告投入，以扩大品牌知名度为目标。

  低复购率、高知名度的衰退品牌，需要产品层面的改良，更需要品牌识别层面的品牌活化，甚至品牌定位的更改，以吸引新一代消费者。老树亦能发新芽。

低复购率、低知名度的弱小品牌，必须有一切推倒重来的魄力。知名度的打造不是重点，我们必须全面审视诊断品牌定位、品牌识别、产品特点、产品价格策略，进行系统性优化，才有可能破茧重生！

打造品牌不易，维护并发展品牌也不易。

我们应该随时（创业期）或定期（成长/稳定期一年一次）诊断品牌，评估分析品牌竞争力、健康度及发展潜力，与时俱进地改进、优化各类品牌策略。

道阻且长，行则将至。品牌诊断，整装再出发！

二、品牌接触点管理：

全方位触达顾客、服务顾客

品牌如人，品牌打造者希望：品牌就是时时陪伴在顾客身边，有亲和力，有依赖感，有高度信任的那个人。

如何才能时时陪伴在顾客身边？这就必须进行品牌接触点管理，全方位触达顾客，让顾客逃无可逃；全方位服务顾客，让顾客满意，让顾客离不开你！

顾名思义，品牌接触点是品牌与顾客能够接触的地方，包括顾客信息获取及消费体验过程中各个环节的接触点。品牌接触点管理，就是对顾客可能接触和体验到的关于品牌的一切信息，以及产品与服务的售前、售中、售后全过程进行管理，以提升并维护品牌认知度、顾客满意度、品牌忠诚度，实现品牌传播效果最大化及维护客户关系双重目标。

一个顾客，不管是使用你的产品，接受你的服务，还是去你的门店、官网等，他都会接触无数个点。例如去你的门店，那么你的户外广告、门店招牌、服务员、墙面装修、灯光、背景音乐、绿植摆放、各种

品牌打造方法

软装装饰、宣传设计物料、轮播视频等，这些都是品牌接触点。每一个接触点，都关乎顾客的认知与体验，你都得好好去规划。

每一个接触点，包括视觉、触觉、听觉、嗅觉、味觉及心理上所接触的每一个点的设计，都是为了提升或改善顾客的认知和体验而存在。

接触点管理不是要简单粗暴地去说服别人，而是要通过营造、优化一系列的接触点，自然而然、潜移默化地影响顾客的大脑，影响他的判断，影响他的购买决策。

顾客购买行为过程中，从引发需要、搜寻信息、评估选择、购买决策、产品使用到买后评价，有许多品牌接触点。这些品牌接触点有不同视角下的分类，具体可分为自接触点与他接触点（自己直接接触与通过第三方接触）；售前接触点、售中接触点与售后接触点；物质接触点与心理接触点；线上接触点与线下接触点；顾客接触点与非直接顾客（如中间商、媒体）接触点；常规接触点与创造性接触点；关键接触点与非关键接触点等。

基于实用性原则，重点介绍以下两类接触点。

品牌信息传递接触点，即企业统一应用VI品牌识别系统，采用统一的文字、图案、声音、视频符号表达并传播品牌定位、品牌内涵、品牌承诺等信息的场所。例如：新媒体广告、大众媒体广告接触点，新闻报道、讲座、会议等公关传播接触点，微博、微信、抖音等自媒体传播接触点，产品包装接触点等。行业专家、"网红达人"及亲朋好友的口碑，属于特殊的非商业性信息传递接触点。口碑接触点对顾客的影响力远超广告、公关等传播接触点。信息传递接触点管理，本质上与品牌识别及传播管理大同小异。

顾客行为体验接触点，即顾客自身参与并体验企业产品与服务的场所，属于自发性品牌接触点。例如：产品试用装接触点，现场销售及服务人员的形象、行为举止接触点，客服话术接触点，服务流程接触点，售后服务接触点等。这些顾客体验接触点，本身就是产品及服务的组成部分，从根本上影响顾客的购买决策，决定了顾客满意度。顾客行为体验接触点的设计与管理，对生活服务业品牌、耐用消费品品牌及 B2B 品牌而言至关重要。

以餐饮品牌（中餐）为例，新老顾客接触点都是品牌信息传递接触点，到店顾客接触点几乎都是行为体验接触点。

☞ 餐饮新顾客接触点

顾客场景：基于商务、社交、觅食等需求，人们往往会提前通过网络平台（如美团、大众点评、饿了么）、手机地图（如百度地图、高德地图）、搜索引擎等收集餐饮店信息，或询问朋友在某个区域有哪些吃饭的地方、菜品有什么特色、环境怎么样、人均客单价多少钱、是否方便停车、网友评价怎样，然后结合同行者的意见，最终决定去哪里吃饭。

品牌商家应构建并管理的接触点如下。

线上生活平台接触点：在美团、大众点评、饿了么等网络生活平台上全面发布店面、菜品和优惠信息。

线上信息平台接触点：在抖音/快手、58同城、赶集网、百度（贴吧、知道）、城市论坛等视频、图文 App 上发布相关信息，可以自己上传，更要利用美食"达人"打卡上传相关视频、图文。

地图或导航接触点：在百度地图、高德地图、谷歌地图等平台上标注标签，以方便顾客导航到店。

微信公众号及小程序接触点：通过微信公众号及小程序等，不仅可以点菜，而且可发布相关新品、促销信息、第三方报道信息等，扩大影响面，沉淀新老客户，建立私域流量池。

餐厅周边广告接触点：户外广告、异业合作、折页传单等，目的都是长期短期引流。

用户口碑接触点：老顾客"美食美味，环境服务好"的口碑是许多新顾客到店或外卖消费的重要决策因素，餐饮商家应高度重视美团、大

> **品牌打造方法**

众点评、饿了么等美食平台的用户评价。

☞ 到店消费餐饮顾客接触点

顾客场景：一行几人，开门，进店，服务员笑脸相迎，询问几个人就餐后直接引位，在客户落座后拿出菜谱点菜，等菜，上菜，就餐后服务员上前结账或去前台结账，离开。

品牌商家应构建并管理的接触点如下。

餐厅门头接触点：这是吸引新老顾客的第一视觉接触点，门面和招牌是餐饮店装修设计的重中之重。

等位区接触点：好的等位体验，才能更好地留住顾客（如海底捞等位区的免费零食、美甲服务有口皆碑）。

现场广告位视觉接触点：橱窗广告、门口海报/展架、店内液晶电视宣传片视频无声轮播，都会影响顾客。

入座体验接触点：顾客进入餐厅后是否有人带位？是否彬彬有礼，全程微笑？

点单体验接触点：手机点单、服务员点单，菜单设计是否精美？是否推荐介绍菜品？

上菜体验接触点：上菜的仪式感，是否介绍菜名？是否注意菜肴摆位布局？

用餐体验接触点：菜品的色、香、味、形如何？餐厅内部装修档次风格如何？用餐环境是否安静、舒服（背景音乐）？餐厅空气如何？餐具、餐巾纸的质感如何？桌椅的舒适度如何？卫生间的卫生及空气如何？

买单体验接触点：便利性如何？有无明细小票？收银员服务态度如何？收银台是否干净整洁？

☞ 老顾客维护接触点

顾客微信群接触点及顾客微信接触点。从顾客到店开始，通过扫二维码入群、客户经理主动加微信等形式,与顾客建立长期接触点。微信群接触点的核心内容是新品、优惠等信息触达,不必强调互动,无需打扰顾客(事实上,顾客几乎都将类似商家群屏蔽,只在需要的时候才打开)。个人微信接触点,除了节假日私信问候外,平时不能打扰顾客,在朋友圈发新品、优惠等信息即可。

工业品品牌,因客户数量少且理性,信息传递接触点数量少,但各个层面的客户行为体验接触点数量多。

☞ 工业品品牌相关接触点

与搜寻信息相关的接触点,主要包括网络搜索、展会搜寻、熟人介绍等。客户网络搜索占比高,通过展会获取信息的占比略有下降,通过熟人介绍的情况基本稳定。企业应通过组建、优化企业网站、微信公众号等企业自媒体,重视网络口碑和展会形象等接触点,传播产品及品牌信息。

与销售人员拜访或会面相关的接触点,主要包括销售人员的穿着、气质、谈吐,以及递给客户的名片、宣传册、产品样本、企业宣传片、PPT文件等。此类接触点,多数工业品品牌企业都非常重视,肯花精力和预算去管理与提升。

与客户高层考察互访相关的接触点,主要指客户高层考察地点的品牌化管理工作,包括厂区、车间、办公区、企业展厅及研发、销售等区域的视觉化管理与相应布置。客户高层考察是合作能否达成的非常关键的临门一脚。这类接触点是不少工业品品牌管理中的薄弱环节,要特别加以关注。

与商务活动相关的接触点,主要是邀请客户参加的企业年客户答谢会、技术讲座、行业峰会、各种论坛等。此类接触点直接影响着客户对企业的品牌认知。

全方位品牌接触点管理非常重要,那究竟如何进行接触点管理?以下五大步骤必不可少。

（1）**识别已有的和应有的品牌接触点**。从售前、售中到售后，识别顾客所有可能遇到的接触点，列出清单，不但要有销售、服务人员的，还要有财务、行政、工程人员的；不但要有人的，还有广告、产品、包装、建筑、车辆的等。凡是带有品牌信息并可能被顾客直接或间接接触的一切载体，都是品牌接触点。

（2）**评估品牌接触点**。对所有品牌接触点进行内部定性、定量评估，确定哪些管理得当，哪些尚有不足，需要改进。识别及评估品牌接触点可以采用以下三类调查评估法。

其一，顾客旅程法或称流程穿越法。将自己想象为顾客，以顾客的视角一遍又一遍地观察、体验并评估所有的接触点。

其二，公司内部员工小组讨论。先组织"头脑风暴"，多多益善，列出所有可能的顾客接触点，再群策群力，逐个评估各个接触点的重要性及存在的问题。

其三，邀请真正的顾客或行业专家识别并评估品牌接触点。顾客识别评估接触点贵在真实，但样本少，不一定全面。专家识别评估接触点，贵在经验丰富全面。

（3）**研究各品牌接触点对顾客的影响力，找出关键接触点**。对过去、现在和将来的顾客进行整体研究，确定哪些品牌接触点在顾客决策与体验方面影响最大，顾客主要的信息接触点有哪些，他们理想中的体验接触点有哪些。这些主要影响顾客决策行为的信息接触点及影响顾客满意度的体验接触点，就是品牌关键接触点。

不同行业、不同定位的品牌关键接触点截然不同：轻决策的食品饮料等快消品关键接触点可能是广告及包装；家具、建材等耐用消费品的关键接触点可能是门店产品体验及导购介绍；快餐品牌的关键接触点可能是点餐流程以及店员的一个微笑；工业品品牌的关键接触点可能是销售人员及专家推荐；高性价比定位的品牌，顾客的关键接触点比较少，

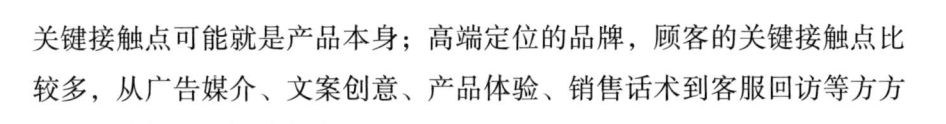

关键接触点可能就是产品本身；高端定位的品牌，顾客的关键接触点比较多，从广告媒介、文案创意、产品体验、销售话术到客服回访等方方面面可能都是关键接触点。

（4）**进行品牌接触点改善优先级排序**。改善每一个品牌接触点，都能提升品牌认知度及忠诚度。品牌信息传递接触点及体验接触点方面若出现任何闪失，都可能会为客户忠诚度带来风险，为竞争对手提供可乘之机。

改善品牌接触点，越是关键接触点越要优先考虑，同时必须兼顾品牌信息传递及体验不足的程度；考虑品牌接触点改善的成本及可行性。

（5）**制定品牌接触点管理行动计划**。基于重点顾客的调查、行业专家的判断及评估，以及内部相关员工的意见，品牌管理者应权衡利弊得失，审时度势制定品牌接触点行动计划。

所有品牌接触点的维护及改善，要责任到人。优先级高的关键接触点，要派精兵强将重点关注、限时改善。

品牌接触点评估及行动计划表，示例如下。

接触点	（顾客/专家/员工）现状评估	改善优先级打分	改善目标	责任部门/人员	完成时限
接触点1					
接触点2					
接触点……					

品牌不仅仅是产品，也不仅仅是传播，而是基于顾客心智的资产。任何影响顾客心智的品牌接触点（包括并不限于商标、包装、文案、人员、语言等），都应尽可能优化并触达顾客。这样一来，鲜明的令顾客满意的品牌形象，才会在潜移默化中塑就。

三、品牌控价，控住品牌生命线

打造品牌不容易，毁掉一个品牌却很容易。产品质量问题引发的社会舆论危机容易毁掉品牌，渠道价格失控同样会毁掉一个品牌。

品牌控价是指，品牌方自己或者通过第三方去发现那些产品批发零售价格低于限价的商家，采用投诉、警告、惩罚等手段，要求商家将相关产品下架或者恢复至限定价格。

维护品牌价值，就必须维护好消费者、批发商及零售商各方的利益链。如何维护利益链？各个环节的价格控制是关键！

品牌产品零售价格的控制是核心中的核心。优秀的品牌管理者一定是高度重视品牌控价的，会兼顾各方利益，小心呵护品牌价值、品牌声誉。

如果品牌控价不力，网店、实体店产品低价、乱价现象频出，这是品牌的灾难。

对消费者而言，品牌控价不力，会引发品牌认知混乱及品牌不安全、不信任感。什么样的品牌、什么样的价格，各就各位，消费者心里有杆秤。当品牌产品价格混乱时，消费者会出现品牌认知混乱：价格低，是不是假货？价格高，我是不是买亏了？与其担心货物真假、是否买亏，那还不如不买。消费者希望占便宜（品牌方可通过统一促销活动予以满足），更害怕吃亏上当！品牌不安全、不信任感一旦产生，品牌忠诚、品牌形象就会崩塌。

对分销商（批发商、零售商）而言，品牌控价不力，会引发渠道价格崩盘，各方无利可图。电商时代，批发零售价格越来越透明，若无控价，分销商们会陷入囚徒困境式的恶性循环：线上相互杀价，线上线下杀价，结果两败俱伤，辛辛苦苦换来一场空。天下熙熙，皆为利来，长此以往，无利可图的分销商们谁愿意卖货？

因为价格管控不力，让分销商失去信心——不卖货，顾客失去信任——不买货，品牌从此陨落，那太可惜了。

品牌控价，就是管控品牌生命线！控价成功，不等于品牌成功；但控价不力的品牌，一定是不成功的品牌！

纵观商家竞争惨烈的淘宝天猫、京东等线上电商平台，许多知名且成熟的消费品大公司的产品控价都非常到位：数十上百家的线上分销商价格与品牌官方旗舰店的零售价保持高度一致，相同规格的产品，与线下零售店的价格也保持同步。

品牌控价很重要，价格失控后果很严重，那我们该如何预防并管控价格？

（1）制定合理的分销商利润分配价格表。无论采用顺加法还是倒扣法，都必须给分销商留出合理的利润空间。行业不同，分销商对产品的利润要求也不同。例如，消费品分销商一般要求倒扣毛利20%以上，服装类分销商则要求倒扣毛利50%以上。纯网络销售的，可以忽略批发商环节的利润，但不可忽略设定合理的零售价差。如果是大品牌产品，可以设定行业内平均或略低于平均水平的利润空间，但小品牌则必须给分销商设定远高于行业平均水平的利润空间。

不管是线上还是线下，吻合各方利益的分销商利润价格表一旦制定发布，分销商们必须严格遵守，不得擅自调低、调高批发零售价格。品牌方与分销商签订的销售合同中，应该有价格限定相关条款，而不仅仅是企业内部的文件规章。

（2）制定严格的分销商惩罚政策。希望分销商各方长期遵守价格管理政策，这是品牌方的良好愿望。事实上，分销商们会因为资金、竞争、客户等问题有意无意地擅自降价或涨价，引发渠道价格混乱。品牌方的渠道管理部门，与分销商是不同的法律主体，理论上没有惩罚权。怎么办？品牌方一般会在销售合同里约定相关违约责任、惩罚措施。

  分销商违反价格政策的惩罚措施有：书面警告／渠道通告；取消经销权／零售权；收取履约保证金，罚金从保证金里全部或部分扣除；取消年度返利／扣点；降低综合考核等级等。

  同时，品牌方应慎用渠道激励促销政策。买赠（如买十送一、买三送一）、折让（如特定日期前进货价打九折）等渠道进货奖励政策，本质上均为变相降价，能不用尽量不用。分销商享受促销优惠政策后的动作，无非是囤积货源或相应降价出货，前者让分销商获取了非正常利润，后者则扰乱了市场价格。

  （3）品牌方应该设立品牌控价责任部门。 仅有分销商利润价格表和价格管控惩罚等制度，远远不够。国家法律法规很严密、很完善，仍然有钻空子的违法犯罪人员，必须有强大的公检法部门为后盾。企业也一样，品牌控价部门必须由企业最高层分管领导，承担市场价格监控、处罚相关单位及人员等职责。

  该部门一般从属于企业的督查部／监察部，拥有实权。因自身人手有限，品牌方督查部门常常会临时外聘神秘顾客进行分销商现场价格调查。若有低价销售者，督查部门会以谈话录音、拍照为证据，并根据经销合同处罚分销商。神秘顾客及督查部门专员除了基本收入外，还有发现价格违规行为的额外提成。违规惩罚与个人收入直接挂钩，这更能激发他们的工作积极性。

  在淘宝天猫、京东、拼多多等电商平台销售的各类消费品，企业督察部门应该有专人或委托第三方品牌控价机构负责长期监控。一旦出现分销商低价销售及侵权行为，督查部门必须第一时间调查取证，第一时间果断处罚，以防微杜渐。不能只处理经销商，还要处理零售商，否则会管控断层。不能只监控和沟通，一定要有断货、罚款等严厉处罚，否则同样管控不住市场。

  "保护电器保护人"的公牛集团，系中国民用电工龙头企业，拥有一级经销商3000家左右,线下渠道主要是五金渠道和装饰渠道,线上渠道包含京东、天猫等平台。公司推行线下"配送访销"的销售方式,协助经销商维护遍布全国的110多万家线下线上终端零售网点,强化渠道管控。

为了保护经销商利益,为了品牌基业长青,公牛集团极度重视品牌控价。仅2020年度,公牛集团线上线下发出价格违约通告1000多份。

公牛集团组建市场督查部,通过分布在各地的办事处明察暗访市场价格,还委托5家来自上海、杭州的第三方公司监督经销商的零售价。一旦核实有窜货、低于最低价销售等行为,公牛集团将会惩处经销商,采取扣分、收取违约金(扣除经销商返利或者保证金等)、取缔经销资格等方式。公牛集团的《经销合同》显示,经销商"严格执行在公司备案的或者公司要求的加价率";"终端零售价,指导价为7.5折,最低6.5折,最高8.5折";并在QQ群、钉钉群等发布产品价格表,要求经销商按照价格表中标识的"销售价格"进行销售。

得益于严格的品牌控价制度,数十年来,公牛集团维持了"插座一哥"品牌霸主地位。

大品牌实力雄厚,可组建市场督察部门管控市场价格,那人力、财力有限的中小品牌怎么办?企业高层必须亲力亲为,好在中小品牌的渠道网点没那么复杂。当然,无渠道商、直达消费者的DTC品牌控价更简单,只要管控住旗舰店零售价及零星的团购价就够了。

无论品牌大小,企业营销高层必须高度重视品牌控价制度。

品牌控价,需要企业营销高层有丰富的专业知识与经验,更需要企业高层的定力:静水无波,坐怀不乱,不应因外界的任何压力而制定渠道成员买赠、折让等急功近利、涸泽而渔的进货奖励政策。当产品出厂价不得不涨价或降价时,如何让分销商调价步伐一致?这非常考验营销高层的智慧。

重视品牌控价,并懂得品牌控价方法论,这应是企业品牌管理高层的基本功！

品牌控价，事关分销商持续的凝聚力，事关品牌的可持续发展，意义重大。品牌控价，管控品牌生命线，是品牌成长过程中的必经之路，更是成熟品牌价值维护的基本手段。但是，物极必反，若成熟品牌控价过于霸道，可能会涉嫌违反《中华人民共和国反垄断法》（以下简称《反垄断法》）。

《反垄断法》第十四条规定，禁止经营者与交易相对人达成纵向价格垄断协议。经营者与交易相对人的协议，可理解为品牌方与分销商的协议含有下述内容，且不存在"豁免情形"，即为垄断协议，构成"纵向垄断"。

① 固定向第三人转售商品的价格，如固定向第三人转售商品的价格水平、价格变动幅度、利润水平或者折扣、手续费等其他费用；

② 限定向第三人转售商品的最低价格，如通过限定价格变动幅度、利润水平或者折扣、手续费等其他费用限定向第三人转售商品的最低价格。

经营者（品牌方）如果能证明其存在以下"豁免情形"，则即便存在固定/限制交易相对人价格的情况，也不视为"纵向垄断"。

① 为改进技术、研究开发新产品的；

② 为提高产品质量、降低成本、增进效率，统一产品规格、标准或者实行专业化分工的；

③ 为提高中小经营者经营效率，增强中小经营者竞争力的；

④ 为实现节约能源、保护环境、救灾救助等社会公共利益的；

⑤ 因经济不景气，为缓解销售量严重下降或者生产明显过剩的。

品牌控价+大品牌市场地位，会铸就高竞争壁垒。竞争壁垒过高，的确妨碍市场自由竞争，涉嫌垄断。

上文所列举的公牛集团，2021年度达成并实施纵向价格垄断协议，违反了《反垄断法》第十四条，被国家市场监督管理总局罚款近3亿元。

根据公告，公牛主力产品插座所占市场份额高达 65%、62%（2019 年、2020 年），处于绝对垄断地位。

从 0 到 1 的品牌，无论多么成功，也不可能达到如此之高的市场地位，不必畏手畏尾，该控价的就控价。

因为这些好不容易成长起来，也容易夭折的中小品牌，市场控价符合《反垄断法》第十四条"豁免情形"中的第 3 条："为提高中小经营者经营效率，增强中小经营者竞争力的"，不视为纵向垄断。

当然，在实践中，为避免麻烦，销售合同及相关文件中，分销商批发价及零售价均应该冠以"建议价""指导价"的名义；有关价格的违约条款尽量少写，可以用市场综合表现打分的方式进行约束。

品牌控价的重要性毋庸置疑，各大企业心知肚明。那为什么仍有不少品牌渠道价格失控，导致品牌声誉及销量严重受损？究其原因，无外乎以下两大类。

第一，企业高层受限于工作经验、专业能力，不太懂品牌营销，也无品牌管理实战经验丰富的副手，自然不重视渠道价格管控：没有品牌控价相关政策，没有相关责任部门和人员。

第二，只顾短期不顾长期。多数知名品牌的高层懂营销，也深知品牌控价的重要性，但知易行难。为了短期业绩，为了降低企业库存、美化当年度财务报表，他们采用进货奖励、赊销等各类压货政策；分销商进货价高低不等，出货价自然也高低不等；有些库存压力大，自然会低价倾销，跨区窜货、冲货。对一些营销职业经理人而言，季末/年末业绩达成率是一道坎，季度/年度业绩达成奖金是种诱惑。与其完不成任务被公司解雇，拿不到个人业绩提成，还不如急功近利，通过渠道压货完成任务再说。价格崩盘，品牌声誉受损，他们顾不了那么多。

品牌控价，表面上指企业的品牌价格控制制度，本质上考验：企业高层是否有职业道德自律，是否坚持品牌长期主义，是否有做百年品牌的恒心。

四、品牌窄化与宽化战略，突破品牌发展天花板

做强做大，是许多企业的梦想。

从 0 到 1 的品牌，如果品牌单一，产品单一，即便获得阶段性的成功，品牌护城河并不深，远远谈不上强与大。

我们必须深谋远虑，严谨规划品牌架构，才有可能真正做到既强又大。

品牌架构包括一牌多品（如华为、小米、美的、娃哈哈、康师傅），一品多牌（如比亚迪的秦、汉、唐、宋，宝洁的飘柔、潘婷、海飞丝，可口可乐公司的可口可乐、雪碧、芬达），多个一牌一品（如养生堂旗下的农夫山泉、尖叫、水溶 C100、东方树叶、清嘴含片、母亲牛肉棒），主副品牌（如海尔—小神童，海尔—小王子，海尔—大力神），担保（背书）品牌（如别克—来自通用汽车，冰露—由可口可乐荣誉出品）和联合双品牌（如西子—奥的斯，雀巢—美极）等类型，如图 1 所示。

大公司的品牌架构，往往是以上一牌多品、一品多牌、多个一牌一品、主副品牌和担保品牌的综合运用。

```
                          品牌发展架构
         ┌──────┬───────┬──────┬───────┬──────┐
       双品牌  单一品牌  主副品牌  多品牌  担保品牌
               ┌───┴───┐         ┌───┴────┐
             一牌一品 一牌多品   多牌一品 多个一牌一品
```

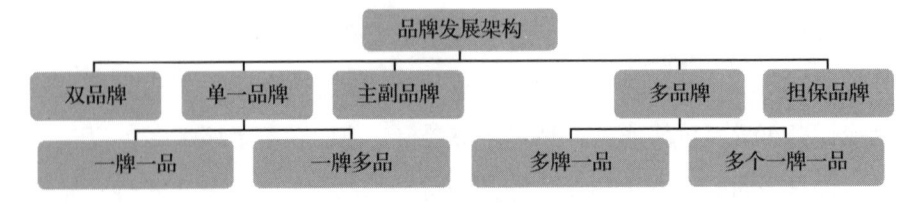

图 1　品牌发展架构图

品牌架构虽然复杂多样，但本质上都涉及品牌窄化或品牌宽化战略

的路径选择。

☞ 什么是品牌窄化战略和品牌宽化战略

（1）**品牌窄化战略**。品牌窄化指单一品牌对应的产品数量狭窄化，品牌核心价值具体化、明确化。品牌窄化战略指企业通过较少的产品数量和丰富的品牌内涵，专注于特定细分行业，以聚焦而获取竞争优势的品牌经营战略。食品饮料行业中，喜之郎（果冻）、乌江（榨菜）、洽洽（瓜子）、椰树（椰子汁）、桃李（面包）等著名专业性品牌，都是品牌窄化战略成功的典范。

品牌窄化战略下的产品品类不在于多而在于精，产品属性关联度大，品牌的产品黏度和市场黏度都比较高。

品牌窄化战略奉行《市场营销的22条法则》一书中的"聚焦法则""类别法则""品牌不延伸"法则，努力让品牌成为产品具体类别的代名词。

（2）**品牌宽化战略**。品牌宽化指单一品牌对应着众多产品品类，甚至关联性不大的产品大类，品牌核心价值追求广泛化、通用化，即品牌旗下的产品属性宽化，品牌个性和形象宽化。品牌宽化战略指企业通过大量的产品和尽可能通用的品牌内涵，覆盖各细分行业，以营业规模效应获取竞争优势的品牌经营战略。食品饮料行业中，雀巢、娃哈哈、统一、康师傅、旺旺等著名公司，都是践行一牌多品品牌宽化战略的代表。

品牌宽化战略以追求营业规模效应为主要目标，可能会稀释品牌内涵，以降低品牌附加值为代价。品牌宽化战略奉行"品牌延伸法则"，最大限度地利用老品牌的知名度和美誉度，多品类生产，以规模求效益。

品牌窄化战略与品牌宽化战略的差异见表1。

品牌打造方法

表1 品牌窄化战略与品牌宽化战略比较

项目	品牌窄化战略	品牌宽化战略
品牌旗下产品线	狭窄，数量少	产品线及产品品类众多
品牌专业性	内涵丰富，品牌核心价值明确，专业竞争力强	品牌容易标签化，专业竞争力较弱
品牌附加值	中高端品牌，品牌附加值较高	大众品牌，品牌附加值适中
品牌架构	一牌一品，多个一牌一品	一牌多品
企业盈利之源	毛利高，净利润率高	规模出效益

（3）实施品牌窄化战略的"三利两弊"。"三利"具体包括：①有利于强势品牌的打造。品牌窄化战略强调专注和聚焦，其本质是产品数量和品牌核心价值的双集中。面对有限的产品，在企业各项资源的集中投入下，品牌的产品黏度和市场黏度比较容易提高。品牌与产品和目标市场密切相连，容易成为产品类别的代名词，从而形成强大无比的品牌竞争力，提升并占据极高的市场份额。"品类＝品牌""品牌＝品类"，这种由消费者的心理认知所形成的品牌优势，竞争对手无法模仿，难以追赶。②有利于品牌核心价值的塑造。品牌窄化战略必然伴随品牌核心价值的明确化和单一性，企业有限的传播费用也能集中在品牌核心价值的打造上，避免四面出击、资源耗散且信息不统一之传播大忌。③有利于提升产品利润率。品牌窄化战略追求产品和市场的双集中，产品单位成本低，而品牌溢价能力较高，产品利润率自然提高。

"两弊"具体包括：①销售规模有限，企业不容易做大。品牌窄化战略对应细分行业及数量较少的产品品类，企业发展容易触及天花板，遭遇增长瓶颈。②品牌的产品黏度太高，一旦产品萎缩则品牌跟着萎缩。大部分产品都有生命周期（导入、成长、成熟及衰退），当产品进入衰退期的时候，品牌也必然衰退。

（4）**实施品牌宽化战略的"三利两弊"**。"三利"具体包括：①有利于做大企业规模。每个产品品类都可满足不同细分市场的顾客需求，单一品牌旗下产品越多，销售规模自然越容易做大。基于对老品牌的信任，爱屋及乌，顾客和渠道商购买新产品顺理成章。品牌宽化战略能发挥产品生产及销售之间的协同效应，有利于迅速做大企业规模，并因为规模效应还一定程度上满足了企业对利润的追求。②有利于节约新产品推广费用，降低市场接受的风险度。品牌宽化的前提条件是企业已经成功打造了一个知名品牌。在市场推广费用高涨的当今社会，充分利用老品牌知名度、美誉度优势可明显节约广告费、促销费的品牌宽化战略更容易被企业决策者所采用。③有利于集中资源塑造一个高知名度、高安全感的大品牌形象。以老带新的品牌宽化战略，可以使消费者在更多的场合有更多的机会看到、想到、用到该品牌产品，增加品牌曝光度，强化大品牌形象，促进品牌的增值。美的以生产电风扇起家，而今旗下空调、冰箱、洗衣机、微波炉、净水器、豆浆机、燃气灶、油烟机等大家电、小家电、厨电一应俱全，各类产品相得益彰，数十年持续奋发图强，终成"家电一哥"。

"两弊"具体包括：①容易一荣俱荣、一损俱损。品牌宽化是把"双刃剑"，一旦品牌旗下某一产品出现质量问题，必然会影响其他产品的声誉。好事不出门，坏事传千里。网络时代放大了产品质量问题引发的株连效应。②不利于专业品牌的打造。实施品牌宽化战略，让品牌旗下众多产品设计及传播都围绕"品牌核心价值"，统一内涵、统一风格，这几乎是不可能完成的任务。既差异化，又能涵盖所有产品的"价值点""定位点"，更是可遇不可求。所以，"优质""健康""安全"等产品的共性，成了许多宽化品牌的共同选择。产品越多，品牌越标签化，离专业性越远。

☞ 该如何实施品牌窄化战略和宽化战略

品牌窄化战略和宽化战略各有利弊，企业应该综合考虑各种影响因素，审时度势，扬长避短地实施品牌窄化战略或品牌宽化战略。

（1）如果企业追求小而美，以做强为目标，则应该实施品牌窄化战略。通过打造核心价值鲜明的、有溢价能力的专业品牌，让"品牌＝品类"，品牌竞争力自然强大。如果企业以做大为主要目标，利润率为次要目标，则可实施品牌宽化战略。通过不断延伸产品，品牌宽化战略可以在短期内迅速做大企业规模，但要注意，品牌宽化的过程中容易稀释品牌价值，降低品牌溢价能力。

（2）如果企业本身营业额不大，资金实力等薄弱，则应该实施品牌窄化战略。资金有限，我们必须集中资源打歼灭战。品牌窄化有助于企业做专做强，建立牢不可破的根据地。如果企业现有的营业规模已经比较大，并且有充足的资金为后盾，则可实施品牌宽化战略，也可以实施多品牌架构下的一品一牌品牌窄化战略。

（3）如果企业面临的市场竞争比较激烈，或者潜在竞争对手相对强大，为提升并确保企业产品现有的市场地位，企业应实施以专注和聚焦为核心的品牌窄化战略。如果竞争环境相对宽松，市场机会比较多，为迅速壮大发展自己，企业可实施关联品类延伸，甚至跨类别的品牌宽化战略。

（4）如果企业决定实施品牌窄化战略，一定要重视对产品生命周期的研判。品牌窄化战略打造的"品牌＝品类"的竞争优势，建立在品类永恒的基础之上。然而，万物皆有周期，诞生—成长—成熟—衰退，是许多产品的宿命。为避免"柯达＝胶卷，柯达随胶卷消亡"之悲剧，我们必须居安思危，适时实施品牌宽化战略，或多品牌架构下的一牌一品品牌窄化战略，或主副品牌策略，甚至实施多元化发展战略，以避免单一细分市场规模萎缩的危险。

（5）如果企业决定实施品牌宽化战略，要高度重视产品质量管理，尽力避免产品"一损俱损"，还要防止品牌核心价值的空心化、标签化现象，以免品牌价值稀释，最终降低企业品牌本身的竞争力。

对许多实施品牌宽化战略的企业而言，品牌宽化与坚守品牌核心价值之间似乎是不可协调的矛盾。雀巢、娃哈哈、统一等食品公司为实施品牌宽化战略付出了牺牲部分品牌核心价值、品牌逐渐标签化的代价，但是，仍有小米、美的、海尔等著名公司坚持走品牌宽化之路，品牌核心价值反而因产品不断拓展而增值的经典案例。

小米的"厚道价格"和白色简洁包装，美的"原来生活可以更美的"广告及漂亮的外观款式，海尔的"真诚到永远"服务理念，无论产品线有多宽，这些品牌以非凡的定力坚持相关产品的研发并坚持核心价值的传播：形变而神不变！

☞ **品牌窄化战略与宽化战略的动态演变**

企业一旦确定实施品牌窄化战略或品牌宽化战略，短期内必须坚定不移、不折不扣地执行；但是，品牌窄化战略与品牌宽化战略都从属于企业总体发展战略，必须随着总体战略的变化而变化。

（1）如果企业的总体发展战略从集中化走向多元化，理论上品牌战略路径有两条：①实施多品牌架构下的一牌一品品牌窄化战略；②实施从窄化到宽化的品牌战略。多数企业选择了后者，这不一定是正确的抉择。

品牌做强后要继续做大，品牌由窄化战略走向宽化战略几乎是挡不住的诱惑。产品线的宽化轻而易举，又很容易在短期内提升销售业绩，常常被品牌经理们视为"业绩法宝"。虽然理论上用同一品牌扩展相关产品线并维护原有品牌核心价值的品牌宽化战略是可行的，但毕竟能够达到小米、美的等品牌战略管理境界的企业非常少见。品牌战略从窄化走向宽化，产品越来越丰富，但顾客对品牌核心价值的认知却越来越模糊。越来越标签化的品牌，其长期竞争力有待商榷。

品牌做强后再想做大，如果企业的多品牌管理及策划能力足够出色，则有机会成功。靠经销娃哈哈产品获得第一桶金的养生堂、农夫山泉老板钟睒睒，从0起步，一步一个脚印，品牌一个接一个，后来居上，企业既强又大，令人不得不敬佩。

（2）如果企业总体发展战略从多元化走向集中化，则品牌战略也应该由宽化战略转变为窄化战略。品牌从宽化向窄化发展的过程，亦即品牌收缩的过程。

企业的发展有边界，品牌的宽化同样有边界。当同一品牌下有多品类产品面对多个竞争对手时，品牌竞争力下降。一些实施相关多元化战略的企业面对竞争更趋激烈的环境，会适时采用焦点集中、回归主业的战略，其中实施品牌收缩战略，是战略性收缩的重要战略。

品牌的收缩包括产品线的收缩和品牌核心价值的具体化、实心化两部分。当同一品牌下的产品类别扩展到一定限度时，必将带来生产、销售、配送、管理复杂化等一系列问题，整理产品线，淘汰部分可相互替代的产品则成为企业品牌管理部门的重要任务。"手心手背都是肉"，品牌经理们的产品情结决定了产品线主动收缩的艰难程度。如果产品线收缩成功，相对应的品牌核心价值的具体化和实心化则容易许多。

一个企业采用正确的品牌宽化战略决策不容易，而有勇气实施品牌收缩战略、回归品牌窄化战略更加难能可贵。

当今时代，人口拐点到来、大宗商品涨价、需求萎缩……大多数企业更应该抑制自我膨胀的愿望，实施品牌窄化战略，或实施由品牌宽化走向品牌窄化的品牌收缩战略。

做强做久，不以做大为目标，你应该选择长生命周期的产品品类，并实施单一品牌窄化战略，才有可能经得起时代变迁的考验。

既想做强又想做大，持续突破企业规模天花板，那你必须实施多品牌架构下的一牌一品品牌窄化战略（那些颇有建树的基于品类定位的

"淘品牌""抖品牌"要拓展第二战场，尤其要实施此战略），或者实施"形变而神不变"的紧紧围绕品牌核心价值延展产品的品牌宽化战略。

五、品牌组织、制度与人，为品牌保驾护航

每个人在成长的过程中，会遇到生理、心理等各方面的问题。我们需要医生、家长、老师，我们需要自律，还需要他律（法律法规、道德规范），才能健康成长，才能树立正确的人生观、价值观，才可能成为对社会有用的人。

品牌也一样。品牌识别、品牌定位、品牌传播等方方面面，因为缺乏品牌管理专业人员或者没有相关组织负责，没有相关文件约束，总会出现PDCA品牌管理偏差（计划、执行不到位，修正、优化无人管），出现缺乏系统性（东一榔头西一棒槌，想到哪里就做到哪里），缺乏持续性（三天打鱼两天晒网）等种种问题，这样的品牌怎么可能会成功？怎么可能会品牌长青？

为了品牌成功，为了品牌持续成功，企业必须在品牌组织、品牌规章制度及品牌管理人三个层面，为品牌保驾护航！

☞ **品牌组织**

中大型企业一般设有市场部、企划部之类的部门负责品牌营销相关工作。首创"品牌经理制"的宝洁公司干脆将原来的"市场部"直接更名为"品牌管理部"。负责品牌的部门，不仅承担品牌建设及维护发展的使命，同时还是企业的大脑，是企业的智囊。

品牌部门一般承担以下六方面的职责。

战略规划职能：企业战略发展规划和年度营销计划制定等。

品牌打造方法

市场研究职能：行业、消费者、竞品、品牌方面的调查与分析等。

产品及品牌策划职能：新产品开发与上市，品牌设计、品牌定位策略等。

品牌传播职能：包括传统媒体传播、新媒体传播、自媒体传播、活动传播等品牌传播策略的制定并组合实施。

品牌维护职能：品牌诊断与优化、品牌危机公关等。

产销协调和营销资源管理职能：协调产供销，协调外包机构，营销资源分配和费用管理等。

企业越大，品牌组织职能越复杂，当然也越专业。品牌管理部门一般下设市场研究经理、品牌经理（助理）、品牌传播经理（媒介专员）等岗位。宝洁公司甚至将调查研究职能独立出来，成立与品牌管理部（BRM）并列的市场研究部（CMK）。某些企业的品牌监督维护和品牌危机公关职能由总经办或行政部负责。

越是大企业，越将品牌战略规划、品牌理念、品牌定位等核心品牌打造职能抓在手中，同时为提升组织效能，可能会将专项市场调查、品牌VI设计、广告创意及制作、文案策划与撰写、媒介购买与执行等部分职能外包给外部专业机构。

从0到1的新品牌，企业财力人力虽然都很有限，但不能因此而忽视市场研究、品牌策略及传播等品牌打造职能。小企业不一定专设品牌部门，但必须有人全职或兼职负责品牌建设维护相关工作。实在没人，创始人必须勇敢地承担起相关品牌战略、策略及战术制定职责。

☞ 品牌制度

品牌打造是企业的战略工程，是长期系统性工程，应尽可能不因组织、人事的变化而变化。

无规矩不成方圆。品牌规章制度与企业财务制度、人事制度一样，是企业内部的法律，是企业内部人员及相关外包企业中人人应遵守的准则。

品牌规章制度的主要体现形式是制定品牌管理手册。

品牌管理手册的核心内容一般包括以下模块。

品牌来历模块：品牌名称释义，品牌故事，发展历程。
品牌理念模块：品牌使命、品牌愿景。
目标顾客模块：核心顾客及次级顾客精准描述。
产品知识模块：产品图案、产品种类、产品说明。
品牌定位模块：品牌核心价值、类别定位、功能/利益定位等。
品牌调性模块：品牌个性、品牌形象。
品牌VI识别模块：商标/标准字体/标准颜色，以及应用场景等。
品牌传播模块：品牌传播方式、传播媒介、创意原则等。
品牌管理执行模块：职责分工、违规处罚、注意事项等。

其中，品牌来历模块、产品知识模块、品牌调性模块及品牌管理执行模块是可选项；品牌VI识别模块及品牌传播模块，可单独作为品牌VI识别手册、品牌传播及执行手册，这对分支机构众多的大企业而言尤为重要。

对从0到1的新品牌而言，品牌人群、产品、定位及传播，都不一定定型，都可能需要优化、改变，制定品牌管理手册既不现实，也没必要。

但品牌创始人应该有尽早制定品牌管理手册的思维及目标。品牌管理手册的制定，是企业品牌打造的里程碑事件，说明该企业掌握了成功品牌打造方法论。下一步，只要不折不扣地复制就行了。

品牌管理手册应该由企业最高管理层挂帅，品牌部门负责具体制定，或企业品牌部门与品牌管理及传播经验丰富的广告公司双方共同制定。

品牌管理手册制定以后，必须坚定不移地执行，不因人员的变动而变化。

企业品牌部门应该对内部相关人员及外部协作机构人员进行持续的培训。培训目的是强调与重复，让相关人员遵守品牌管理手册的规定，将对品牌理念、品牌定位的认识上升到与品牌创始人一样的高度，融会贯通，深入脑海，执行不走样。

企业不应轻易修改品牌管理手册，除非外部宏观环境、竞争环境、媒介环境或内部产品结构、资金等发生重大变化。

☞ 品牌管理人

企业始于人，也止于人。品牌成败终究归因于品牌管理人。对初创品牌企业而言，创始人或合伙人就是品牌管理人。对大中型品牌企业，尤其是多品牌企业而言，品牌经理是品牌成败的终极管理人、负责人。

要成为一名合格的品牌经理并不容易，至少应具备以下六方面的能力。

（1）分析判断能力。这是品牌经理最基本的能力，也是品牌经理的生存之本。通过不断地追问"为什么"，在零散、复杂的信息中，通过全面分析判断利弊得失，透过表象，找到影响品牌业务的主要因素及其相互关系。分析判断能力，本质上是发现问题并解决问题的能力，这需要严密的逻辑推理，需要高智商为后盾。品牌经理需要动态利用SWOT分析工具深度分析顾客、竞争对手及企业自身资源，基于抓住机会、避免威胁、发挥优势、克服劣势原则，时刻决策品牌战略、策略及战术问题。

（2）沟通协调能力。品牌管理人要让下级安心、上级放心、同级热心、内外齐心。沟通和协调能力，即团队合作能力是保障品牌经理工作效率的根本。品牌经理要重视且愿意与他人积极沟通，建立联系，绝不能有社交恐惧倾向；在遇到沟通障碍时，能够以积极心态和不懈的努力对待冲突和矛盾，而不是强权或回避。品牌经理要善于换位思考，打破自我中心思维模式，从对方立场考虑问题，促进相互理解。这需要流利的语言表达能力，需要同理心，需要高情商。品牌经理的沟通协调对象包括顾客、本部门成员、企业各部门及外部协作机构等。

（3）品牌打造专业技能。术业有专攻。打造成功品牌，是许多人的梦想，但真正成功的寥寥无几。虽然不同行业、企业的侧重点略有不同，但品牌打造专业技能不外乎五大板块：市场调查技能、数据分析技能、品牌规划能力（品牌识别、品牌定位规划）、产品管理能力、品牌传播与推广能力。这些技能需要长期学习和长期实战经验的积累。

（4）创新能力。创新能力是在完成品牌管理基本工作的前提下推陈出新的能力，尤其是在传播与推广环节。创新能力不是"唯新论"，尤其要避免"为新而新"而稀释品牌资产的行为。

（5）领导能力。领导能力是出色的品牌经理的重要素质。领导力的范畴比较广，对于品牌经理而言，特别重要的包括战略眼光、领导跨部门团队、培训与指导、团队管理、影响管理层等环节。对品牌助理、品牌策划人员而言，领导力可以慢慢培养，但其他能力不可或缺。

（6）学习能力。活到老学到老。消费环境、竞争环境、媒介环境，乃至宏观的政治环境、经济环境、技术环境，一切都在变。品牌经理不能故步自封，必须有通过分析、探索、实践、质疑、创造等方法实现学习目标的自主学习能力及终身学习能力，才能应对复杂多变的环境，与时俱进地掌握品牌打造方法论。

另外，作为一个优秀的品牌经理，还需要知行合一的高效执行力，敏锐的市场洞察力，条理清晰的文案写作能力（不需要华丽辞藻），平面、视频、包装审美能力等。

心中有人（消费者），脑中有数（大数据），手里有钱（广告媒体预算），既对品牌打造过程负责，又对品牌打造结果负责，品牌经理是

> 品牌打造方法

对产品研发、上市、推广负全面责任的营销专业人员，事实上是该品牌产品的小总经理。

千军易得，一将难求。要高智商，还要高情商，要有品牌战略策略规划能力，还要有高效执行力，品牌经理绝对是企业中的精英。

享有消费品牌"黄埔军校"美誉的宝洁公司，其品牌管理部是无数品牌营销人向往的圣地。宝洁公司奉行以自我培养为主的人才政策，每年会从校园招聘不少管理培训生（70%岗位实践，20%传帮教，10%课程培训）。

网上流传着宝洁公司管理培训生面试经典"八大问"：

1.Describe an instance where you set your sights on a high/demanding goal and saw it through completion.（举例说明，你如何制定了一个很高的目标，并且最终实现了它。）【考察计划＋执行力】

2.Summarize a situation where you took the initiative to get others going on an important task or issue and played a leading role to achieve the results you wanted.

（请举例说明你在一项团队活动中如何采取主动性，并且起到领导者的作用，最终获得你所希望的结果。）【考察领导力】

3.Describe a situation where you had to seek out relevant information,define key issues and decide on which steps to take to get the desired results.（请详细描述一个情景，在这个情景中你必须搜集相关信息，划定关键点，并且决定依照哪些步骤能够达到所期望的结果。）【考察分析判断＋决策力】

4.Describe an instance where you made effective use of facts to secure the agreement of others.（举例说明你是怎样用事实促使他人与你达成一致意见的。）【考察沟通说服力】

5.Give an example of how you worked effectively with people to accomplish an important result.（举例证明你可以和他人合作，共同实现

一个重要目标。）【考察团队合作能力】

6.Describe a creative/innovative idea that you produced which led to a significant contribution to the success of an activity or project.（举例证明，你的一个创意曾经对一个项目的成功起到至关重要的作用。）【考察创新力】

7.Provide an example of how you assessed a situation and achieved good results by focusing on the most important priorities.（请举例，你是怎样评估一种情况，并将注意力集中在关键问题的解决上。）【考察分析力】

8.Provide an example of how you acquired technical skills and converted them to practical application.（举例说明你怎样获得一种技能，并将其转化为实践。）【考察学习能力】

宝洁招聘管理培训生所考察的计划能力、执行力、领导力、团队合作、创新力、分析能力及学习能力，是高素质人才相对稳定且不容易被培养的通用能力。这里面有基本假设：非技术研发类岗位所需要的技能，可以在实践中快速提高。所以，市场调查研究、品牌识别、品牌定位、品牌传播等品牌打造专业技能，不是品牌管理部管理培训生的必备技能。

实践出真知，只要有持续的自主学习能力，对高素质人才而言，品牌打造专业技能不难获得。

宝洁公司管理培训生招聘不限性别、不限学校、不限专业，文科、理科、商科、工科都可投递简历，但能进入面试阶段并拿到 offer 的几乎都是国内"985""211"高校、国外常青藤或者 G5 等名校毕业生。宝洁公司品牌管理部管理培训生的应聘难度不亚于那些互联网大厂，也高于其生意发展部、供应部、财务部等兄弟部门。当然，其入职起薪也高于兄弟部门，且不低于互联网大厂。

宝洁公司品牌管理部，是品牌经理（品牌总监、总经理）的摇篮，也是其他知名企业 CEO 的摇篮。

但我们也不必迷信宝洁公司。其源于传统媒体时代的品牌营销打法，不一定适用新媒体时代。

我们应该借鉴宝洁公司对品牌管理人才的录用条件及培养方式，客观评估自身的分析判断能力、沟通协调能力、品牌打造等各项能力。

一般的品牌策划人员，不一定具有很强的领导力、创新力，但应该具有比较强的执行力、文案写作能力、品牌策划能力。作为品牌创始人，则要客观冷静、全面评估自身的各项能力，该提升的提升，该学习的学习，该找人的找人。

打造品牌不易，维护品牌也不易。

我们只有不断完善品牌组织架构及制度，不断提升品牌管理人的素质能力，才能持续为品牌发展保驾护航！

六、品牌打造十大误区

☞ 认知误区

一些人认为，品牌打造的主要工作就是品牌 VI 视觉识别：取个好听的名字，创意个好 Logo，设计些标准字体、标准颜色，做个规范的 CIS 识别手册。这是典型的理解性认知错误。的确，VI 视觉识别是品牌打造中不可或缺的组成部分，但不是全部，更不是品牌打造的本质与核心。品牌是顾客对特定产品的心理认知的总和，本质上是企业对顾客的全面洗脑，属于心理学与传播学的范畴。而 VI 视觉识别属于平面设计范畴。

某次品牌营销培训课，恰巧有几位毕业于中国美术学院又从事品牌设计与建设工作的学员，他们听了笔者讲解后感叹：品牌那么博大精深啊，我们的这点平面设计真的只是皮毛，还整天给客户的品牌建设提建议，真是汗颜。

☞ 销量误区

做品牌就是做销量，只要产品销量上去了，品牌就起来了。品牌打造的终极量化目标之一是销量，但不是说有销量了就有品牌。企业做销量有各种各样的手段，例如盲目开发新客户，做团购冲量；电商低价直播带货，微商分销等。这些营销手段可以贡献销量，但对品牌打造没什么帮助。

电商直播、微商分销、低价促销，都属于一推就动，不推不动的战术性推销行为。消费者耳熟能详的品牌，有哪个是通过直播、微商打造出来的？品牌打造，需要对目标顾客进行全面的、系统的洗脑。短期的销量固然重要，但长期的品牌认知、主动的品牌搜索与复购更重要。

☞ 广告误区

许多人认为做品牌就是做广告，要花很多钱。做品牌确实要花一些钱，但可能没有你想的那样多，尤其是当今可以做品效合一的新媒体广告，而你只是在一个区域内打造品牌的时候。做品牌也不等于做广告，做品牌有比做广告更广泛、更深层次的内容。做品牌需要传播，但不一定非要投入巨大的硬广告。公关、自媒体、口碑营销等性价比高的传播手段，乃至产品包装设计本身，都可以打造品牌。

品牌打造是系统工程，如果出现系统性逻辑错误，即便你财大气粗，进行了巨额广告投入，也不一定能赢。当年恒大冰泉的广告花费20多亿元，还不是血本无归！

☞ 亏损误区

"品牌打造与盈利是一对矛盾，做品牌短期必然亏损，长期也不能

> 品牌打造方法

保证盈利"。持此类错误观点的人，显然是被网络时代"流量为王"的打法洗脑了。品牌打造是以追求盈利为目标的企业自主行为。企业打造品牌的根本动力还是为了赚钱。无论是高端品牌，还是性价比定位品牌，最终都是通过高毛利或薄利多销赚钱。

品牌打造过程中，短期内不一定赚钱也不一定亏钱，但中长期内一定得盈利。否则，只能证明品牌打造失败了。如果品牌命名、产品、定位、定价、文案、传播等方方面面都很优秀，投入产出比合理，甚至在短期内品牌都会有盈利。

如果害怕亏损，那更要重视样本测试及样板市场打造，减少失误，确保成功率，盈利自然来。

新生代牛奶品牌认养一头牛操盘创始人曾经很自豪地告诉笔者："公司自创立的那一年起，每一年都有盈利。"在伊利、蒙牛两大乳业巨头的夹击下，业绩持续多年高速成长且每年都有盈利，那是真牛！

☞ 时间误区

"品牌打造太漫长了，企业耗不起"。品牌打造是长期工程，但不等于品牌打造本身很漫长。事实上，品牌打造的大部分工作只需要几个月就能够完成，例如品牌识别、定位、产品包装设计、品牌传播规划等。比较而言，品牌商标注册的时间有点长，一般需要一到两年的时间。有些企业等不及，干脆花点钱买注册商标。品牌传播、品牌的发展与维护时间更长：只有起点，没有终点！品牌是顾客脑海中的特定认知，这认知需要品牌方经年累月的传播、强化。

只要方法得当，不走弯路，从0到1的品牌要获得阶段性的成功，一年时间足够了。在传统的电视广告时代，几个月就可以让一个品牌火遍大江南北。在网络新媒体时代，几小时、几天内就可以让一个品牌出圈。当然，短时间的出圈不能说明品牌打造的成功：因为热点来得快去得也快。当你掌握了品牌打造及传播方法时，你的品牌就能够获得持续的曝光，在顾客的脑海里留下清晰且持久的记忆。

品牌打造的万能公式：好品牌＝好商标＋好产品＋好 VI 识别＋好定位＋好定价＋好传播（好创意＋好媒介＋重复）。这公式不难记，难的是好传播，持续的重复再重复的好传播，这需要很长时间来验证。

☞ 质量误区

"产品质量好，就会有好品牌"。许多企业家对外宣称：产品质量是一切，广告营销都是浮云。这是典型的营销说辞。产品质量好，是企业生产研发人员定义的，还是顾客心理认知定义的？这本身没有统一标准。如果产品质量真的好，但价格真的贵，顾客消费不起，这是不是好产品、好品牌？

即便产品质量好，价格也不贵，但没有传播，顾客没有认知，同样不能成为好品牌。顾客满意与忠诚是其心理认知上的满足及需求效用最大化的体现，目标顾客能够感知到好品质且价格能够承受得起的产品，才是好品牌。光有质量好是不行的。

☞ 人才误区

"我想打造品牌，可是没有专业的人，没法打造"。不少企业家，尤其是做生产加工的企业家都有类似的顾虑。企业家的首要能力是什么？是整合资源的能力！没有钱找钱，没有技术找技术，没有人找人。品牌打造需要一定的专业技能，但这种技能没有很高的专业壁垒。市场上，品牌经理、产品经理出身的品牌专业人员、专业公司不少，有一定实力的企业家完全可以雇用专业人才或者与专业的品牌策划公司合作打造品牌。

如果是资金实力有限的初创企业，那建议你或你的合伙人精读细读本书，品牌打造思维与方法技能并不难学。只要有一定的悟性，你自己也可以成为品牌打造专家。

品牌打造方法

☞ 资金误区

"没有钱，有什么资格打造品牌"。这世上，没有钱是万万不能的，但钱也不是万能的。不掌握新时代品牌打造方法，有钱也打造不了品牌：曾经资金实力雄厚的可口可乐、娃哈哈、康师傅等饮料业霸主们，已经许久没有打造出成功的知名新品牌了。掌握并精通新媒体时代的品牌打造方法，即便小资金也能够打造出成功品牌。

与传统媒体时代比较，新媒体时代至少在以下三方面能为企业节约不少资金：①新媒体广告传播方面，无论是品效合一的电商直播，还是程序化数字广告平台的CPC/CPV广告投入，都能实现边投入边产出，让资金滚动起来。②产品制造层面，中国现已经是全球门类齐全的加工制造业基地，无论什么类别的品牌都能找到优质的高性价比的代工工厂。品牌初创企业省去了厂房、设备方面的投入，能节约不少宝贵的资金。③对不少线上创业的新品牌而言，只要在天猫、京东、拼多多、抖音及快手上各开一家品牌旗舰店，就可以触达全国网民，节约不少渠道铺设资金。这是以小搏大，小资金创品牌的好时代！

☞ 延伸误区

不少企业老板认为品牌延伸可以节省市场推广成本、降低风险，可以充分利用品牌资产，迅速做大做强品牌。品牌延伸不是不可以，但其有严格的假设前提：延伸品类相近，竞争对手不强，有生产、原材料、技术方面的壁垒等。绝大多数产品，绝大多数情况下，品牌不应该延伸，因为品牌延伸会模糊顾客对品牌的认知，让品牌丧失成为某个品类代表的机会，而这一点是打造品牌的关键所在。因为品牌延伸削弱了品牌的长期竞争力：多便是少，少便是多，专注更有力量。因为品牌延伸容易出现"一荣俱荣，一损俱损"现象。

品牌延伸负面作用明显，但为什么企业还是一再犯类似的错误？

可能是因为，品牌延伸实施简单、节省推广成本，能快速增量、快速成功，更重要的原因是品牌延伸更加符合企业管理者的一般逻辑和管理常识。这是典型的急功近利行为。

打造一个新品牌并不像人们想象得那样要比延伸品牌花更多的钱。成功打造新品牌，更能体现企业的经营能力，有更强的竞争力，有更持久的增长潜力。

走出品牌延伸的误区需要企业管理者的勇气和决心。这不是简单的思路问题，而是信念问题。

☞ 行业误区

"什么行业都需要打造品牌"。如果视品牌为 VI 识别，视品牌为企业经营的结果，那各行各业的确都需要打造品牌。看看世界 500 强品牌排行榜、中国 100 强品牌排行榜，能源、金融、资源、科技、医药等行业品牌企业占比不少。但如果视品牌为顾客认知资产，视品牌为企业的核心竞争力，那需要打造品牌的行业并没有那么多，能源资源类、公共垄断类企业完全没有必要重视品牌打造工作，金融类、科技类及大量 B2B 生产资料类、生产加工类企业也不必视品牌为战略性工程。

衣食住行、玩乐用等消费品、生活服务行业、B2C 网络 App 软件行业，企业要持续做强做大，要基业长青，品牌打造是必由之路。

七、品牌打造成功概率评估表

问题	企业自测打分	专家评估打分
市场规模足够大吗？		
市场规模增长潜力大吗？		

> 品牌打造方法

续表

问题	企业自测打分	专家评估打分
该市场竞争对手数量多吗？		
该市场主要竞争对手实力如何？		
本企业产品的成本或技术优势如何？		
本企业的资金实力如何？		
本企业有专业品牌打造人才（包括顾问）吗？		
品牌的目标顾客画像清晰吗？		
品牌有明确的品类定位吗？		
品牌有明确的质量与价格定位吗？		
品牌有明确的功能特色或情感定位吗？		
品牌命名是否优秀？		
品牌VI设计系统是否优秀？		
产品有差异化吗？		
产品外观及包装美观吗？		
能制定并坚持全渠道统一价吗？		
有明确的、合理的品牌传播策略吗？		
有新媒体传播策划与执行力吗？		
有充足的品牌传播经费预算吗？		
目标顾客样本测试品牌购买意愿如何？		
目标顾客样本测试品牌推荐度如何？		
目标顾客样本测试品牌复购率如何？		
总分		

打造出成功的品牌（达到预期视为成功），是我们创业者、品牌策划人的理想。但客观事实是，品牌打造成功的概率很低。

品牌打造是系统性工程，打造过程中有可控因素，更有许多不可控因素。我们只有持续优化可控因素，重视不可控因素（但不能改变），才可能提升品牌打造的成功概率。

评估表中列举的影响品牌打造能否成功的各个可控、不可控因素，我们可以自测并邀请业内专家量化评估（评估表里各项内容的量化得分可以用累加法，也可以用连乘法，笔者建议尽量用每项顶格100分连乘法，各项内容长短板一目了然），基本上就可以得出品牌打造的成功概率。

附 录

附录一　无色无味一瓶水的品牌定位之道

水乃生命之源，人人离不开水。历史上，因水资源引起的战争屡见不鲜。现代商业社会，大大小小的品牌企业围绕便捷补水、品质安全的瓶装水市场份额激烈角逐，精彩纷呈。

一瓶水，无色无味，无技术壁垒，如何在竞争中脱颖而出？如何无中生有，实现消费者心理认知差异化？精准定位并坚持不懈，这是各大水品牌的成功之道！

20世纪30年代，中国第一瓶包装水——崂山矿泉水诞生。直至20世纪80年代，崂山是中国唯一的瓶装水品牌，但销量微乎其微。当然这是有历史原因的，一方面是因为政治制度变迁、计划经济制度等大环境影响，另一方面受制于包装加工技术水平：当年的瓶装水用玻璃瓶包装，不便运输且成本高昂，对比当时民众微薄的购买力，其销量可想而知。

20世纪80年代末，我国现代意义上完全市场化的瓶装水产业化之路是从纯净水开始的。这基于两大前提：其一，低成本易运输的PET塑料瓶产业的诞生与发展；其二，RO反渗透技术的发明及其规模化生产设备的引进。

20世纪50～60年代，美国科学家研究发现：喝高浓度盐海水的

附 录

海鸥，其体内有一层非常薄的膜，能够将海水转化为淡水。海水进入海鸥的消化系统，海水中的盐分、杂质不能通过膜而被海鸥吐出嘴外。这一与常规自然渗透方式相反的现象，被称为反渗透。

在当时的航天领域，太空运输载重非常有限。为满足宇航员在太空中的日常饮水需求，需要研究如何将人体内的水进行循环利用，这成为当时科学家集体攻关的难题。根据海鸥将海水转化为淡水的原理，科学家们成功研制出RO反渗透膜，解决了宇航员饮水问题。

随后，源于航天科技的RO反渗透膜净水技术，在海水淡化、医疗、饮料等各民用领域逐渐开始应用，当然，应用最广的是包装纯净水生产制造领域。

1989年，基于反渗透技术生产、基于PET塑料瓶包装的怡宝纯净水在改革开放的前沿城市深圳上市，瓶装水市场自此进入快速发展的轨道。

截至2022年，我国有水相关企业6万多家，各类水品牌3000个以上，年销量达9000万吨，市场规模超2000亿元，占据饮料业50%以上的份额。"卖水生意"，先后成就了中国两大首富，即娃哈哈纯净水的老板宗庆后、农夫山泉天然水的老板钟睒睒。

水江山如此多娇，引无数英雄竞折腰。几十年来，无数企业先后入局高市场规模、低技术门槛的水市场，同台竞技，开展品牌营销能力大比拼：渠道战、广告战、品质战、水源战、品类战、价格战此起彼伏。

不可否认，产品品质、渠道、广告等策略都是瓶装水品牌成功的因素之一，但这些都不是关键因素。基于消费者心理认知，兼顾企业能力和竞争对手，并持之以恒贯彻实施的定位策略，以定位为中心整合资源，这才是各类瓶装水主流品牌的关键成功要素。

品牌营销界精英辈出，娃哈哈、乐百氏、农夫山泉、康师傅、百岁山、金麦郎凉白开等著名的瓶装水品牌，皆因为鲜明的定位而先后成功或成功过。

下面,笔者以各大水品牌上市时间为次序,逐一分析品牌定位成功之道。

怡宝,虽然生产了中国第一瓶纯净水,但它不是中国公认的瓶装水第一品牌。这是因为,当年怡宝纯净水仅是广东区域品牌,没有大规模广告投入,而且市场零售价高达3元/瓶,市场需求比较有限。那时候人们的月均收入仅几百元,谁会轻易买3元一瓶的水?

真正让纯净水进入大众视野的是1996年上市的娃哈哈纯净水。此后十余年,娃哈哈纯净水一直在全国销量第一,是当之无愧的瓶装水第一品牌。

☞ 娃哈哈纯净水核心定位——"纯情纯洁"情感心理定位

娃哈哈启用当时当红纯情歌星景岗山代言,定制爱情歌曲《我的眼里只有你》《我的心里只有你》,并配以央视、卫视高密度广告投放。后来歌星王力宏的"爱你就是爱自己""爱的就是你""把爱随身携带"等广告语创意,一脉相承,同样体现的是"纯情纯洁"的情感定位。十年如一日,娃哈哈纯净水的"青春、纯情"情感定位深入人心。年轻的纯净水目标消费人群,喝水不仅仅是喝纯净,还喝出了"纯情纯洁"的感觉。一时间,娃哈哈纯净水成为少男少女们表达纯洁爱情的象征符号。

鲜为人知的是娃哈哈纯净水的性价比定位,这也是其成功的关键要素。当年,受制于居高不下的生产设备折旧成本与运输成本,各类水企业每瓶水出厂价一般2元,零售价一般3元,而且只能在小区域内销售。业内普遍认为,瓶装水不会有全国性品牌,只有区域性品牌;因为跨区域销售,运输成本太贵了。娃哈哈老板宗庆后打破常识、打破常规成本折旧思维:假设瓶装纯净水生产线每月每天满负荷生产,计算出每瓶水的设备折旧成本,以此为定价依据,宗庆后直接将出厂价从2元/瓶大幅降价至1.35元/瓶(后来甚至低至0.6元/瓶),零售价从3元/瓶降至2元/瓶(后来逐渐降至1元/瓶)。

"纯情纯洁"的有一定附加值的情感心理定位＋低价格＝超高性价比，再加上大规模广告宣传及联销体销售渠道助力，瓶装纯净水需求大爆发，娃哈哈纯净水霸占瓶装水市场第一的宝座长达十余年。

后来，因为企业战略发展重心转移，广告投入力度大幅减少，竞争对手纷纷降价等多种因素影响，娃哈哈纯净水性价比定位优势不再。瓶装水消费人群扩大，"纯情纯洁"的情感心理定位过于狭隘，情感定位优势不再。再加上消费者的喜新厌旧心理，娃哈哈纯净水终究逃不出从成长到衰退的产品生命周期规律，市场份额逐步下降，而今退出了瓶装水品牌第一阵营。

☞ 乐百氏纯净水核心定位——"纯净"物理属性定位

与娃哈哈的"纯情纯洁"情感心理定位不同，同一时期上市的乐百氏纯净水，坚定实施"纯净"物理属性理性定位策略，走品质路线。其在央视黄金时间段高频次投放的广告创意：一滴晶莹的水珠被一层层地净化。每到一层，都有紫光一闪，给人"又被净化一次"的联想。足足经过 27 层的净化，乐百氏纯净水才"千呼万唤始出来"。该广告使"纯净品质"看得见、记得住，实现了"纯净品质"的理想传播。"纯净水，'净'在乐百氏"，因为 USP 卖点突出，纯净品质理性定位令人印象深刻，乐百氏纯净水"27 层净化"广告片获得当年影视广告金奖。

其实，每个品牌的纯净水生产都是经过 27 层净化的，乐百氏第一个旗帜鲜明地抢占了消费者产品品质"纯净"的心理认知，继娃哈哈纯净水的心理"纯情"后，当之无愧地成为当时北京、上海、广州等一线城市的第一品牌，全国范围的第二品牌。

可惜，2000 年前后，乐百氏被法国达能公司收购，创始团队成员先后出局。在一帮水土不服的外资企业职业经理人的运营下，乐百氏纯净水江河日下，而今几乎销声匿迹。

> 品牌打造方法

农夫山泉核心定位——天然水品类定位

农夫山泉的老板钟睒睒,曾经是娃哈哈儿童保健品海南、广西区域的经销商。后来钟睒睒跟随娃哈哈产业发展战略,先后创立养生堂(主营保健品)和农夫山泉公司。1998年前后,农夫山泉天然水在江苏、浙江、上海上市,"来自千岛湖的源头活水""农夫山泉有点甜",以"产地定位""口感定位"为创意原则的电视广告在杭州、上海等地投放,小试牛刀,初战告捷。

2000年,农夫山泉使出"品类定位"撒手锏,极力打造天然水新品类,与纯净水分庭抗礼。此时的农夫山泉,已经将"品类定位"上升到决定企业命运的战略高度。此后数十年,农夫山泉全价值链(包括水源地、生产设备、产品包装、广告宣传等)聚焦天然水品类,终于做大了天然水品类,实现了"农夫山泉=天然水,天然水=农夫山泉"的品牌目标。2010年,农夫山泉终于后来居上,赶超娃哈哈,成为瓶装水业第一品牌。直至今天,农夫山泉在瓶装水业"老大"的地位牢不可破。

天然水源地聚焦:从浙江千岛湖水库起步,到湖北丹江口、广东万绿湖……农夫山泉只在全国屈指可数的优质天然水库取水生产,坚持不用城市自来水,确保水质天然、安全。

产品线品类聚焦:农夫山泉创立初期,同时生产天然水和纯净水。后来鉴于纯净水品牌太过于强势("纯情纯洁"的心理定位及纯净属性定位已经被娃哈哈、乐百氏抢占),鉴于对天然水市场需求美好前景的笃定,2000年,钟睒睒公开宣布:农夫山泉只生产天然水,不再生产纯净水。公司同步投放"天然水、纯净水水仙花生长比较试验""纯净水有害健康,停止生产纯净水"的电视广告,引发媒体关于"纯净水是否有害健康"的大讨论,引发了以娃哈哈、乐百氏为首的数十家纯净水厂家的大声讨。后来,"口水战"不了了之,但消费者宁信其有,不信其无,"天然水更健康"的理念逐渐深入人心。很多年过去了,除了天然水和矿泉水外，农夫山泉还生产以纯净水为配料的茶饮料、果汁饮料、运动饮料、咖啡饮料，就是坚持不生产瓶装纯净水。

品牌名称品类聚焦："农夫"令人联想到"农耕社会的原始、自然"，"山泉"令人联想到"健康天然、无污染"，"农夫山泉"品牌取名直接体现了"天然水"品类定位。如果没有如此优秀的体现品类定位的品牌取名，毫不夸张地说，无论钟睒睒在水源地、广告方面如何努力，都不会有农夫山泉今天的成就。

产品包装文案品类聚焦：农夫山泉天然水瓶贴以山水为背景，"饮用天然水"字体特别醒目。如果你再仔细观察，会发现农夫山泉仅十平方厘米的瓶贴上面，"天然"两字足足出现了十次！产品包装是无声的推销员，是品牌宣传的零号媒介。若没有对天然水品类定位的高度重视，若没有对天然品牌核心价值的坚持，小小的瓶贴上怎么可能会有十个地方出现"天然"两字？笔者观察过成百上千个消费品包装文案，能够体现品牌定位并反复强调十次的，仅此一家。

广告宣传品类聚焦：早期公司广告走"农夫山泉有点甜"产品口感路线，虽然颇受广告界好评，虽然有天然山泉水的心理暗示，但没有直接体现天然水品类定位。2007年，天然水源地布局初成的农夫山泉重磅出击，展开类别定位及对立定位宣传战。大规模投放"水分两种，健康的水呈弱碱性，偏酸性水不利人体酸碱度平衡……农夫山泉，天然弱碱性水"广告，在每瓶水的瓶颈处套一个标注农夫山泉pH值7.3±0.5的小拉环，并在各大城市开展"自来水、纯净水、天然水是否弱碱性试剂检测"活动。当时市场上的主流品牌，娃哈哈、康师傅、乐百氏的水等都是偏酸性的。在持续的市场教育下，健康的弱碱性天然水类别需求急速扩大。

此后，农夫山泉顺势推出"我们不生产水，我们只是大自然的搬运工"经典广告片，同时启动大型"见证水源之旅"公关活动。一切营销努力都是为了强化"农夫山泉＝天然水"品类认知。2018年，农夫山泉广告再次升级，推出"什么样的水源，孕育什么样的生命"纯生态纪录片系列广告，站在更高的人文价值层面表达"天然"，用水源地优良的动植物生态系统证明水源的优质。

一系列聚焦，20余年的坚持，不仅成就了农夫山泉"天然水王者"之位，也成就了农夫山泉在所有包装水类别里的领导地位。在中国消费者的认知中，瓶装水分"天然水、纯净水和矿泉水"三大类。但事实上，包装饮用水国家标准只有三大类："饮用纯净水、其他饮用水和天然矿泉水"，没有"饮用天然水"这个类别（天然水被归类在其他饮用水国家标准里面）。中国之外，没有"饮用天然水"知名品牌。

农夫山泉以一己之力，开创、定义并做大了天然水这一类别，这是中国也是世界品牌营销史上的奇迹。

2020年末，农夫山泉在香港证券交易所成功上市。根据其2022年度财报，产品毛利率近70%，净利润率近30%，瓶装水市场份额近30%，公司获得品牌溢价和消费者认可双丰收。公司市盈率高达40余倍、总市值4000多亿元。其竞争对手康师傅和统一的市盈率仅20倍，两者相加总市值不到2000亿元。农夫山泉获得了投资者估值溢价和行业第一市值双丰收。

农夫山泉天然水，助力公司老板钟睒睒连续三年成为中国首富。

☞ 康师傅核心定位——"健康"的矿物质水品类定位

"纯情""纯净"的心理定位、属性定位被娃哈哈、乐百氏纯净水抢占，天然水定位被农夫山泉抢占，还有没有其他定位能成就瓶装水行业领导地位？2004年，康师傅矿物质水横空出世，此后，市场份额一路攀升，高峰时期曾荣登中国瓶装水第一品牌宝座（商超渠道数据统计），曾令娃哈哈、农夫山泉等高度紧张。

康师傅水为什么会如此火爆？康师傅引以为豪的"通路精耕"渠道铺货能力是原因之一，最主要的原因是三大定位组合作战，拥有超强竞争力，一时所向披靡。

矿物质水品类定位。其实在2000年前后，可口可乐公司就出品了"天与地"矿物质水，但没有重点运作，没有大规模广告宣传，市场一直不温不火。只有康师傅押宝矿物质水，曾经一度将矿物质水推为所有包装水第一品类。所谓矿物质水，其实就是自来水、净化水加一点点矿物质（氯化钾、硫酸镁）。这一点点矿物质，对人们健康的影响可以忽略不计。但认知大于事实，人们潜意识中认为，矿物质水有补充营养的功能，"添加矿物质的水"更健康。

"健康"利益定位。康师傅利用了人们的潜意识，利用了人们的信息不对称。在产品包装上，在各类媒体上，康师傅矿物质水大肆宣传"多一点，生活更健康"，激发并强化了人们对"健康"瓶装水的需求。纯净水以娃哈哈、乐百氏为代表，经常饮用是否健康有争议；农夫山泉天然水，虽然暗示自己是"健康"的水，但没有明说；有且只有康师傅矿物质水，自信地喊出"更健康的水"。生命无价，健康无价，谁不想喝"更健康的水"？

超低价格定位。一方面宣传矿物质水的健康属性，另一方面有1元/瓶的超低零售定价，使得康师傅矿物质水拥有了无敌的性价比优势。康师傅矿物质水水源是城市自来水，生产不受水源地限制，有明显的生产成本优势。其遍布全国的20多家生产基地各自就近方圆300千米内配送，有明显的运输成本优势。康师傅矿物质水出厂价甚至比性价比鼻祖娃哈哈纯净水还便宜。

康师傅矿物质水与天然水相比，差不多健康但价格更低；与纯净水相比，差不多价格但更健康。康师傅矿物质水左右逢源，上下切割，这几乎是对农夫山泉、娃哈哈等主流品牌的降维打击。2004—2007年，康师傅矿物质水势如破竹，销量迅猛增长。

然而乐极生悲。2008年，媒体曝光了自称"优质水源"的康师傅矿物质水其实是"自来水"，民众一片哗然。康师傅矿物质水品牌声誉

品牌打造方法

大受影响。数年后，考虑到产品名称"矿物质水"容易引起消费者误解：以为产品有补充矿物质的营养功能。新修订的《包装饮用水食品安全国家标准》规定：不得以水以外的一种或若干种成分来命名包装饮用水，禁止标识"饮用矿物质水"之类的产品名称。

这是对康师傅矿物质水的致命一击，2014年后，康师傅矿物质水销声匿迹。康师傅矿物质水终究败在了国家标准之下。至于国家标准制定的背后，有没有纯净水、天然水品牌厂家的游说，这永远是个谜。

失去了"健康"的矿物质水这一品类定位，康师傅瓶装水只能标识纯净水或包装饮用水。还是同样的渠道，同样的价格，但无论如何努力，康师傅水的业绩再也无法重现过去的辉煌，市场份额一直在第4～第5名徘徊。这也证明了矿物质水品类定位的力量。

☞ 百岁山矿泉水核心定位——"水中贵族"文化定位

百岁山系深圳景田公司旗下品牌，由曾任怡宝总经理的周敬良创立。他任内推出了中国第一瓶纯净水，在行业内有"中国包装水之父"之美誉。2004年，百岁山矿泉水上市，刚开始市场反响平平。2013年，以"水中贵族"广告投放为标志，百岁山坚定实施"贵族"文化定位，自此一路开挂。2018年，百岁山市场份额挺进中国瓶装水前三名，常年稳居天然矿泉水类别第一位。

"贵族"天然矿泉水源。矿泉水系"液体矿产"，富含对人体健康有益的天然矿物质，与金矿、锂矿等矿产资源一样，需要获得国家采矿许可证后，才可以生产。矿泉水水源地有限，具有稀缺性，自带"贵族"气息。百岁山拥有广东罗浮山、浙江四明山、四川蒲江等多处天然矿泉水水源。这些水源都属于稀有的高偏硅酸、低矿化度的花岗岩层天然优质矿泉水，可确保口感适合、品质一致。瓶装水界，也只有百岁山敢自称"水中贵族"。

长期以来，矿泉水企业一直受产量有限的单一水源地制约，多处水源又难以统一口感品质（品质一致，是做品牌的基本要求），企业规模一直很难做大。经过多年布局，百岁山拥有了基本相同的天然矿物质、品质统一的多处水源地，才厚积薄发，成就了矿泉水第一品牌。

"贵族"价格定位。与零售定价1～2元/瓶走性价比路线的纯净水品牌不同，百岁山顺应中国消费升级的时代趋势，一开始就确定了3元/瓶的零售定价。3元/瓶，体现了"贵族"的档次感。有人或许会问：为什么不直接定价5～10元/瓶，那样岂不是更有"贵族"感？相信百岁山周敬良一定慎重考虑过，3元零售价一定是"品牌档次、消费人群数量、企业成本利润"三者之间的最大公约数。10年前3元/瓶的百岁山矿泉水，高贵又不失亲民，锁定的是新中产、新贵人群，放弃了学生、打工一族等消费人群。

"贵族"包装瓶型设计。瓶装水属于典型的颜值导向的消费者轻决策商品。包装设计，决定了品牌给消费者的第一印象，甚至决定了消费者的购买意愿。贵族的着装必须精致得体，百岁山的外观设计一直被外界称道。百岁山优雅的瓶肩设计，象征矿泉水在地下岩石断裂带流动的四条流线型凹槽，突显了"贵族"的精致感、档次感，在货架上拥有绝对的"辨识度"。

"水中贵族"系列创意广告。"公主抢水""笛卡尔与公主的爱情"等四部拥有电影质感的广告片，欧式古堡、女王公主、宫廷服饰等元素，处处体现着"贵族"文化、"贵族"气质。虽然绝大多数人不明所以，但这种唯美意境式广告的反复播放，还是强化了"水中贵族百岁山"的品牌形象。曾经，"贵族"是一种身份；如今，"贵族"代表着道德高尚、品格高雅，代表着荣誉、责任、自律，是中国日益富裕起来的新中产们的生活方式与精神追求。

"贵族"赛事与会议赞助。百岁山长期赞助澳大利亚网球公开赛、中国网球公开赛、北京马术大师赛、世界互联网大会等国内外高端赛事、高端会议。一方面，象征贵族生活方式的高端赛事与百岁山的"贵族"文化定位完美匹配；另一方面，大牌体育明星和互联网新贵们的饮用，间接或直接认可了百岁山的"贵族"气质、形象。

"贵族形成需要三代"，采用"贵族"品牌定位的百岁山坚持了十余年，"水中贵族百岁山"终于牢牢占据了消费者的心智。

定位需要坚持，也需要与时俱进。伴随着物价的上涨（原来 1 元 / 瓶零售价的纯净水都已逐渐涨到 1.5～2 元 / 瓶），伴随着消费力的提升，大量消费者已经不觉得 3 元 / 瓶的矿泉水贵了，消费者对瓶装矿泉水的需求在持续提升。百岁山和周敬良面临艰难抉择：若坚守"贵族"定位，那百岁山就必须提价至 4～5 元 / 瓶，甚至更高；若坚持 3 元 / 瓶的零售价，那就必须淡化"贵族"定位，寻找新核心定位。

近几年，百岁山悄然更新了广告语："水中贵族"这四个字逐渐缩小，取而代之的是"百岁山，真正天然矿泉水"这十个字。这意味着，百岁山品牌从"贵族"文化定位时代走向"真正天然矿泉水"核心品类定位时代。

不提价，更换核心定位，这暗示着"百岁水"的战略雄心：牢牢占据天然矿泉水的领导地位，并以扩大天然矿泉水品类需求为己任。

从纯净水到天然水，再到矿泉水，消费在升级，品牌战也在升级。或许，将来矿泉水品类代表百岁山与天然水品类代表农夫山泉两强之间终有一战；或许，双雄争霸，两者双赢，没落的是各地纯净水品牌。

☞ 今麦郎凉白开核心定位——"熟水"品类定位

当我们以为瓶装水类别定位各就各位，几乎尘埃落定的时候，2016 年，今麦郎凉白开出道了，瓶装水品牌类别定位大战再次开启。

本质上是"采用纯净水高温加热杀菌再降温工艺流程"的今麦郎凉白开瓶装水，自我定义为"熟水"品类开创者。今麦郎凉白开运用对立品类定位策略，硬生生将瓶装水分为"熟水"和"生水"两大类，自己为"熟水"品类代表，其他主流品牌如农夫山泉、百岁山、怡宝、娃哈哈等生产的水均为"生水"品类。将水煮开后凉着喝，"熟水"有广泛的消费基础。今麦郎凉白开品牌命名已经将品牌命运与"熟水"品类紧紧捆绑在一起，"熟水"兴则品牌兴，"熟水"衰则品牌衰。当然，去除"今麦郎"三个字，仅用"凉白开"三个字命名品牌更好，但《商标法》禁止"以产品属性、通用名"注册为商标。

为扩大"熟水"品类需求，今麦郎凉白开引经据典（《本草纲目》），以证明"熟水"不仅好喝还健康。今麦郎凉白开还提炼出"更适合中国人的体质"这一具有冲击力的超级广告语，暗示其他瓶装水不太适合中国人体质，这让竞争对手们极为郁闷。

虽然网络上关于"熟水是否更健康""喝凉白开是否交智商税"的争论不断，但今麦郎凉白开销量仍然一路攀升，2022年销售额突破30亿元，稳居瓶装"熟水"全国销量第一位。

没有独特水源地，又不愿放弃包装水市场，大名鼎鼎的可口可乐公司实在找不出特色鲜明的定位点，旗下冰露纯净水定位简单直接——超低价定位，长期零售价1元/瓶，出厂价甚至比怡宝、娃哈哈纯净水还低。

低定价还要赚钱，那只能尽可能压缩成本。

可口可乐公司很有钱，但冰露品牌没有市场推广预算，产品包装很轻很薄、一捏就凹（美其名曰节约、环保）。即便如此，冰露以"可口可乐公司荣誉出品"品牌担保为前提，坚持1元/瓶超低价，叠加直营渠道铺货力量，冰露市场份额常年名列前六位。

或"纯情""贵族"心理定位，或"健康"利益定位，或"天然水""矿物质水""熟水"品类定位，或"性价比"定位，无色无味、低技术含量的一瓶水，各大品牌大做"定位文章"，各显神通，竞展风流。

有功能成分、外观款式、生产技术、服务流程等差异化特征、优势的衣食住行各行各业的品牌人，了解了以上案例后，是否应该深入学习、借鉴一瓶水的品牌定位之道？是否更有信心以"定位"为核心打造品牌？！

附录二　操盘案例

操盘案例一
嘀嗒开啦，淘宝快开帐篷第一品牌：从绽放到衰败

嘀嗒开啦，一个小而美的"淘品牌"，是曾经的淘宝快开帐篷第一品牌。本案例记录了其在2009—2017年从诞生到绽放，再到衰败的全过程。

2009年，这是"淘品牌"疯长的时代，也是大众创业的时代，嘀嗒开啦快开帐篷应势而生。当时，我的一位原来做外贸采购的朋友，欲转型做内贸。她想在资金有限投入、风险可控的前提下创业做品牌。为什么选择打造一个帐篷品牌？这是一个基于市场机遇导向的低成本品牌创业故事。

消费需求机遇：过了温饱阶段的人们，向往更美好的生活，比如亲近大自然的户外活动。都市三口之家在公园小憩；年轻情侣到近郊旅游、登山徒步等；户外活动爱好者去野营露营，帐篷几乎都是必需品。这是个持续成长的朝阳行业（后来持续三年的新冠疫情，催生了露营经济，户外帐篷需求更是暴涨）。

产品创新机遇：传统帐篷搭建费时费力，基于玻璃纤维杆新材料的发明及大规模产业化应用，促生了仅需2秒就能自动搭建的新型快开帐篷。这让帐篷从户外活动爱好者人群普及至普通休闲旅游人群成为可能。虽然该类型帐篷已经在欧美国家悄然流行，但国内市场上尚一片空白，更没有一家专业的快开休闲帐篷品牌。

需求在增长，却没有竞争对手，这市场竞争环境可遇而不可求啊！抢先运作快开帐篷品类，进行品牌化运作，这是一次难得的品牌打造创

业机会。

电子商务的机遇： 传统帐篷的销售地点是线下户外用品实体店内。实体店面积有限，帐篷展示空间也有限，而且渠道成本很昂贵。电商平台入驻费用相对于实体店很低廉，而且展示空间无限。一店卖天下，天堑变通途，这是电子商务对线下实体店的降维打击。电商主力消费人群是年轻人及三口之家，这也恰是帐篷主力消费人群，人群完美匹配。这是时代趋势不可逆的商业机会。

机会难得，说干就干。三个股东，50万元实缴注册资本金。大股东全职全面负责公司管理与运营，笔者兼职负责品牌营销策划。作为轻资产品牌运作公司，帐篷款式研发、品牌定位定价等策划及销售均由公司自主掌控，唯有生产需要代工外包。

代工生产工厂在哪儿？幸好，江浙一带是全球帐篷生产基地，可供我们选择的工厂不少。几经周折，一家专注于欧美市场的优质外贸型工厂决定承揽我们量少款多的代工加工业务。

代工生产基地有了，万事俱备只欠东风，该展示我们的专业品牌策划与打造能力了。

目标顾客： ①主力顾客，年龄25～40岁；追求舒适生活，向往自然，喜欢周末郊游的三口之家、年轻情侣；追求生活品质、有生活情调的有车一族（特别是首次购车者）。②次要顾客，徒步、登山、越野等户外运动爱好者。

品牌名称： 嘀嗒开啦，理性寓意为"嘀嗒两声帐篷就开了"，暗示快开帐篷的产品特性，强化产品优势；情感寓意为"幸福像花儿一样绽放"，"嘀—嗒！尽情享受我们的欢乐时光吧！"

品牌品类定位： "快开休闲帐篷专家"。品牌广告语：功能层面，"搭帐篷就2秒"；情感层面，"心情像花儿一样开放"；场景层面，"私家车后备箱必备"。

品牌愿景： 开创并做大快开休闲帐篷品类，目标是成为中国快开休

> 品牌打造方法

闲帐篷第一品牌。远期目标是成为中国户外休闲用品领先品牌。

产品策略： 同步推出豪华款、经典款、风尚款三大系列十余款帐篷（后来推出更高端的旗舰款，更小型的儿童款等系列帐篷，以及防潮垫、睡袋等帐篷配套商品），以强化嘀嗒开啦快开休闲帐篷品类专家形象。

价格策略： 全网统一零售定价，豪华款399元，经典款299元，风尚款199元3种价位（随后推出的旗舰款定价599元），全面覆盖高、中、低消费群，强化快开休闲帐篷品类缔造者形象。

渠道策略： 纯线上销售，只在淘宝商城（天猫前身）上开设旗舰店，后来增加京东旗舰店。期间给部分线上户外用品专业店铺分销，给予20%～30%的零售折扣，前提是帐篷零售价与旗舰店同步，不得擅自降价。

文案及图案广告创意： 旗舰店两大块详情页内容，上部分是品牌形象大海报（核心广告语："搭帐篷就2秒，嘀嗒开啦，快开休闲帐篷的缔造者，开创帐篷的快捷时代"，反复强化嘀嗒开啦快开帐篷品类专家形象）；主体部分是产品十大优势、五大购买理由阐述（两秒搭建、时尚外观、优质品质……），以促使浏览者快速下单，提升转化率。

品牌文案（部分展示）：

搭帐篷，就两秒！

"Didaopen"嘀嗒开啦快开休闲帐篷，开创全新帐篷品类，让户外休闲变得更轻松、更时尚、更自在！

由专供欧美市场十余年的专业帐篷生产工厂制造，采用欧美休闲户外用品设计理念，以国人体型、使用习惯等作为产品优化的细节参考，为满足中国日益兴起的户外休闲需求而精心研制开发。

十五人专业设计师队伍，六重产品质量控制体系，二十八道生产工艺流程，确保"嘀嗒开啦"快开休闲帐篷的款式、外观、品质、使用性能等领先于传统帐篷。

附录

在欧美国家，快开休闲帐篷已经被喜欢自然、喜欢休闲生活的数千万中产阶层人士所喜爱。今天，这样的生活方式，这样全新品类的帐篷，已经来到中国。在车水马龙的闹市，在钢筋混凝土的丛林，我们需要给自己的心灵找到一片绿洲，自由呼吸！

休闲，不仅仅是一种生活追求，更是一种生活态度。

"Didaopen"嘀嗒开啦，让休闲无处不在！搭帐篷，就两秒！开启户外休闲生活，如此简单！

品牌推广与传播策略： 由于资金有限，我们除了百度贴吧、户外论坛的软文投放外（若是现在，只能在小红书社交平台动员一些户外、旅游UP主写写小软文，刷刷存在感），没有其他媒介推广预算。旗舰店流量完全依靠淘宝平台站内的自然引流。直至2012年，因为淘宝规则变化及竞争环境恶化，我们才逐步投放淘宝直通车、钻展图文广告。

整体品牌营销策划朴实无华，但逻辑严密，主题明确，环环相扣。2009年年底，淘宝商城（后来的天猫商城）嘀嗒开啦旗舰店开张（一年后设立嘀嗒开啦京东旗舰店）。2010年春季，仅仅低调运营数月后，系统性品牌策划的力量开始显现：旗舰店帐篷销量爆发，豪华款、经典款等主力帐篷供不应求！

此后持续3年，嘀嗒开啦帐篷年年春季供不应求！嘀嗒开啦持续绽放！我们不知道消费者的心情是否真的"像花儿一样"，但我们自己的心情真的"像花儿一样绽放"！那真是"淘品牌"的黄金时代！

淘宝平台免费流量源源不断地过来，每日到店浏览的顾客成千上万。淘宝成就了嘀嗒开啦，也成就了芳草集、绿盒子等知名"淘品牌"。

当然，若没有我们的品牌命名、定位、定价、产品设计、广告创意等系统性策划，这些免费的流量我们也承接不住。

当年，在淘宝及京东主页搜索"休闲帐篷""快开帐篷""自动帐篷"等关键字，嘀嗒开啦帐篷常年默认排名第一！不仅搜索默认排序第一，

> 品牌打造方法

而且客单价第一（客单价约 400 元），毛利率最高（约 50%），还是自动帐篷类别中的销量冠军！

销量利润双丰收，那几年，嘀嗒开啦是当之无愧的第一品牌（自动帐篷类目）。

日销售额从 0 起步，1000 元，10000 元，30000 元，持续攀升……直到 2013 年 11 月 11 日那天，达到了史无前例、空前绝后的 70 万元！

然而，乐极生悲！成也"双 11"，败也"双 11"。没想到，2013 年 11 月 11 日是嘀嗒开啦从盛到衰的大转折日。

每年的 11 月，本是帐篷销售的淡季，平常旗舰店日均销售 5000 元上下。为了此次"双 11"大促，我们预备了足足 20 万元的货源。鉴于我们旗舰店日常优异的销售表现，淘宝天猫给了我们帐篷类目唯一的"双 11"主会场展示位。这帐篷类目唯一展示位的引流作用，远远超越了我们的预期。

"双 11"活动当日 10 点，天猫旗舰店当日累计销售即超 20 万元。紧急之下，我们决定采用预定销售模式。

无法想象"双 11"大促当日的疯狂。即便是预售，蜂拥而来的网络人流仍然踊跃下单，当日帐篷预售金额累计高达 50 万元。

我们心情复杂，喜忧参半：喜的是帐篷销量远远超过了我们的预计，忧的是，怎么组织货源？非常遗憾，我们唯一的帐篷代工工厂忙于欧美外贸大订单的生产，无论我们怎样请求，工厂仍然不接受我们临时追加的订单。那能不能寻找第二家供货商？我们也尝试过。可惜，既能生产高品质快开帐篷，还能够在冬季交货或早春交货的工厂难觅踪迹。

2013 年"双 11"之后数月，杭州天寒料峭，我们的心情也低落到冰点。要求退货的，取消订单的，抱怨这么长时间还没有发货的……顾客怨声载道。老订单迟迟未发货，新订单直线下滑。订单数量、发货量、退货率、好评率、复购率等核心经营指标越来越难看。

基于销售额、满意度等核心数据表现的淘宝默认排序越来越靠后，

附 录

从第一页第一行到第一页末几行,再到第二、第三页……第N页,仅仅半年,恨铁不成钢的淘宝彻底抛弃了嘀嗒开啦帐篷。

屋漏偏逢连夜雨。代工工厂阶段性断货是嘀嗒开啦走向衰败的开始,但不是全部。仅仅是短时间的货源问题,嘀嗒开啦帐篷还有翻身的可能。

瞬息万变的竞争环境,加上天猫扶植大品牌的战略,我们再无东山复起的可能。

2013—2014年,又一种自动快开帐篷(与雨伞结构类似)快速崛起,俗称"一分钟帐篷"。与玻璃纤维结构2秒搭建快开帐篷相比,该品类帐篷成本更低,更加坚固,而且便于携带,更适合户外露营野营。短短一年时间,一分钟自动帐篷后来居上,成为主流帐篷品类,市场占有率超过80%。传统搭建帐篷及我们开创的2秒快开帐篷都成了配角。

即便在2秒快开帐篷细分品类中,嘀嗒开啦也慢慢失去了先发优势。对大多数顾客而言,帐篷仅是偶尔一用的商品,他们不太在意品质好坏,何况顾客自身也难以界定帐篷的品质。来自浙江义乌的低品质快开帐篷,自我标榜性价比之王,以低于我们帐篷30%~50%的价格入市,吸引了许多只求低价不问品质的网购者。

真正的2秒自动快开帐篷鼻祖——专业体育用品品牌迪卡侬,终于在天猫开设旗舰店。其强大的品牌力及更加丰富的快开帐篷产品线,吸引了众多追求品质的高端消费者。高端、低端腹背受敌,嘀嗒开啦在夹缝里求生存,怎么可能会有未来?

雪上加霜的是,以总成交额提升为首要目标的天猫平台,其品牌扶植战略发生根本性转变:鼎力支持国内外大品牌天猫旗舰店销售,不再重点扶植小而美的"淘品牌",任其自生自灭……在天猫大品牌扶植战略指引下,天猫站内免费流量源源不断地流向迪卡侬、骆驼等大牌,嘀嗒开啦的搜索默认排序越来越靠后,流量越来越少……

2014—2016年,嘀嗒开啦靠淘宝直通车、站外CPS广告等付费流

> 品牌打造方法

量艰难活着，然而大势已去，公司年利润从高峰时期的数百万元逐年下滑到数十万元。2017年春，经多方评估，我们判断嘀嗒开啦品牌已无力回天，股东会议不得不决定：公司停止运营。

回顾嘀嗒开啦品牌从诞生到绽放，再到衰败的全过程：诞生初期，我们有明显的品牌命名优势、品牌定位优势、营销策划优势、产品组合优势、先发优势，抓住了帐篷从专业化到休闲化的普及机会，并成为快开帐篷品类专家，曾经是全网当之无愧的快开帐篷第一品牌。

后来市场及竞争环境发生巨变：一分钟自动帐篷出现，大品牌迪卡侬上网销售，廉价产品抢夺，以及天猫扶植战略的改变（不再扶植"淘品牌"），这些不可控的外部因素，使得竞争力有限的嘀嗒开啦无可奈何花落去。

我们自我反思，自身的一系列错误，导致失去了做强做大的机会，也加速了品牌的衰败。公司战略上，在2009—2013年公司快速发展时期，如果我们没有小富即安，不局限于快开帐篷第一品牌的定位，而是不忘初心，致力于户外休闲用品领先品牌的打造，坚持至2022年露营产业的大发展，或许真能成为大品牌，也不至于被抓大放小的天猫平台所抛弃。如果我们一开始就不依赖单一供应商，与多家供应商合作，那也不至于旺季常常断货，更不至于出现2013年"双11"后长达半年的缺货惨剧；如果那年"双11"，我们精准预测精心准备，预备了70万元以上的货源，也不至于那么快就被淘宝天猫平台所抛弃；如果我们的创业操盘大股东更加积极进取一些，投入精力更多一些……

商业不是演戏，可惜没有如果！

嘀嗒开啦，曾经的快开帐篷第一品牌已经衰败，曾经的"淘品牌"佼佼者，化妆品类目领先品牌芳草集也已经衰败，童装第一品牌绿盒子已经破产，女鞋第一品牌卡芙琳也已经消失，总结这些"淘品牌"失败的原因，或因为战略失误，或因为股东内斗，或因为被平台封杀，或因为竞争过于惨烈，总有各种各样的理由。

然而，同时期的"淘品牌"，坚果第一品牌三只松鼠，家具第一品牌林氏木业，小家电第一品牌小熊电器等品牌，或稳定，或在持续成长中。新的"淘品牌""抖品牌"前仆后继，持续诞生……

长江后浪推前浪，前浪死在沙滩上。前车之鉴，后事之师，祝福仍在坚持的、新生的"淘品牌""抖品牌"们茁壮成长！

操盘案例二　贝因美奶粉的诞生与崛起

☞ 艰难抉择

2001年7月的一天深夜12点，位于杭州国际花园17楼的贝因美总部会议室灯火通明，人声鼎沸，一场决定贝因美未来的大讨论已经持续了3个多小时：到底要不要进军奶粉市场？

"竞争对手太强大了，我们凭什么与他们竞争？""我们没有雄厚的资金，没有自己的奶源基地，没有奶粉市场的运作经验，没有专业的人才……""要与惠氏竞争，肯定是鸡蛋碰石头，我们没有任何取胜的可能"……反对公司进军奶粉行业的声音一波接一波。

的确，婴儿奶粉行业的竞争激烈程度超过了一般人的想象。

高端婴儿奶粉市场，外资品牌以美赞臣、惠氏为首，有专业药厂生产制造背景，营销模式以医务推广为主（核心为游说医生＋医务讲座＋一对一数据库营销），专业杂志及电视媒体为辅，以大城市为中心辐射周边市、县，攻城略地，所向披靡。

中高端婴儿奶粉市场，还是外资品牌占主力，以多美滋、雀巢／力多精为首，其凭借奶粉行业多年的运作经验，成绩斐然。特别是，多美滋奶粉采用强医务推广＋强广告拉动的推广模式，立足华东、放眼全国，在富饶的江浙沪包邮区，第一品牌的地位不可动摇。

中低端婴儿奶粉市场，以伊利、完达山为首的本土奶业品牌，凭

品牌打造方法

借低成本奶源优势，不甘示弱，采用消费品企业常用的电视广告拉动策略，在广袤农村及中小城市，销量占优。如今（2020—2023年）占据国内品牌领导地位的国产品牌——飞鹤奶粉，当年的市场地位远不如完达山等。

在低价低质市场，许多杂牌奶粉采用利润驱动型营销模式（从出厂价到零售价，企业设置巨大利润空间，为了获取更高利润，渠道商们会积极主动向顾客推荐产品），盛行于消费能力低下的老少边穷地区……

广告轰炸，医务推广，数据库营销，利润驱动……市场推广手段花样繁多，各类品牌尽展风流，后来者如何才能后来居上、脱颖而出？

以公司实力而言，雀巢、美赞臣、惠氏乃世界500强企业，伊利、完达山属中国奶业前5强；前者是世界第一的食品制造商或安全至上的国际药厂，品质优势明显，后者以自有奶源基地为后盾，成本优势明显。

名不见经传的贝因美公司，无论从哪个角度分析，似乎都没什么优势，凭什么进军婴儿奶粉市场？反对公司立项的声音不少。

"事在人为，最强大的敌人也有薄弱的一面，最弱小的企业也有闪闪发光点，关键在于我们如何寻找、把握、塑造！""婴儿奶粉市场已经起势，我们不把握机会，实在太可惜了。""谁说我们没有优势？我们有独一无二的品牌名，我们有育婴专家的大旗，我们有生养教知识营销经验！"为了突破发展瓶颈，寻找品牌第二增长点，支持公司全力进军婴儿奶粉市场的声音也此起彼伏，尤其是市场部的人员。

当年，贝因美主力产品营养米粉，虽在华东地区占据领先地位，但增长停滞；磨牙饼干及葡萄糖类产品虽增长较快，但受市场规模限制，对企业总销售额的贡献非常有限。作为宝宝的主食，市场容量大，又处于快速成长期的婴幼儿奶粉市场，自然而然进入公司决策层的视野。

竞争虽然激烈，但婴儿奶粉市场并非坚不可破的铜墙铁壁，深入分析，市场机会并不少。

（1）人们生活水平日益提高，高品质婴儿奶粉市场规模在急速扩大中。

（2）国内尚没有一家只做婴儿奶粉的专业大公司、大品牌（对伊利等而言，液体奶是主力产品，婴儿奶粉仅是辅助性产品）。

（3）在中国广袤的二、三线城市和乡镇，按部就班的外资品牌尚无力顾及，中高端婴幼儿奶粉市场竞争并不激烈。

（4）多数奶粉品牌定位停留在品质安全、营养成分等产品特点层面，没有情感定位，品牌形象塑造处于初级阶段。

（5）整个行业品牌营销手段相对简单，差异化营销和整合营销传播在业内尚未引起重视。在日化、保健品产业盛行的终端导购"临门一脚"的推广策略，尚没有在婴儿奶粉行业广泛推行。

更何况，理性分析，贝因美企业优势其实不少。

第一，"贝因美——您的育婴专家"品牌命名优势。贝因美，取"宝贝因你而健康美丽"之意，品牌联想丰富（如婴儿的、爱心的、美好的等）；"您的育婴专家"品牌口号，进一步体现"专业的、有知识的、权威的"等品牌内涵。这种因品牌命名及口号所带来的优势独一无二，不加利用，岂不可惜？

第二，顾客连带消费优势。贝因美主力产品营养米粉已经入市多年，有许多忠诚顾客群。前期市场调查表明，贝因美品牌美誉度和忠诚度均不错，有70%的目标顾客品牌联想：能将贝因美与婴幼儿食品密切联系起来。只要贝因美婴儿奶粉上市，她们自然爱屋及乌，连带购买贝因美奶粉。

第三，产品互动推广优势。婴儿奶粉是宝宝主食、口粮，营养米粉和磨牙饼干、婴儿葡萄糖则属于辅食，喂养宝宝必须主辅食互为补充，缺一不可。买奶粉送米粉（磨牙饼干），买米粉送奶粉（试用装）等，这样既可促进产品销售，又可扩大试用体验群体，一箭双雕。

第四，销售网络及销售团队优势。婴幼儿营养米粉销售网络几乎与

品牌打造方法

婴儿奶粉销售渠道完全重合。企业因多年的良好信誉而培养起来的铁杆经销商,必然会倾力销售贝因美奶粉。贝因美销售团队,经过多年一线磨炼,具有吃苦耐劳、兢兢业业的精神和终端服务至上的意识。公司奶粉上市要铺设一条畅通的奶粉销售通路毫无问题。

第五,人力资源和企业文化相对优势。当年的贝因美,企业虽默默无闻,但创始人谢宏先生乃书生下海,拥有哲商思维,理念超前;时任贝因美市场总监的笔者不才,好歹是"985"高校营销科班出身,曾就职于娃哈哈、喜之郎等大公司,品牌营销经验丰富,自信有一定的营销谋略、品牌打造优势。

第六,知识营销优势。普及成功生养教知识的"育婴工程"和无偿赞助多胞胎"爱婴工程",是贝因美营销传播的两大独门武器,将营养米粉送上了华东市场第一位的宝座。相信在婴儿奶粉领域,同样会立下汗马功劳。

面对会议室各抒己见的员工,号称拥有"吸星大法",善于后发制人的品牌创始人谢宏先生,一言不发地旁听了3个小时后,终于站了起来,犹如当年赤壁大战前的孙权联盟抗曹,挥剑断案。

"大家不要争论了,我心意已决,全力进军婴儿奶粉市场!"此话一出,全场寂然,"我们能够做成米粉,我们有品牌、理念、战略、谋略,团队这么多的优势,为什么不能做成奶粉?十年磨一剑!营养米粉仅是个小池塘,我们要到波涛汹涌的奶粉大海里披荆斩浪!""如果说,现在贝因美食品代表着米粉,那么将来,贝因美食品就代表着奶粉!"

"凡事事在人为,人定胜天!不成功便成仁,贝因美的成败在此一举!"平时从容淡泊的谢宏,此时声音异常铿锵有力!

那一晚,相信参加那次会议的贝因美人一定会终生难忘,因为这是一个新时代的开始:后来一度成为中国婴儿奶粉领导品牌的贝因美奶粉自此诞生!

附 录

☞ **差异化入市**

方向已定，关键是如何策划？如何打造贝因美奶粉专业品牌？当年，笔者身为贝因美营销部门"一把手"，责无旁贷，受命负责贝因美奶粉上市整体策划。这是笔者职业生涯里最艰难的挑战：关乎企业及个人荣辱，成败在此一举！

虽然公司拥有一定的优势，但毕竟不是大公司，人、财、物各方面资源都非常有限。公司不能"高举高打"，更不能"正面强攻"，以硬碰硬。

只有针对强势品牌的软肋，全力出击，方可能有立足并取胜的机会。

只有实施"抓住机会，扬长避短""避实就虚，集中资源"的差异化品牌营销策略，进入无人竞争或少有竞争的"蓝海"，贝因美才有可能出奇制胜，成就以少胜多、以弱胜强的商业传奇。

基于严密的 SWOT 分析，基于"避实就虚"的差异化品牌营销原则，深思熟虑后，笔者制定了以下系列差异化品牌营销策略。

1. 目标顾客精确锁定

品牌打造的第一步是慎重选择目标顾客。贝因美当年锁定的顾客群体画像如下。

- 年龄：22～35 岁，家有 0～3 岁宝宝的年轻母亲。
- 家庭月收入：中等及以上（2000 元 / 月以上，大致相当于 2023 年的 8000 元 / 月以上）。
- 母亲学历：高中为主，初中为辅，再次为大专生。
- 母亲职业：普通工人和个体工商户为主，或全职在家，专业技术人员次之。
- 地理位置：中小城市及大城市郊县，重点乡镇为主，城市中心区

> 品牌打造方法

为辅。

- 母亲心理及行为特征：信任权威，相信专家；育儿知识比较有限，信息主要来源于亲戚朋友、医生；宁愿自己吃苦，希望宝宝幸福快乐。

高度概括来说，当时贝因美奶粉的目标顾客是中小城市的"两低一中"人群（低学历、低地位、中等及以上收入）。公司战略性放弃了大城市里的"三高"人群（高收入、高学历、高地位），因为他们已经被外资品牌深度洗脑。

在江浙一带，在许多中小城市和富裕的乡镇，有不少拥有购买能力的年轻妈妈：她们渴望给宝宝喂养安全的高品质婴幼儿奶粉，但这些需求尚没有得到有效满足，这才是贝因美奶粉的机会！

"两低一中"人群数量远超"三高"人群，市场规模大并且还在增长中，外资竞品尚无心无力顾及，这是几乎无人竞争的、巨大无比的"蓝海"市场啊！

贝因美奶粉虽刚刚起步，当年的我心中窃喜：贝因美奶粉的未来不是梦！争创浙江第一品牌、全国前三品牌不是梦！

目标人群的精确锁定属于顶层定成败的营销战略范畴。目标市场战略制定后，产品、渠道、推广等差异化品牌营销策略紧锣密鼓地展开。

2. 产品定位及品类定位差异化

产品定位差异化：国产高档高品质奶粉。这是一个巨大的市场空缺。在消费者的认知中，高档高品质品牌一直属于外资品牌。当年，人们对国产奶粉品牌的普遍认知是低端低品质，市场上没有高端定位的国产婴儿奶粉。

谁说国产奶粉不能高端高品质？这是难得的市场机会！我们果断取中高价定价：零售价128元/罐，38元/袋（比惠氏、美赞臣等外资品牌定价略低5%～10%），但这已跻身高端婴儿奶粉品牌阵营。之所以略低定价，是要给顾客以"相同品质，更加实惠"（与外资相比）的物超所值的价值认知。

如何确保奶粉高品质？关键在于奶源。贝因美舍近求远，到北纬45度中温带，中国牛奶之乡——黑龙江安达采购优质奶粉原料。公司对采购部门的要求是：不要跟人家斤斤计较价格，品质第一价格第二。几年后，贝因美引进国际一流的婴幼儿奶粉专用生产线，直接在安达成立乳业有限公司。

品类定位差异化："贝因美婴幼儿专用奶粉，中国宝宝第二餐"，广告语简单明了地体现了品牌的品类定位。顾客相信专家，也相信专业。惠氏、美赞臣是药厂，固然安全，但不是婴儿食品专家。伊利等知名度固然高，但更多的是液体奶的知名度，无法体现其在婴儿食品行业的专业性。有且只有贝因美，一心一意只做婴儿食品。在奶粉类别上，贝因美只生产婴儿奶粉系列，不生产成人奶粉。因此，公司推出"贝因美＝婴儿专用奶粉"的品类定位，抓住顾客相信专家，崇尚专业的消费心理，巧妙占据心理认知的制高点：将"贝因美婴儿奶粉与婴儿专用奶粉"紧密地联系起来！

相信人们曾经听到过、看到过这样的电视广告："母乳是宝宝最好的第一餐，那第二餐呢？贝因美婴幼儿专用奶粉，专为中国宝宝研制……中国宝宝第二餐！贝因美婴幼儿专用奶粉"。"中国宝宝第二餐"的诉求，巧妙地将贝因美奶粉与母乳等同起来，给顾客以强烈的心理暗示，引发丰富的正面联想，比如"能比肩母乳的，那一定是好奶粉""中国宝宝第二餐，看来是专为中国宝宝研制的，应该是更加专业，更加可靠""敢自称婴儿专用奶粉，口号大气，应该是大公司出品，品质、营养应该有保证"。

产品上市初期，由于品牌打造经费有限，公司没有投放电视广告。"婴儿专用奶粉"的品类定位自始而终贯穿着品牌运作的整个过程，产品传单、礼袋、生动化用品，以及终端平面广告等上面都体现"婴儿专用奶粉"的品类定位。产品上市两年后，因为差异化营销策略效果明显，公司财力紧张的局面得以缓解。贝因美在浙江省内重点区域投放了上述内容的电视广告，销量增长立竿见影，贝因美奶粉的市场地位又有了进一步提升。

3. 产品成分及包装差异化

贝因美既然定位为"国产高档高品质奶粉"，不仅要确保奶源品质一流，还要确保产品口感好、易冲调、不易上火等，并且营养素配比先进，无限接近母乳，彰显高端品质。技术储备强大的贝因美研发部门遵循高端高品质产品定位，专为中国宝宝研制的产品品质不辱使命。2003年，《母婴世界》杂志"婴儿奶粉十大妈妈满意品牌"独立调查统计数据显示：贝因美奶粉满意度居高档奶粉及国产奶粉第一位！

同时，为了与现有国产奶粉配方有所差异，公司率先将最先进的研发成果运用于奶粉新品开发中：在婴儿奶粉中添加顾客所重视的"DHA+AA"益智营养成分。"DHA+AA"的合理配比，更能促进宝宝智力和视力的发育。当年，高端外资奶粉也刚采用此配方，各国产奶粉品牌尚无人跟进。"DHA+AA"配方产品一经推出，一时成为高科技含量高端国产品牌的代表。相比于高端外资品牌，贝因美婴幼儿奶粉不输其品质，又具有极高的性价比。

产品配方相对差异化还不够，我们继续精益求精，在产品包装形态上寻求新的突破。最终，袋装奶粉包装，我们决定采用有封口拉链的立袋形态，原因有三：①封口拉链包装更安全、卫生，还能防潮（江浙区域气候潮湿），增加产品附加值，给顾客多一些购买理由；②立袋正面面积大，有利于抢占商超终端陈列面，陈列醒目，有利于吸引顾客注意力；③市面上，所有奶粉品牌无一采用有封口拉链的立袋包装形态，贝因美率先采用，这本身就是差异化品牌营销策略的需要！

4. 销售区域差异化

大城市是高学历、高收入、高地位人群的密集地,外资品牌重兵投入,寸土必争,但其忽视了二、三线城市和乡镇。既然我们锁定惠氏、美赞臣等大品牌为竞争对手,为什么不避实就虚?既然锁定的目标顾客是"两低一中"人群,而这些顾客也正分布在星罗棋布的中小城市和富裕乡镇,为什么不投其所好?

确定目标顾客的同时,也确定了贝因美奶粉的营销主战场。

以贝因美原有的销售网络为依托,结合"两低一中"人群分布数据,公司选定浙江省内一些相对富裕的县级市(如桐乡、上虞、慈溪、温岭、乐清、瑞安等县级市)和中西部部分省、市的部分地区作为重点销售区域,进行样板市场打造。与预期一样,贝因美奶粉上市后,奶粉销量前列的终端都位于事先重点锁定的区域之内。而其他销售区域,如上海、北京、华南、华北、东北,同样的产品,同样的价格,同样的促销活动,当年的销售业绩却非常惨淡。

即便在杭州(贝因美总部所在地),越是市中心,贝因美奶粉销售表现越不佳,越往郊区郊县,产品销量越好。许多人很不理解,按道理市区人口多购买力强啊,销售怎么会不如郊区郊县呢?其实只要了解一下"三高"顾客和"两低一中"顾客人群的分布,只要了解市区郊区的品牌竞争强度,答案自然明了。

5. 市场推广差异化

坚持公司特有的知识营销路线,持续开展成功生养教"育婴讲座工程",DM邮寄报纸,普及科学养育知识(在当今网络社会,这些也都可以以直播形式展开),强化顾客对品牌和产品的认知;坚持"爱婴工程"——多胞胎家庭的无偿赞助,争取媒体多层次、多视角的宣传报道,利用口碑效应,在潜移默化中增加品牌美誉度。

品牌打造方法

知识营销和"爱婴工程"细水长流,有利于品牌的长期发展,但短期内对贝因美奶粉上市销售帮助不大。

当年的贝因美企业规模有限、财力有限。不可能像伊利一样斥巨资投入广告,也更不可能像外资品牌一样斥巨资组建医务推广队伍。

没有品牌推广经费,怎么办?有办法,用"临门一脚"终端导购推广策略!盛行于保健品业的导购策略,被贝因美借鉴并系统运用到高端奶粉领域。"临门一脚,终端拦截"比广告更有效!产品上市初期导购工资现金支出不多。数百名终端导购基本工资大约10万元,公司还能承担得起。导购的奖金则源于销售提成。

为了吸引优秀导购加盟,我们给予数倍于竞品的提成奖励(幸亏我们是中高端定价,有足够的毛利空间)。有了销量,公司资金面迅速改善,未来持续推广投入的经费问题自然会迎刃而解。

在重点省、市的中小城市,"有公司导购的终端必须销售贝因美奶粉,有贝因美奶粉的终端必须上公司导购"作为头号命令强制推行。与竞品不同的是,贝因美聘用的导购不是年轻的小姑娘,而是30岁上下、生过小孩的妈妈,因为这个年龄段的妈妈们现身说法做导购更有说服力。公司给终端导购的定义是:"您身边的育婴顾问",导购既负责推销产品,又负责散发传单和试用装等品牌推广工作,还要解答妈妈们育婴方面遇到的问题,以体现"贝因美——您的育婴专家"这一品牌形象。

在中小城市,文化程度不高的新妈妈们的科学养育知识有限,比较信任卖场里经过专业训练的贝因美"育婴顾问"的现场解说,"临门一脚"的效果很明显。不过在大城市里,面对许多自信的高学历顾客,贝因美"育婴顾问"难以得到她们的认可,销售效果自然也不佳。

终端导购推广策略以及配套的买赠促销活动本身都很常规,但是高端外资品牌不实施,人无我有就是差异化(多年以后,天猫、抖音直播带货兴起,这就是卖场导购现场销售的网络版。带货主播,实质上就是隔着屏幕的现场销售员。花西子、认养一头牛等新消费品牌利用直播策略而崛起，这本质上与当年贝因美的现场导购策略大同小异）。

目标人群精准锁定（"两低一中"人群）+差异化产品定位（国产高端高品质奶粉）+专业化品类定位（贝因美婴幼儿专用奶粉）+差异化销售区域（富裕的县级城市）+差异化推广（人无我有的终端导购策略），一系列差异化品牌营销组合拳打下来，各类竞品几乎无还手之力。

差异化品牌营销策略的系统性谋划与实施（总营销经费不超过30万元），使得贝因美奶粉成功入市。此后，贝因美奶粉一路开挂，销量节节攀升，市场地位日益提高。上市三年后，贝因美已占据浙江省国产奶粉第一品牌之位（在一些县级城市，贝因美是当地当之无愧的第一品牌）。在湖南、重庆等中西部省（直辖市）的部分地区，贝因美俨然是当地高端奶粉第一品牌！

☞ **整合营销传播："冠军宝贝"总动员**

"避实就虚"的差异化品牌营销策略，让贝因美奶粉站稳了脚跟。在强手如林的婴儿奶粉市场，不进则退，来不得半点松懈。如何在生存中求发展？如何才能进一步扩大品牌影响力？

随着百年一遇的盛会——2008年北京奥运会的临近，机会再次到来。

怎么借奥运之势，将贝因美与奥运会挂上钩？

奥运会最热门的词是什么？是"冠军"两个字！孩子的家长最关心的是什么？是希望宝宝长大了有出息，是希望宝宝成为各个职业领域的冠军！造就冠军宝贝，是天下父母亲的梦想！

人不能输在起跑线上，要造就冠军宝贝靠什么？靠成功生养教。这不是"育婴专家"贝因美的强项吗？公司的奶粉定位于高档高品质，不就是奶粉里的品质冠军吗？

奥运—冠军—生养教—贝因美—奶粉，关节自此打通。

如何将"造就冠军宝贝"的主题发挥到极致？用整合营销传播

品牌打造方法

理论!

该理论由西北大学商学院整合营销传播教授唐·舒尔茨提出,"所谓整合营销传播,是指将所有传达给消费者的信息:包括广告、公关活动销售促进、事件营销、产品包装等,以有利于品牌的形式呈现,每一条信息都应整体化并相互呼应。如果这一整合传播过程成功,企业就能够建立起强大的品牌资产"。

整合营销传播的两大特征:一是信息传播一致性,二是推广活动互动性。

有个形象的比喻,由于现代企业组织之间各自为政,广告、公关、促销部门对外发布的信息不统一,犹如各种乐器乱吹一通,"呕哑嘲哳难为听"。如果信息整合传播,犹如统一指挥下的交响乐曲演奏,"大珠小珠落玉盘",给听众以美妙的音乐享受,并引发共鸣,品牌传播自然效率高、效果好。

在现代整合营销传播理论的指引下,"一个声音,焦点集中",围绕造就"冠军宝贝"的整合营销传播系统活动轰轰烈烈地展开。

☞ 冠军宝贝奶粉

公司专门推出了8个规格的冠军宝贝奶粉系列,后来又推出冠军宝贝营养米粉系列,冠军宝贝妈咪奶粉系列,贝因美冠军宝贝系列SKU多达20余个。该系列曾经成为贝因美婴童食品庞大产品阵营中的销售主力。

冠军宝贝奶粉系列对原有配方进行全新的提升,其配方中含有比普通配方奶粉多一倍的珍贵营养素α-乳清蛋白,真正体现出"冠军品质"。

☞ 大型生养教育婴讲座

贝因美以"造就冠军宝贝"为主题,在杭州、上海、北京、无锡、南京、金华等地持续开展贝因美成功生养教大型育婴讲座，活动所到之处，引起当地媒体的广泛报道，平均每场人数超千人。这种宏大气势，这样深度的知识传播，深深感染着现场的每个人。

同时，在各地贝因美婴童生活馆，如北京、杭州，贝因美举办"冠军宝贝训练营"活动，让消费者深度体验贝因美的成功生养教理念，利用科学的养育方法，以实际行动造就更多的"冠军宝贝"。

☞ 出版书籍《造就冠军宝贝》

大型讲座的现场固然令人震撼，但毕竟受众有限，公司为此专门出版了以贝因美创始人兼首席育婴专家谢宏先生的成功生养教理论为核心的《造就冠军宝贝》一书，该书出版后深受年轻父母的欢迎。贝因美公司自己为此书的推广费尽苦心：大型生养教讲座中，谢宏总裁自己签名赠书或售书；作为贝因美婴童食品的促销品向目标顾客大量赠送；利用公司网站/会员通讯录/DM报纸/短信群发等各类媒介介绍《造就冠军宝贝》一书等。此书在2005年出版后，短短3年就再版两次。

当然，贝因美不会为书的销量本身沾沾自喜，公司高兴的是，此书畅销的背后，是贝因美生养教育婴理念的广泛传播，是育婴专家形象的巩固与发展，是"贝因美—冠军宝贝"关键词的深入人心！

☞ 以"造就冠军宝贝"为核心诉求的电视广告

2005—2008年，贝因美公司一共拍摄了5条奶粉广告片，其中3条与"冠军宝贝"相关，特别是2005—2007年度的广告片，核心诉求就是"造就冠军宝贝"。

"生孩子难，养育孩子更难，做称职的爸妈，要造就冠军宝贝更不简单；要齐心合力，选对品牌，有贝因美我就放心了！育婴专家贝因美。"

"想做冠军宝贝，就喝贝因美奶粉，它专为中国宝宝研制，更适合我们体质,贝因美!"

与出版专业书籍的巧妙影响,"冠军宝贝"俱乐部的互动时尚沟通不同,电视广告虽然传统,但仍然是影响力最大的商业传播活动。贝因美冠军宝贝奶粉系列的成功,离不开大功臣——以"造就冠军宝贝"为核心诉求的广告投放!

☞ **成立"冠军宝贝"俱乐部**

贝因美"冠军宝贝"俱乐部于2006年6月成立。这是贝因美为准妈妈及0～3岁的宝宝家长提供专业育婴服务的数据库推广和互动沟通平台。"冠军宝贝"俱乐部通过网站(www.beingclub.com)、会员期刊(《宝贝,因爱而美》)及发送育婴短信让爸爸妈妈们了解育婴资讯,及时与育婴专家沟通,咨询育儿问题,并在季节变化时得到俱乐部的温馨提醒及育婴专家的育儿指导,为家长们打造冠军宝贝提供一切可能的全方位服务。

贝因美采用购买产品换取积分,登录网站累积积分换取礼品的积分奖励形式,既促进了冠军宝贝系列奶粉的销售,提高了品牌忠诚度,又鼓励顾客主动成为俱乐部会员。俱乐部还持续举办"冠军宝贝齐参与,封面宝宝就是你"这样的活动,增强与顾客的互动,拉近与顾客的距离。

"冠军宝贝"俱乐部成立两年时,会员已经超百万人,每天网页浏览量上万次,在目标顾客心中的影响力与日俱增。

☞ **大型主题推广——"冠军宝贝总动员"**

2005年,贝因美开展"造就冠军宝贝——贝因美天才宝宝秀"主题推广活动,当年即在200多个县开展300多场活动。2006—2008年,连续3年,贝因美开展"冠军宝贝总动员"大型主题推广活动,每场活动包括公司介绍、育婴知识、宝宝比赛、亲子游戏等环节,寓教于乐,广受年轻父母的欢迎。在全国 1000 多个县，贝因美累计开展了 10000 多场"冠军宝贝总动员"主题活动，吸引了上百万个家庭参与。

2008 年 4 月，贝因美上海分公司在上海就组织了 30 场"冠军宝贝总动员"活动，现场有 3128 个家庭参与活动。2008 年 5 月，在丽水缙云县壶镇镇，"冠军宝贝总动员"活动更是受到前所未有的欢迎，现场围观的群众里三层外三层，据统计，参加比赛的宝贝 146 人，现场购买产品的人员 226 人，当天总销售额高达 136960 元，平均客单价达 580 元。

其实，这种父母和宝宝"街头 SHOW"活动，许多企业都举办过，但像贝因美这样将同一个主题活动开展了 3 年，声势浩大且持之以恒的几乎没有。

☞ **终端陈列："冠军宝贝加油站"**

终端生动化陈列，是品牌实力的展现，是无声的推销员。为促进冠军宝贝奶粉系列的销售，除了常规的端架、堆头和货架生动陈列外，贝因美前所未有地展开了"冠军宝贝加油站"大型专项陈列活动。该活动根据终端卖场的不同特点，分为"A 计划"和"B 计划"两大类，全国组织实施的终端多达 3000 多个，河南郑州的"冠军宝贝加油站"样板店，仅制作和道具费用就花费近 2 万元。

☞ **"冠军宝贝"手册、促销品、海报**

配合"造就冠军宝贝"整合营销传播的展开，贝因美推出的传统赠品如《冠军宝贝俱乐部亲子相册》《冠军宝贝成长纪念册》《冠军宝贝攻略》（手册）等，很受顾客的欢迎。

从"造就冠军宝贝"的线上传播，到"冠军宝贝总动员"的线下活动；从出版《造就冠军宝贝》书籍的文化营销，到"冠军宝贝加油站"的终端陈列；从现代基于网络的"冠军宝贝"俱乐部数据库推广，到传

品牌打造方法

统的《冠军宝贝成长纪念册》等促销赠品，贝因美紧紧围绕"造就冠军宝贝"，向目标顾客系统传递了高度一致的信息。

这是整合营销传播理论在中国的具体实践。唐·舒尔茨在一次中国之行中，有记者问他："你的整合营销传播理论听起来很美，能否举几个中国企业成功的典型案例？"舒尔茨毫不犹豫地回答："大众，奥迪，还有贝因美！"

的确，贝因美奶粉3年多的"造就冠军宝贝"整合营销传播实践，没有辜负大师的赞许。

☞ 打造领导品牌

差异化入市，让贝因美站稳了脚跟；"造就冠军宝贝"整合营销传播活动，让贝因美声名鹊起。

2007年7月，贝因美奶粉诞生整整6年后，一路高歌猛进的贝因美业务经理会议在庐山牯岭东谷召开。贝因美创始人谢宏宣布："贝因美自此进入领导品牌战略时代！"

志当存高远，行当脚踏地。

在领导品牌战略的指引下，贝因美不再避实就虚，经系统而严谨地谋划，开始大胆挺进，全线破圈！

- 全面推进整个产品线内所有产品。
- 全面开拓所有区域市场（包括西藏）。
- 全面覆盖一二三四级市场，上下通吃，上下联动。

在推出冠军宝贝高端奶粉的基础之上，公司再推出"100%进口原料，国际品质，中国配方"的顶级"贝因美爱+"系列奶粉，占据制高点，抢占金字塔顶层顾客群！

继续提升品牌，选择央视、凤凰卫视等权威高端媒介，投放"宝贝，你听到了吗……宝贝喜欢的，妈妈在意的，就是我们在乎的，育婴专家贝因美"形象广告。该广告亲和力强，温馨，体现了育婴专家贝因

附 录

美的关爱，广告一经推出，社会上一片叫好声，引导消费，培育市场，有点领导品牌的气势！

农村包围城市并攻占城市。组建城市攻坚战小组，将胜利的红旗插向上海、北京等一线大都市！

不经意间，在上海中心市区，贝因美产品陈列漂亮了许多，电视、地铁、电台媒介上贝因美的广告越来越多，"生养教育婴讲座""冠军宝贝总动员"，贝因美的活动多了许多，一向看好外国品牌的上海市民也在不知不觉间接受了贝因美，认可了贝因美。

2008年9月，震惊华夏的"三聚氰胺"奶粉事件爆发，三鹿品牌轰然倒下，一大批中国乳业品牌也随即沉沦。但贝因美因品质至上，安然无恙地扛起了国产奶粉品牌的大旗，逆风飘扬！销量年年以45度斜线攀升。

2011年，贝因美成功上市。2013年，公司营业规模突破60亿元，市场份额高居国内奶粉霸主地位。公司全面实施领导品牌战略6年后，贝因美人的梦想终于实现！这是贝因美的巅峰时刻！当年，笔者虽已离职到高校任教，但仍是贝因美集团战略及营销顾问，闻此消息也热泪盈眶、兴奋许久，这也是笔者的荣耀啊！

可惜，乐极生悲，巅峰之后的贝因美企业内部劫难连连：管理层长年动荡，品牌控价不力，品牌授权泛滥，市场预测失误，库存堆积如山，经销商离心离德；叠加出生人口下滑、经济不景气、网络销售渠道变迁等外部不利因素。内忧外患之下，公司业绩自然也逐年下滑，品牌地位离当年的国内领导品牌霸主身份也越来越远……

品牌如人，有高光时刻，也有至暗时刻；有欢笑，也有悲伤；有成功，也有失败。

希望贝因美吃一堑长一智，卧薪尝胆，东山再起，希望能有重返巅峰、再现辉煌的那一天。

附录三 《商标法》《广告法》节选

☞《商标法》（2019年修订）节选

第八条 任何能够将自然人、法人或者其他组织的商品与他人的商品区别开的标志，包括文字、图形、字母、数字、三维标志、颜色组合和声音等，以及上述要素的组合，均可以作为商标申请注册。

第九条 申请注册的商标，应当有显著特征，便于识别，并不得与他人在先取得的合法权利相冲突。商标注册人有权标明"注册商标"或者注册标记。

第十条 下列标志不得作为商标使用：

（一）同中华人民共和国的国家名称、国旗、国徽、国歌、军旗、军徽、军歌、勋章等相同或者近似的，以及同中央国家机关的名称、标志、所在地特定地点的名称或者标志性建筑物的名称、图形相同的；

（二）同外国的国家名称、国旗、国徽、军旗等相同或者近似的，但经该国政府同意的除外；

（三）同政府间国际组织的名称、旗帜、徽记等相同或者近似的，但经该组织同意或者不易误导公众的除外；

（四）与表明实施控制、予以保证的官方标志、检验印记相同或者近似的，但经授权的除外；

（五）同"红十字"、"红新月"的名称、标志相同或者近似的；

（六）带有民族歧视性的；

（七）带有欺骗性，容易使公众对商品的质量等特点或者产地产生误认的；

（八）有害于社会主义道德风尚或者有其他不良影响的。县级以上行政区划的地名或者公众知晓的外国地名，不得作为商标。但是，地名具有其他含义或者作为集体商标、证明商标组成部分的除外；已经注册的使用地名的商标继续有效。

第十一条 下列标志不得作为商标注册：

（一）仅有本商品的通用名称、图形、型号的；

（二）仅直接表示商品的质量、主要原料、功能、用途、重量、数量及其他特点的；

（三）其他缺乏显著特征的。前款所列标志经过使用取得显著特征，并便于识别的，可以作为商标注册。

第二十八条 对申请注册的商标，商标局应当自收到商标注册申请文件之日起九个月内审查完毕，符合本法有关规定的，予以初步审定公告。

续表

第三十二条　申请商标注册不得损害他人现有的在先权利，也不得以不正当手段抢先注册他人已经使用并有一定影响的商标。

第四十条　注册商标有效期满，需要继续使用的，商标注册人应当在期满前十二个月内按照规定办理续展手续；在此期间未能办理的，可以给予六个月的宽展期。每次续展注册的有效期为十年，自该商标上一届有效期满次日起计算。期满未办理续展手续的，注销其注册商标。

☞《广告法》（2021年修订）节选

第四条　广告不得含有虚假或者引人误解的内容，不得欺骗、误导消费者。

广告主应当对广告内容的真实性负责。

第八条　广告中对商品的性能、功能、产地、用途、质量、成分、价格、生产者、有效期限、允诺等或者对服务的内容、提供者、形式、质量、价格、允诺等有表示的，应当准确、清楚、明白。

广告中表明推销的商品或者服务附带赠送的，应当明示所附带赠送商品或者服务的品种、规格、数量、期限和方式。

法律、行政法规规定广告中应当明示的内容，应当显著、清晰表示。

第九条　广告不得有下列情形：

（一）使用或者变相使用中华人民共和国的国旗、国歌、国徽，军旗、军歌、军徽；

（二）使用或者变相使用国家机关、国家机关工作人员的名义或者形象；

（三）使用"国家级""最高级""最佳"等用语；

（四）损害国家的尊严或者利益，泄露国家秘密；

（五）妨碍社会安定，损害社会公共利益；

（六）危害人身、财产安全，泄露个人隐私；

（七）妨碍社会公共秩序或者违背社会良好风尚；

（八）含有淫秽、色情、赌博、迷信、恐怖、暴力的内容；

（九）含有民族、种族、宗教、性别歧视的内容；

（十）妨碍环境、自然资源或者文化遗产保护；

（十一）法律、行政法规规定禁止的其他情形。

第十一条　广告内容涉及的事项需要取得行政许可的，应当与许可的内容相符合。

广告使用数据、统计资料、调查结果、文摘、引用语等引证内容的，应当真实、准确，并表明出处。引证内容有适用范围和有效期限的，应当明确表示。

第十二条　广告中涉及专利产品或者专利方法的，应当标明专利号和专利种类。

续表

未取得专利权的,不得在广告中谎称取得专利权。
禁止使用未授予专利权的专利申请和已经终止、撤销、无效的专利作广告。
第十三条　广告不得贬低其他生产经营者的商品或者服务。
第十四条　广告应当具有可识别性,能够使消费者辨明其为广告。
大众传播媒介不得以新闻报道形式变相发布广告。
通过大众传播媒介发布的广告应当显著标明"广告",与其他非广告信息相区别,不得使消费者产生误解。
第十七条　除医疗、药品、医疗器械广告外,禁止其他任何广告涉及疾病治疗功能,并不得使用医疗用语或者易使推销的商品与药品、医疗器械相混淆的用语。
第十九条　广播电台、电视台、报刊音像出版单位、互联网信息服务提供者不得以介绍健康、养生知识等形式变相发布医疗、药品、医疗器械、保健食品广告。
第二十条　禁止在大众传播媒介或者公共场所发布声称全部或者部分替代母乳的婴儿乳制品、饮料和其他食品广告。
第二十八条　广告以虚假或者引人误解的内容欺骗、误导消费者的,构成虚假广告。
广告有下列情形之一的,为虚假广告:
(一)商品或者服务不存在的;
(二)商品的性能、功能、产地、用途、质量、规格、成分、价格、生产者、有效期限、销售状况、曾获荣誉等信息,或者服务的内容、提供者、形式、质量、价格、销售状况、曾获荣誉等信息,以及与商品或者服务有关的允诺等信息与实际情况不符,对购买行为有实质性影响的;
(三)使用虚构、伪造或者无法验证的科研成果、统计资料、调查结果、文摘、引用语等信息作证明材料的;
(四)虚构使用商品或者接受服务的效果的;
(五)以虚假或者引人误解的内容欺骗、误导消费者的其他情形。
第三十八条　广告代言人在广告中对商品、服务作推荐、证明,应当依据事实,符合本法和有关法律、行政法规规定,并不得为其未使用过的商品或者未接受过的服务作推荐、证明。
不得利用不满十周岁的未成年人作为广告代言人。
第四十四条　利用互联网从事广告活动,适用本法的各项规定。
利用互联网发布、发送广告,不得影响用户正常使用网络。在互联网页面以弹出等形式发布的广告,应当显著标明关闭标志,确保一键关闭。

参考文献

[1] 罗建幸.营销基本功[M].北京：机械工业出版社，2020.

[2] 让·诺尔·卡菲勒.战略性品牌管理[M].王建平，曾华，译.北京：商务印书馆，2000.

[3] 宋永高.品牌战略和管理[M].杭州：浙江大学出版社，2003.

[4] 艾·里斯，杰克·特劳特.市场营销的22条法则[M].王方华，陈洁，译.上海：上海人民出版社，2002.

[5] 艾·里斯，杰克·特劳特.定位[M].邓德隆，火华强，译.北京：机械工业出版社，2021.

[6] 艾·里斯，劳拉·里斯.品牌22律[M].寿雯，译.北京：机械工业出版社，2013.

[7] 张云，王刚.品类战略[M].北京：机械工业出版社，2017.

[8] 里克·莱兹伯斯，等.品牌管理[M].李家强，译.北京：机械工业出版社，2004.

[9] 罗建幸，何东洁.刍议品牌的宽化与窄化战略[J].商业研究，2004（9）.

[10] 罗建幸.嘀嗒开啦：淘宝快开帐篷第一品牌兴衰始末[J].销售与市场，2017（9）.

[11] 罗建幸.电商时代的渠道价格管控[J].销售与市场，2017（3）.

[12] 罗建幸.您的企业用对品牌战略了吗[J].企业科技与发展，2009（3）.

[13] 罗建幸，秦冀.贝因美婴儿奶粉——差异化营销巧占市场[J].销售与市场，2004（9）.

[14] 赵峰.新时期互联网品牌成长的误区[J].商业观察，2021（8）.

[15] 罗捷.跨界联合品牌个性匹配度对消费者品牌评价的影响研究[D].上海：东华大学，2019.

[16] 张晓雨，叶巍岭."品效合一"是如何伤害品牌乃至整个品类的？[J].中国广告，2020（8）.

[17] 慕容云.新时期的整合营销传播如何做到品效合一[J].商业观察，2021（18）.

[18] 罗建幸.数据库营销推广三部曲[J].销售与管理，2006（11）.

[19] 罗建幸.产品创新与新产品营销——边缘式创新：产品的价值叠加与组合[J].销售与管理，2005（10）.

后　记

继《营销基本功》出版之后，笔者用了1000多天来收集资料、思考和撰写，本书终于完稿。

1000多天，说长不长，三年前新冠疫情突袭，人们的生产、生活因此而改变。而今，新冠疫情虽已过去，但给我们留下了难以抹去的创伤。

1000多天，说短不短，社会环境与品牌生态已发生了翻天覆地的变化：ChatGPT人工智能时代已经来临；中国新出生人口持续下滑至1000万人以下，人口总数下滑拐点已现；国民消费增长乏力，社会阶层两极分化却在加剧中；线下实体店关店潮在继续，线上服饰、美妆、数码等非必需消费品需求不再持续增长。

阿里巴巴、腾讯、美团等互联网巨头不再一路狂奔，有的市值已经腰斩；恒大、融创等地产巨头奄奄一息；好未来、新东方等教培产业巨头，为生存、为如何转型而发愁；完美日记、钟薛高等新消费"网红"品牌，爆发速度快，坠落速度也快。

这是品牌巨变的时代。人口在变、政策在变、科技在变、消费力在变、消费观念在变、消费渠道在变、品牌传播环境在变……

但是，品牌打造的基本逻辑没有变，品牌打造的基本原理没有变，品牌打造方法没有变！

品牌定义不会变。

品牌打造适用性不会变。

基于顾客、竞品及企业3C视角的品牌分析与博弈思维不会变。

品牌打造方法

品牌打造的五大原则不会变。

品牌=品类，品类=品牌的品牌打造终极方向不会变。

如何建立品牌信任的N个方法不会变。

品牌命名的原则与方法不会变。

品牌视觉识别系统（VI）架构要素不会变。

品牌定位的方式方法不会变。

品牌传播的六大传播策略组合不会变。

品牌异业合作的原则与方法不会变。

口碑传播方式与步骤不会变。

既"种草"又"割草"的电商直播策略不会变。

基于品牌三度联想的品牌诊断方法不会变。

品牌接触点全程管理方法与步骤不会变。

品牌控价方法不会变。

品牌窄化发展战略和宽化发展战略的影响要素不会变。

品牌组织及制度的保驾护航作用不会变。

对品牌人的高素质要求不会变。

……

只要我们深刻了解品牌打造的底层逻辑，熟练掌握新品牌打造方法论，一定会以不变应万变，从容应变！

因为有30余年的品牌知识与经验积累，笔者才斗胆著书立说。虽然我已竭尽所能，希望将品牌打造方式方法干货呈现给读者，希望读者朋友们有所思、有所悟、有所获。然而，人无完人，书无完书，本书可能存在主观判断偏颇、实证数据不足等问题，望读者们宽容、理解。谢谢你们体谅！

或源于实践，或源于观察，或源于交流，或源于网络文章，或源于书籍文献，多年的思考与感悟成就了本书。所以本书列出了主要参考文献，有些行文内容若与某些文献资料类似，敬请相关作者宽容、理解！

后　记

另外，本书一些内容引自《销售与市场》《销售与管理》等期刊中我早些年发表的文章，特此说明。

感谢我曾工作过的公司娃哈哈、喜之郎、贝因美、强生，感谢曾经聘我担任顾问、提供分析诊断服务的许多企业，感谢杭州智汇钱潮股权投资机构，感谢我的实业界的朋友们，是你们让我有机会参与品牌营销实战，获得宝贵的品牌打造经验。感谢我任教的浙江传媒学院文化创意与管理学院的支持。

感谢我的夫人徐红燕女士，是她以家庭为重，任劳任怨，温柔贤惠，全身心陪伴女儿罗涵怡学习成长，让我专心教学、著书而无后顾之忧！

感谢我们伟大的祖国，感谢我们生活的时代。虽然国际风云变幻莫测，国内经济形势并不乐观，但相信我们勤劳又聪明的中华儿女一定会披荆斩棘、乘风破浪、一路向前！

品牌强，则企业强！企业强，则国家强！

学会品牌打造方法论，为自己，为企业，为国家！

罗建幸

2023 年 12 月于杭州桂花城